本成果得到教育部人文社会科学重点研究基地
和教育部人文社会科学重点研究基地重大项目
"中国国有企业创新驱动发展研究"（16JJD790017）的资助

中国社会科学院当代中国马克思主义政治经济学创新智库
中国社会科学院全国中国特色社会主义政治经济学研究中心

中央企业自主创新报告

(2020)

主　编／李　政
副主编／孙　哲　杨思莹

社会科学文献出版社
SOCIAL SCIENCES ACADEMIC PRESS (CHINA)

前　言

在大家的共同努力下，《中央企业自主创新报告（2020）》终于付梓面世。在此，谨向支持和资助本书出版的中国社会科学院当代中国马克思主义政治经济学创新智库、中国社会科学院全国中国特色社会主义政治经济学研究中心致以诚挚的谢意！

本报告是继《中央企业技术创新报告（2011）》《中央企业自主创新报告（2012）》《中央企业自主创新报告（2013）》《中央企业自主创新报告（2014）》之后的第五部反映中央企业创新发展的报告。本报告距上一部报告出版已经时隔五年。其间因各种原因中断数年，而今终于得以接续出版，虽然仍有诸多遗憾与不足，但倍感欣慰。感谢清华大学陈劲教授、南开大学张玉利教授等专家的一再鼓励，感谢国务院国资委研究局、研究中心等有关部门和领导及相关中央企业的协助与支持！

过去这五年，正好是中国特色社会丰义进入新时代、经济实现高质量发展、技术创新突飞猛进、越来越多领域实现由跟跑到并跑甚至领跑的特殊历史阶段，也是中共中央、国务院印发《关于深化国有企业改革的指导意见》这一新时期指导和推进中国国企改革的纲领性文件以来，我国国有企业，特别是中央企业改革更加深化，规模实力不断增强，有效发挥了国民经济"顶梁柱"和"压舱石"的作用，在自主创新上不断取得新突破、迈上新台阶的关键时期。这五年，中央企业深入实施创新驱动发展战略，创新引领作用更加突出，日益成为国家科技创新的中坚力量。

2016～2019年，中央企业研发投入1.97万亿元，占全国研发经费的26.5%，牵头承担了5个"科技创新2030—重大项目"，拥有733个国家级研发平台，91个国家重点实验室，227名两院院士，在载人航天、探月工程、北斗导航、移动通信等领域取得了一批具有世界先进水平的重大成果。

其中 2019 年，中央企业研发投入 6405.6 亿元，同比增长 28.2%，占全国研发投入的 29.5%，研发投入强度达 2.07%；中央企业拥有研发人员 97.6 万人，同比增长 11.2%；中央企业获得国家技术发明奖和科技进步奖 104 项，占同类奖项的 41.6%。

过去这五年，我们团队持续研究国有企业改革创新，特别是中央企业自主创新问题，承担一些相关课题，并取得一系列研究成果，这部报告就是其中之一。本报告反映了近年来中央企业自主创新的总体情况和分行业情况，以及一些典型央企自主创新的具体模式、举措、成效与经验，也反映了国务院国资委等有关部门为促进中央企业创新驱动发展、实现高质量发展所做的种种努力，成为中央企业和国资监管部门"十三五"时期改革创新成果的一份特殊记录。这份记录，无疑将对中央企业和国资监管部门"十四五"时期进一步深化改革与创新发展具有参考借鉴和启发作用。

创新是引领发展的第一动力，中央企业实现高质量发展，提高竞争力、控制力和抗风险能力，关键要靠创新。国务院国资委高度重视中央企业技术创新和自主创新，全力支持中央企业当好科技创新的主力军、排头兵。

一是进一步强化中央企业创新主体地位。2018 年，科技部、国务院国资委联合印发《关于进一步推进中央企业创新发展的意见》指出，中央企业作为国民经济发展的重要支柱，是践行创新发展新理念、实施国家重大科技创新部署的骨干力量。推动中央企业提高科技创新能力，走创新发展道路，是实现科技创新面向世界科技前沿、面向经济主战场、面向国家重大需求的必然要求。

二是加大对中央企业科技创新投入的引导与激励支持力度。如国务院国资委对中央企业经营业绩考核更加突出创新驱动发展导向，将技术进步要求高的中央企业研发投入占销售收入的比例纳入经营业绩考核，明确研发投入视同利润，加大国有资本经营预算支持，鼓励科技型企业实施股权和分红激励，引导和鼓励中央企业加大对基础研究的投入。

三是支持中央企业打造协同创新平台。国务院国资委指导推动中央企业组建创新联盟，与各类主体共同承担国家重大任务，深化产学研用协同创新；支持中央企业设立或联合组建研究院所、实验室、新型研发机构、技术创新联盟等各类研发机构和组织，加强跨领域创新合作，打造产业技术协同创新平台。

四是在中央企业实施科技创新专项工程与行动。国务院国资委鼓励有条件的中央企业加强中央企业与世界一流企业对标，在204家企业大力实施科改示范行动，提升前沿科技研发能力，培育一批"独角兽""瞪羚"企业，打造一批专精特新的隐形冠军。

五是鼓励和支持中央企业参与国家重大科技项目。国务院国资委和科技部等有关部门在集中度较高、中央企业具有明显优势的产业领域，将中央企业的重大创新需求纳入相关科技计划项目指南，支持中央企业牵头承担国家科技重大专项、重点研发计划重点专项和"科技创新2030—重大项目"。

六是在人才激励上持续发力，推动中央企业科技人才队伍建设。国务院国资委强化正向激励，明确实施技术攻关团队工资总额单列管理政策，提高科研人员待遇，赋予领军人才更多自主权。支持中央企业加大创新型科技人才的培养、引进力度，共同支持在中央企业建立高层次人才创新创业基地。

此外，国务院国资委还通过建立容错机制，营造鼓励创新、宽容失败的良好氛围；会同科技部等有关部门指导和推动中央企业深入开展双创工作，支持中央企业参与北京、上海科技创新中心建设，加强国家科技成果转化引导基金与中央企业创新类投资基金的合作，推动中央企业科技成果的转移转化和产业化，支持中央企业开展国际科技合作。

雄关漫道真如铁，而今迈步从头越。展望"十四五"，中央企业要在加快形成以国内大循环为主体，国内国际双循环相互促进的新发展格局中发挥关键引领作用，在把我国建成世界科技创新强国、成为世界主要科学中心和创新高地过程中发挥更大作用、做出更多贡献。为此，中央企业需要在落实三年行动方案、深化改革与创新发展中注意以下几个问题。

一是进一步面向国家重大战略需求，发挥新型举国体制和集中力量办大事的制度优势，加快核心技术攻关力度，把攻克"卡脖子"技术放在创新驱动的突破方向。

二是进一步激发和保护企业家精神，释放企业创新创业活力，通过体制机制改革与创新使中央企业更加积极主动投入创新创业。

三是进一步推进中央企业国有资本布局优化和结构调整，使中央企业资本进一步向国家安全领域产业、公共设施与民生领域关键产业和战略性关键技术领域产业集中。

四是推动中央企业数字化和智慧化转型，为数字经济发展提供更加强大的支撑。中央企业不仅要应用新一代信息技术对传统产业进行智能技术升级，增强传统产业技术竞争优势，还要进一步投资布局战略性新兴产业、先进制造业与现代服务业等新经济产业，更要通过加大对基础领域技术研发和基础设施的投入，加强对我国数字经济、智慧经济发展的支持。

五是加强与民营企业、地方国有企业的优势互补、协同创新发展，共同加强产业链、价值链和供应链建设，弥补一些重要产业的薄弱环节和受制于人的环节，提升产业基础能力和产业链现代化水平。

我们相信，在党的十九大和十九届四中、五中全会精神指引下，在"十四五"规划科学引领下，通过对国有企业改革三年行动方案的贯彻落实，中央企业一定会继续扬帆远航，在自主创新上迈出更加坚实稳健的步伐，进一步实现创新驱动高质量发展。我们的中央企业自主创新报告也将继续为此做出应有的贡献和努力。

李　政

2020 年 9 月 28 日

目　录

第一篇　中央企业自主创新总报告

第二篇　中央企业自主创新分行业报告

第三篇　中央企业自主创新典型案例

中央企业自主创新总报告

第一章
中央企业自主创新背景

2015～2019年是中国经济发展进入新时代的五年，也是中国加快从高速增长向高质量发展转变、实现创新驱动发展的五年。2018年恰逢中国改革开放40周年，2019年恰逢中华人民共和国成立40周年。中国国有企业经过40年的改革和70年的发展建设取得巨大成就，进入高质量发展和创新驱动发展阶段。与此同时，国际上一些发达国家出现"反全球化""逆全球化"现象，中美贸易摩擦与科技竞争加剧。这些构成近年来中央企业自主创新的背景与环境，也为中国国有企业自主创新提出了新的目标和要求。

一　国有企业改革的成就与经验

经过70年的发展，特别是40年的持续深化改革，中国国有企业凤凰涅槃、浴火重生，发生了全方位的历史性变化。大多数有企业已经成长为适应现代市场经济的新国企，总体上已经与市场经济相融合，为我国的经济社会发展、科技进步、国防建设、民生改善做出了历史性贡献。国有企业改革发展积累的物质文化基础与宝贵经验为新时代国有企业进一步深化改革和创新发展奠定了坚实的基础。

（一）　国有企业改革发展的历史性成就与经验

经过持续不断的深化改革，国有企业特别是中央企业自身实力和市场竞争力获得长足的发展，作为国民经济发展的支柱，在支撑国民经济发展、引领技术创新、履行社会责任、推动经济对外交流合作方面做出了历史性贡献。

1. 国有企业资产规模效益与实力快速增长

经过多年的改革和制度创新，中国国有企业特别是中央企业运行质量不断改善，综合实力和竞争力明显增强，有力地支撑了国民经济持续快速发展。1978～2018年，全国国有企业营业收入、利润总额年均分别增长11.9%、10.3%；2018年全国国有企业资产总额、所有者权益分别达到1978年的247.1倍和130.0倍。2019年，国有企业营业收入为625520.5亿元，同比增长6.9%。其中中央企业为358993.8亿元，同比增长6.0%。地方国有企业为266526.7亿元，同比增长8.2%。2019年，国有企业利润总额为35961.0亿元，同比增长4.7%。其中，中央企业为22652.7亿元，同比增长8.7%；地方国有企业为13308.3亿元，同比下降1.5%。2019年，国有企业税后净利润为26318.4亿元，同比增长5.2%。其中，中央企业为16539.9亿元，同比增长10.4%；地方国有企业为9778.5亿元，同比下降2.7%。受新冠肺炎疫情影响，2020年上半年，国有企业营业收入为279537.3亿元，同比下降4.9%。其中，中央企业为158965.9亿元，同比下降6.8%；地方国有企业为120571.4亿元，同比下降2.4%。国有企业利润总额为11225.3亿元，同比下降38.8%。其中，中央企业为7820.6亿元，同比下降35.6%；地方国有企业为3404.7亿元，同比下降44.9%。尽管如此，6月主要指标实现恢复性增长，国有企业效益状况明显改善，显示出较强的上冲力。

部分国有企业具备和同行业跨国公司同台竞争的实力。国务院国有资产监督管理委员会（以下简称国务院国资委）成立以来，2003～2019年，中央企业资产总额从 8.3 万亿元增长到 63.5 万亿元，营业收入从 4.5 万亿元增长到 35.9 万亿元，利润总额从 0.3 万亿元增长到 2.7 万亿元。国有企业数量从 2002 年的 11 家上升到 2019 年的 89 家。在 2020 年《财富》杂志世界 500 强排行榜中，124 家中国企业上榜，历史上第一次超过美国（121家）。加上中国台湾企业，中国共有 133 家企业上榜。其中，国务院国资委出资的中央企业共有 48 家上榜，地方国资委出资的国有企业共有 32 家上榜。其中中国石油化工集团有限公司（以下简称中国石化）、国家电网有限公司、中国石油天然气集团有限公司（以下简称中国石油）分列第二、第三、第四位。

2. 国有企业对国民经济发展和安全保障的贡献不断增强

在对国民经济发展的贡献方面，国有资产规模效益的快速增长，提升了国有企业对国家财政税收收入的贡献度。2008～2018 年，国有资本经营预算收入累计 8003 亿元，支出 6252 亿元，支持国家工业企业结构调整专项奖补资金 400 亿元。2003～2017 年全国国有企业累计纳税金额超过 32 万亿元，占国家税收收入的 30% 以上。2003～2019 年，中央企业累计上缴税费24.2 万亿元。其中，中央企业 2019 年累计上缴税费 2.2 万亿元，同比增长3.6%。在对安全保障的贡献方面，2019 年，电信流量平均资费降幅超过30%，电信企业降费让利约 4600 亿元，一般工商业电价比年初下降 10%，降低社会用电成本 530 亿元。无论是在供水、供电、供气、供暖等公共服务保障方面，还是在高铁、公路、桥梁、港口和机场等基础设施建设方面，或者在铁路、汽车、船舶、航空航天等重要国民经济产业，国有企业都发挥着举足轻重的作用，维护了我国的安全独立。中央企业生产的原油、天然气约占全国 90% 以上；发电量约占全国的 65%，生产的水电设备占全国的 70%，火电设备占全国的 75%；汽车产量占全国的 40% 以上，造船产量占全国的 50%，承建的铁路长度占全国铁路总里程的 2/3 以上，民航运输总周转量占全国的 70% 以上，提供了全部的基础通信服务和大部分增值服务。

3. 国有企业重大科技创新成果持续涌现

改革开放之初，国有企业在科技创新方面以引进消化吸收再创新为主。

20 世纪 90 年代以后，国有企业强调重点行业领域和重大装备集成创新，依靠自主创新支撑了三峡工程、青藏铁路、西气东输、南水北调等一系列重大工程建设。国有企业牵头研制的 11 个型号的神舟飞船先后成功发射，使我国跻身世界航天强国行列。党的十八大以来，国有企业持续加大研发投入，强化自主创新，天宫、蛟龙、天眼、悟空、墨子、大飞机等重大科技成果相继问世，在能源、交通、建筑、高端装备制造、新材料等重要产业领域取得一系列重大突破，推动了行业技术的发展进步。例如，核电关键材料、高性能碳纤维等的供给能力不断提高，盾构机、大型锻压机等高端设备实现了进口替代。国有企业形成了中国桥、中国路、中国车、中国港、中国网等全方位建设能力。国有企业研制生产的高速列车、核电站成为亮丽的中国名片。截至 2018 年底，中央企业累计拥有有效专利近 66 万项，拥有有效发明专利 26.8 万项。2012~2019 年，中央企业共有 688 个项目获得国家科技进步奖和技术发明成果奖，约占全国获奖总数的 1/3。其中，2019 年中央企业共获得国家科技进步奖和技术发明成果奖 104 项，获奖总数占同类奖项总数的 41.6%。

4. 国有企业"走出去"和国际化经营取得突出成就

40 年来，国有企业越来越注重统筹国际国内两个市场、两种资源，努力在更深层次、更宽领域、更高水平融入全球经济，国际化经营能力不断提升。在对外开放战略引领下，国有企业逐渐加大"走出去"力度，实现了从承担援外项目到开展商业化运作的转变。改革开放初期，国有企业以工程承包和国际贸易为切入点，开始了市场化"走出去"步伐，在为国内经济建设赚取外汇的同时，逐步积累境外营商经验。1987 年 12 月，国务院正式批准将中国化工进出口总公司作为第一个国际化经营试点企业，加快了中国企业"走出去"步伐。中国建筑集团有限公司（以下简称中国建筑）签订了我国第一份对外工程承包合同和第一份项目总承包合同。中钢集团有限公司与力拓集团合资建设的澳大利亚铁矿，是我国在海外投资的首个矿山。首钢集团有限公司先后购买或成立了美国宾州机械设备公司等 8 家海外贸易和服务型公司，开启了国有资本海外投资的先河。1992 年 10 月，党的十四大提出扩大我国企业对外投资和跨国经营规模。以油气、矿产资源为重点，一批大型国有企业积极响应号召，全面推进海外业务发展。2000年，党中央提出实施"走出去"战略。国有企业坚持"引进来"和"走出去"相结合，通过对外投资、工程承包、国际化人才培养等，积极贯彻落实"走出去"战略，推进全方位"走出去"。大型国有企业开始逐步加大海外投资发展的力度，海外投资成为企业国际化和产业结构调整的重要手段和有效方式。2011年，国务院国资委将国际化经营列入中央企业五大战略之一，推动企业国际化经营迈上新台阶。同年，中国长江三峡集团有限公司成功收购葡萄牙政府持有的葡萄牙电力集团（以下简称葡电）21.35%的股权，成为葡电第一大股东，也是我国企业首次成为欧洲国家电力公司大股东。截至2017年，中央企业在境外资产总额超过7万亿元，约占全部资产总额的13%，营业收入约占全部营业收入的18%；在海外190个国家和地区拥有企业及机构近万家，员工达50万人，其中当地员工约40万人，不少企业员工本地化率达到90%以上。2019年，中央企业开放合作获得丰硕成果。例如，参加第二届"一带一路"国际合作高峰论坛，签约项目超过460亿美元；第二届中国国际进口博览会期间协议签署成交额大幅提升；比雷埃夫斯港、中白（白俄罗斯）工业园、中老铁路、内马铁路一期等"一带一路"重点项目高质量推进。

（二）国有企业改革的基本逻辑与经验

40年国有企业改革是一个解放思想、实事求是的渐进式改革过程，改革的思路是逐渐清晰的，改革的实践是逐渐深入的，走出了一条中国特色改革之路。回顾过去，国企改革之所以能够顺利推进并取得巨大成功，以下基本逻辑与宝贵经验是至关重要。

一是坚持公有制为主体、多种所有制经济共同发展，坚持"两个毫不动摇"，推进国有经济布局和结构调整。1980年，国有企业所占比重为76%，集体企业所占比重为24%，呈现公有制经济一统天下的局面。1982年，发展和保护个体经济被写入《中华人民共和国宪法》（以下简称《宪法》）。1987年，党的十三大对私营经济明确定位，指出私营经济一定程度的发展是公有制经济必要的和有益的补充。随后，1988年《中华人民共和国宪法修正案》指出："国家允许私营经济在法律规定的范围内存在和发展。"私营经济的合法地位在《宪法》中首次得到确认，私营经济迎来快速发展时期。1992 年，党的十四大报告明确了社会主义市场经济的所有制结构：以公有制为主体，个体经济、私营经济、外资经济为补充，多种经济成分长期共同发展。1993 年，中共十四届三中全会突破了非公有制经济作为公有制经济"有益补充"的传统定位，提出："坚持以公有制为主体、多种经济成分共同发展的方针"；"国家要为各种所有制经济平等参与市场竞争创造条件"。1997 年，党的十五大报告首次确认了"公有制为主体、多种所有制经济共同发展，是我国社会主义初级阶段的一项基本经济制度"。2002 年，党的十六大报告提出根据解放和发展生产力的要求，坚持和完善基本经济制度，并首次提出"两个毫不动摇"，即"必须毫不动摇地巩固和发展公有制经济""必须毫不动摇地鼓励、支持和引导非公有制经济发展"。指出"坚持公有制为主体，促进非公有制经济发展，统一于社会主义现代化建设的进程中，不能把这两者对立起来。各种所有制经济完全可以在市场竞争中发挥各自优势，相互促进，共同发展"。坚持公有制为主体、多种所有制经济共同发展的基本经济制度还被写入《中华人民共和国宪法》（1999 年修订）和《中国共产党党章》（2002）。党的十七大、十八大、十九大报告都重申了坚持和完善基本经济制度和"两个毫不动摇"。党的十九大报告还提出，加快国有经济布局优化、结构调整、战略性重组，全面实施市场准入负面清单，清理废除妨碍统一市场和公平竞争的各种规定和做法，支持民营经济发展，激发各类主体活力，打破行政垄断，防止市场垄断。在这一过程中，尽管国有企业数量和所占比重大幅下降，但是国有资产规模大幅提升，国有经济控制力和国际影响力不断加强。

二是坚持党对国有企业的领导，推进国有企业所有权制度建设，公有制的实现形式逐渐多样化。公有制实现形式就是公有制经济的具体组织形式和经营方式。公有制实现形式多样化体现在公有制经济的组织形式和经营方式由传统的国有独资企业和集体企业扩展到股份合作制企业、股份公司等。国有企业所有权制度建设首先是解决所有者代表和所有者权益保障问题，其次是解决"委托 - 代理"问题和国有资产流失问题。为此，改革开放 40 年来，国有企业进行了公司制改革、建立和完善公司治理结构，并逐步完善国有资产监督管理体系，混合所有制改革也是国有企业所有权制度变革的延续和创新。国有企业公有制实现形式的多样化基于国有企业改革中对股份制和混合所有制经济理论与实践的探索。1993年，中共十四届三中全会《中共中央关于建立社会主义市场经济体制若干问题的决定》最早提出了混合所有制经济的思想。1997年，党的十五大报告中出现了混合所有制经济一词。2002年，党的十六大报告提出进一步探索公有制特别是国有制的多种有效实现形式，积极推行股份制，发展混合所有制经济。中共十六届三中全会提出：大力发展国有资本、集体资本和非公有资本等参股的混合所有制经济，实现投资主体多元化，使股份制成为公有制的主要实现形式。2007年，党的十七大报告指出："以现代产权制度为基础，发展混合所有制经济。"2013年，中共十八届三中全会为混合所有制经济注入了新的内容，指出"国有资本、集体资本、非公有制资本等交叉持股、相互融合的混合所有制经济，是基本经济制度的重要实现形式"。2017年，党的十九大报告提出，完善各类国有资产管理体制，改革国有资本授权经营体制，推动国有资本做强做优做大，发展混合所有制经济，培育具有全球竞争力的世界一流企业。

三是探索国有企业和市场经济相结合的改革之路，国有企业逐渐成为独立的市场主体。1984年，党的十二届三中全会《中共中央关于经济体制改革的决定》肯定了商品经济和价值规律的作用，市场化改革得以继续向前推进。1987年，党的十三大报告指出，社会主义有计划的商品经济体制，应该是计划与市场内在统一的体制。新的经济运行机制，总体上来说应该是"国家调节市场，市场引导企业"的机制。1992年，党的十四大确立了社会主义市场经济体制的改革目标，市场化改革方向也随之确立。党的十四届三中全会进一步确定了社会主义市场经济体制的基本框架：社会主义市场经济体制，就是要使市场在国家宏观调控下对资源配置起基础性作用。为实现这个目标，必须坚持以公有制为主体、多种经济成分共同发展的方针，进一步转换国有企业经营机制，建立适应市场经济要求，产权明晰、责权明确、政企分开、管理科学的现代企业制度。建设社会主义市场经济体制就是在社会主义基本经济制度下引入市场机制，核心是培育自主经营、自负盈亏、自我发展、自我约束的微观市场主体，其中的难点和关键是使国有企业与市场经济相融合。从传统计划经济体制下的国有企业逐步转变为适应市场经济体制要求的独立市场竞争主体，是国有企业改革乃至中国经济体制改革的中心任务，但这一过程异常艰难。随着市场化改革的深入，大量国有企业由于不能适应市场而陷入困境。1997年，党和政府提出帮助国有企业脱困的任务，在帮助国有大中型企业脱困的同时，开展现代企业制度试点，逐步推行公司制、股份制，努力使国有企业成为适应社会主义市场经济发展的市场主体和法人实体。经过多年改革，国有企业逐步适应市场经济的发展，成为自主经营的新国企。

总之，坚持党对国有企业的领导、坚持以人民为中心、坚持和完善基本经济制度、坚持"两个毫不动摇"、坚持社会主义市场经济改革方向、坚持以解放和发展生产力为标准、坚持不断增强企业活力，是我国国企改革40年的基本逻辑和最重要经验。实践证明，国有企业和市场经济能够有机结合，国有企业和民营企业能够共同发展、相辅相成、相互有机融合。

二 新时代全面深化国有企业改革

党的十八大以来，以习近平同志为核心的党中央高举改革开放旗帜，以更大的政治智慧和政治勇气全面深化改革，带领全国各族人民开启了改革开放和现代化建设的新征程，国企改革发展也随之进入新时代。

（一）习近平新时代国有企业改革相关思想

党的十八大以来，习近平总书记亲自谋划、亲自指导、亲自推动国企改革，亲自审定许多国企改革重要政策文件，多次到国有企业考察、调研，就国有企业改革发展发表了一系列重要讲话，做出了一系列重要指示批示，深刻回答了在新的历史条件下要不要办国有企业、办成什么样的国有企业、怎么办好国有企业等重大理论和实践问题，为国有企业改革的深入推进提供了强大思想武器和行动指南，具体主要涉及以下几方面。

1. 关于国有企业地位和作用

国有企业的地位作用是事关道路和方向的根本性问题。习近平总书记高度肯定了国有企业的贡献。他指出，国有企业为我国经济社会发展、科技进步、国防建设、民生改善做出了历史性贡献，功勋卓著，功不可没，这是绝对不能否定的，也是绝对否定不了的。如果没有长期以来国有企业为我国发展打下的重要物质基础，就没有我国的经济独立和国家安全，就没有人民生活的不断改善，就没有中国今天在世界上的地位，就没有社会主义中国在世界东方的岿然屹立。

在此基础上，习近平总书记充分肯定了国有企业的地位作用。他从建设中国特色社会主义和巩固党执政基础的高度，对国有企业地位作用给予了高度肯定。总书记指出，国有企业是中国特色社会主义的重要物质基础和政治基础，关系公有制主体地位的巩固，关系党执政地位和执政能力，关系我国社会主义制度；国有企业是中国特色社会主义经济的"顶梁柱"，要成为贯彻新发展理念、全面深化改革的骨干力量，成为党执政兴国的重要支柱和依靠力量；必须加快推进国家治理体系和治理能力现代化，国有企业是党领导的国家治理体系的重要组成部分。2015年，习近平在吉林长春考察长春轨道客车股份有限公司和长春一东离合器股份有限公司两家企业过程中反复强调，国有企业是国民经济发展的中坚力量，对国有企业要有制度自信。深化国有企业改革，要沿着符合国情的道路去改，要遵循市场经济规律，也要避免市场的盲目性，推动国有企业不断提高效益和效率，提高竞争力和抗风险能力，完善企业治理结构，在激烈的市场竞争中游刃有余。在2019年12月召开的中央经济工作会议上，习近平总书记发表重要讲话，就国资国企工作做了进一步强调，深刻指出国有企业是大国重器、镇国之宝。总书记强调，在中国共产党领导和我国社会主义制度下，国有企业和国有经济必须不断发展壮大，这个问题应该是毋庸置疑的，那种不要国有企业、搞小国有企业的说法、论调都是错误的、片面的，任何怀疑、唱衰国有企业的思想和言论都是错误的，国有企业不仅要，而且一定要搞好！

习近平总书记对新时代国有企业的使命责任提出了殷切厚望。总书记在全国国企党建会上对国有企业提出了"六个力量"要求，期望国有企业成为党和国家最可信赖的依靠力量，成为坚决贯彻执行党中央决策部署的重要力量，成为贯彻新发展理念、全面深化改革的重要力量，成为实施"走出去"战略、"一带一路"建设等重大战略的重要力量，成为壮大综合国力、促进经济社会发展、保障和改善民生的重要力量，成为党赢得具有许多新的历史特点的伟大斗争胜利的重要力量。2017年4月，习近平总书记在广西考察时强调，国有企业要做落实新发展理念的排头兵、做创新驱动发展的排头兵、做实施国家重大战略的排头兵。2020年3月，习近平总书记指出，国有企业特别是中央企业的中坚力量，要进一步统一认识，更加坚定地把国有企业搞好，坚定社会主义基本经济制度，发挥好中国特色社会主义制度优势。

2. 关于国企改革发展目标与路径

习近平总书记在党的十九大报告中强调，要推动国有资本做强做优做大，加快培育具有全球竞争力的世界一流企业。同时，党的十八大以来，习近平总书记在多次会议、多个场合反复强调、重申做强做优做大国有企业。习近平总书记在十九届四中全会上强调，要增强国有经济竞争力、创新力、控制力、影响力、抗风险能力。这些都为国有企业改革发展指明了目标与主攻方向。此外，习近平总书记还指出了国企改革发展的主要路径：一是要大力实施创新驱动发展。总书记强调，要加快提升企业技术创新能力，发挥国有企业在技术创新中的积极作用；进一步发挥国有企业的体制优势，整合力量，明确责任，分解任务，加快关键核心技术攻关，务求在受制于人的"卡脖子"领域和薄弱环节不断取得突破，确保在遭遇极端封锁时，能把风险损失代价降到最低，始终立于不败之地；具有自主知识产权的核心技术，是企业的"命门"所在，企业必须在核心技术上不断实现突破，掌握更多具有自主知识产权的关键技术，掌控产业发展主导权。二是要深入推进供给侧结构性改革。总书记强调，国有企业要成为深化供给侧结构性改革的生力军，瞄准国际标准提高发展水平，促进中国产业迈向全球价值链中高端；装备制造业是国之重器，是实体经济的重要组成部分，国家提高竞争力要靠实体经济；要推动企业高质量发展，加强管理体系和管理能力建设，发展壮大主业实业；一些竞争性领域可以放开，但关系国计民生的重要领域，关系国家经济、科技、国防、安全等领域的控制力、影响力，主导权要掌握在国家手中；加快优化国有经济布局结构，推动国有资本逐步向关系国家安全、国民经济命脉、国计民生的重要行业和关键领域、重点基础设施集中，向前瞻性战略性产业集中，向具有核心竞争力的优势企业集中。三是要提高国际化经营水平。总书记强调，要以"一带一路"建设为契机，开展跨国互联互通，提高贸易和投资合作水平，推动国际产能和装备制造合作；规范企业投资经营行为，合法合规经营，注意保护环境，履行社会责任，成为共建"一带一路"的形象大使；海外并购重组要突出实体经济，突出技术、品牌、市场；抓住和用好海外并购重组机会，推进价值链从低端向中高端延伸，更深更广融入全球供给体系。四是要增强抗风险能力。总书记强调，要增强忧患意识，强化风险意识，牢牢守住不发生系统性风险的底线；加强国有企业资产负债约束，推动国有企业降杠杆、防范化解国有企业债务风险。

2020年6月30日，中央全面深化改革委员会第十四次会议审议通过了《国企改革三年行动方案（2020－2022年）》，更进一步明确了今后三年国企改革关键阶段的路线图。这份路线图以增加国有经济竞争力、创新力、控制力、影响力、抗风险能力为改革目标与落脚点，凸显了国企改革的实效性要求。这其中，"创新力"更是在当前历史条件下对国有企业深化改革和能力建设的最新要求。

3. 关于国企改革的总体要求和重点任务

习近平总书记提出了国有企业改革的总要求。他强调，国有企业要搞好就一定要改革，抱残守缺不行，改革能成功，就能变成现代企业；推进国企改革要奔着问题去，坚持以解放和发展社会生产力为标准，以增强企业活力、提高效率为中心，把国有企业建成能面对市场竞争、以质量效益为导向的现代企业。同时他提出国有企业改革的三个有利于原则，即国有企业改革要有利于国有资产保值增值，有利于提高国有经济竞争力，有利于放大国有资本功能。习近平总书记进而指明了国有企业改革的方向。他强调，要坚持社会主义市场经济改革方向，使市场在资源配置中起决定性作用；坚持党对国有企业的领导是重大政治原则，必须一以贯之，建立现代企业制度是国有企业改革的方向，也必须一以贯之，要把加强党的领导和完善公司治理统一起来，建设中国特色现代国有企业制度。习近平总书记还确定了国有企业改革的重点任务。总书记强调，要以董事会建设为重点，完善公司法人治理结构，形成各司其职、各负其责、协调运转、有效制衡的公司治理机制；建立职业经理人制度，合理增加市场化选聘比例，更好发挥企业家作用；建立健全同劳动力市场基本适应、同国有企业经济效益和劳动生产率挂钩的工资决定和正常增长机制，充分调动国有企业职工的积极性、主动性、创造性；混合所有制改革要按照完善治理、强化激励、突出主业、提高效率的要求，加快迈出实质性步伐；准确界定不同国有企业功能，对商业类国有企业和公益类国有企业，分类推进改革、分类促进发展、分类实施监管、分类定责考核。习近平总书记还明确发展国有经济的重要保障，坚持以管资本为主加强国有资产监管不动摇；明确发展国有经济的政治保证，坚持党对国有企业的全面领导不动摇。

（二）　新时代深化国有企业改革的主要举措

党的十八大以来，以习近平同志为核心的党中央深刻分析国有企业改革发展面临的形势和任务，系统谋划了中国特色国有企业改革的新蓝图，全面总结、科学提炼、创新发展了中国特色国有企业改革发展道路，国有企业改革发展取得了新的重大进展和历史性伟大成就。一批改革成果实现历史性突破，公司制改制全面完成，混合所有制企业数量和质量大幅提高，剥离企业办社会职能基本完成，国有企业党的领导党的建设全面加强，管党治党意识和责任明显增强，党的领导弱化、党的建设缺失、从严治党不力状况明显改观；一批改革举措取得重大进展，中国特色现代企业制度逐步建立，以管资本为主的国有资产监管体制逐步完善，国有资本布局结构不断优化，"处僵治困"取得实质性进展；一批改革重点难点问题已经破题，落实董事会职权、经理层成员任期制和契约化管理、职业经理人制度、市场化分配机制等，在许多基层企业积极推进，形成了一批可复制可推广的经验。

1. 形成"1＋N"政策体系

党的十八届三中全会通过的《中共中央关于全面深化改革若干重大问题的决定》，对全面深化国企改革提出了新的要求，具体包括：坚持党的领导，贯彻党的基本路线，始终确保改革正确方向；坚持两个"毫不动摇"，积极发展混合所有制经济；以管资本为主完善国有资产管理体制；推动国有企业完善现代企业制度等。为贯彻落实中央要求，加强国有企业改革的顶层设计，2015年8月，中共中央、国务院印发了《关于深化国有企业改革的指导意见》。随后，国务院国资委等部门又陆续出台22个配套文件，形成了"1+N"政策体系，作为顶层设计和四梁八柱的大框架，构成了国企改革的设计图、施工图，为深化国企改革提供了行动指南和政策依据。此外，为整体推进国有企业改革，按照习近平总书记的重要指示精神，2015年国务院成立了由马凯副总理任组长、王勇国务委员任副组长的国务院国有企业改革领导小组，办公室设在国务院国资委。2018年，调整为刘鹤副总理任组长。

2. 实施国有企业改革"示范工程"

国务院国资委于2014年7月曾在中央企业启动"四项改革"试点，分别是：在国家开发投资公司、中粮集团有限公司开展改组国有资本投资公司试点；在中国医药集团总公司、中国建筑材料集团有限公司开展发展混合所有制经济试点；在新兴际华集团有限公司、中国节能环保集团有限公司、中国医药集团有限公司、中国建筑材料集团有限公司开展董事会行使高级管理人员选聘、业绩考核和薪酬管理职权试点；在国资委管理主要负责人的中央企业中选择2~3家开展派驻纪检组试点。2015年12月，在"四项改革试点"基础上，国务院国有企业改革领导小组针对国企改革的重点难点问题，组织实施了"十项改革"试点，分别在落实董事会职权，市场化选聘经营管理者，推行职业经理人制度，企业薪酬分配差异化改革，改组组建国有资本投资、运营公司，中央企业兼并重组，部分重要领域混合所有制改革，混合所有制企业员工持股，国有企业信息公开工作试点，剥离企业办社会职能和解决历史遗留问题等方面开展试点，形成可复制可推广的经验。此外，2018年3月，国务院国资委实施了国企改革"双百行动"，推动区域性国资国企综合改革试验。

3. 界定不同国有企业功能并进行分类改革

长期以来，国有企业存在功能不清晰、定位不明确、发展同质化、考核评价不科学等问题。为解决这些问题，对国有企业进行功能界定和分类改革成为新时代深化国企改革的切入点。2013年11月，党的十八届三中全会通过《中共中央关于全面深化改革若干重大问题的决定》，提出准确界定不同国有企业功能。2015年8月，中共中央、国务院印发《关于深化国有企业改革的指导意见》，将国有企业分为商业类和公益类。同年12月，国务院国资委、财政部、国家发展和改革委员会（以下简称国家发改委）联合印发《关于国有企业功能界定与分类的指导意见》，提出了划分类别的具体标准、分类施策的具体措施。2016年8月，国务院国资委、财政部联合印发《关于完善中央企业功能分类考核的实施方案》，根据国有资本的战略定位和发展目标，结合不同国有企业在经济社会发展中的作用、现状和发展需要，将中央企业分为商业一类企业、商业二类企业、公益类企业。各地按照分类改革的有关要求，结合地方特点和企业实际，界定不同国有企业功能，出台监管企业分类的实施意见，探索开展分类发展、分类考核、分类监管工作。

4. 推进中国特色现代国有企业制度建设

2016年10月，党中央召开全国国有企业党的建设工作会议。习近平总书记出席会议并发表重要讲话指出："坚持党对国有企业的领导是重大政治原则，必须一以贯之；建立现代企业制度是国有企业改革的方向，也必须一以贯之。中国特色现代国有企业制度，'特'就特在把党的领导融入公司治理各环节，把企业党组织内嵌到公司治理结构之中，明确和落实党组织在公司法人治理结构中的法定地位，做到组织落实、干部到位、职责明确、监督严格。"此后，各级国资监管机构和国有企业深入学习全国国有企业党的建设工作会议精神，全面落实两个"一以贯之"，开始了推进建设中国特色现代国有企业制度的新阶段。2017年6月，中央全面深化改革领导小组召开第36次会议，审议通过了国务院国资委同有关部门制定的《中央企业公司制改制工作实施方案》。同年7月，国务院办公厅印发该方案，明确了公司制改革的目标任务，为全面完成中央企业的公司制改制工作奠定了制度基础。截至2017年，除个别企业由于特殊原因未完成改制外，其余企业均已全部完成工商变更登记，取得新的营业执照，成为按照公司法登记的公司制企业。此外，国务院国资委推动党的领导融入公司治理各环节，加强董事会建设，国有企业领导人员分层分类管理，健全业绩考核体系和激励机制。

5. 国有资产管理体制向"管资本"转变

2013 年 11 月，党的十八届三中全会提出，完善国有资产管理体制，以管资本为主加强国有资产监管，改革国有资本授权经营体制，组建若干国有资本运营公司，支持有条件的国有企业改组为国有资本投资公司。为落实党的十八届三中全会决定，以管资本为主完善国有资产管理体制成为新时代国资国企改革的重要内容。2015 年 10 月，国务院印发《关于改革和完善国有资产管理体制的若干意见》，指导各级国资监管机构准确把握履行出资人职责定位。2016 年 12 月，中央全面深化改革领导小组第 30 次会议审议通过《国务院国资委以管资本为主推进职能转变方案》，2017 年 4 月以国务院办公厅的名义下发。2018 年，制定印发《国务院国资委出资人监管权力和责任清单（试行）》，明确 36 项权责事项，进一步明确了国有资产所有权与企业经营权职责边界。2019 年 4 月，国务院印发《改革国有资本授权经营体制方案》。同年 6 月，国务院国资委印发《国务院国资委授权放权清单（2019 年版）》。此外，2017 年 12 月，中共中央印发《关于建立国务院向全国全国人大常委会报告国有资产管理情况制度的意见》，国务院向全国人民代表大会常务委员会报告国有资产管理情况的制度初步建立；2018 年 7 月，国务院印发《关于推进国有资本投资、运营公司改革试点的实施意见》，进一步推进国有资本投资、运营公司建设试点工作。2019 年 11 月，国务院国资委印发《国务院国资委关于以管资本为主加快国有资产监管职能转变的实施意见》，提出 17 条举措推动国有资产职能向管资本为主转变。

6. 积极开展混合所有制和股权多元化改革

2015 年 8 月，中共中央、国务院印发《关于深化国有企业改革的指导意见》，这是统领国企改革全局的顶层设计，其中用一章篇幅对混合所有制改革进行了阐述。2015 年 9 月，《国务院关于国有企业发展混合所有制经济的意见》印发，具体明确了国有企业发展混合所有制经济的要求和措施，成为新时代国企混合所有制改革的纲领性文件。2016年12月，习近平总书记在中央经济工作会议上强调，混合所有制改革是国企改革的重要突破口，要按照完善治理、强化激励、突出主业、提高效率的要求，在电力、石油、天然气、铁路、民航、电信、军工等领域迈出实质性步伐。2017年10月，党的十九大报告再次突出强调要发展混合所有制经济，培育具有全球竞争力的世界一流企业，对混合所有制改革提出新的要求。2018年10月，全国国有企业改革座谈会强调，突出抓好混合所有制改革，夯实基本经济制度的重要实现形式。2019年10月，党的十九届四中全会通过的《中共中央关于坚持和完善中国特色社会主义制度　推进国家治理体系和治理能力现代化若干重大问题的决定》中突出强调：探索公有制多种实现形式，推进国有经济布局优化和结构调整，发展混合所有制经济，增强国有经济竞争力、创新力、控制力、影响力、抗风险能力，做强做优做大国有资本。同月，国务院国资委印发《中央企业混合所有制改革操作指引》，为中央企业所属各级子企业通过产权转让、增资扩股、首发上市、上市公司资产重组等提供明确指引。2013~2018年，各类资本积极参与中央企业混合所有制改革，通过证券市场、产权市场参与央企混合所有制改革，投资金额超过1万亿元。其中，民营资本是主体力量。外资活跃，股权投资基金成为新生力量。截至2018年，中央企业及各级子企业中混合所有制企业户数超过34000户，占比超过七成，与2012年相比，中央企业混合所有制企业户数增加超过1万户，占比提高近20个百分点。同时，中央企业以多种方式入股非国有企业。截至2018年，中央企业对外参股的混合所有制企业超过6000户。2019年新混合所有制改革企业中中央企业508家，国有企业1540家，共2048家。2019年4月，国务院国资委确定第四批混合所有制改革企业名单，企业数量超过100户。

7. 贯彻落实十九届四中全会精神

2019年10月28日，党的十九届四中全会提出：探索公有制多种实现形式，推进国有经济布局优化和结构调整，发展混合所有制经济，增强国有经济竞争力、创新力、控制力、影响力、抗风险能力，做强做优做大国有资本。深化国有企业改革，完善中国特色现代企业制度。形成以管资本为主的国有资产监管体制，有效发挥国有资本投资、运营公司功能作用。这为今后一段时间国企改革发展指明了方向。2019 年 11 月 12 日，中共中央政治局委员、国务院副总理、国务院国有企业改革领导小组组长刘鹤主持国务院国有企业改革领导小组第三次会议并讲话，国务委员、国务院国有企业改革领导小组副组长王勇出席会议并讲话。会议传达学习党的十九届四中全会精神，研究部署了下一步国有企业改革工作。会议要求，要切实把思想和行动统一到习近平总书记的重要讲话和党的十九届四中全会精神上来，以高度的政治责任感和使命感，坚持国有企业市场化改革方向不动摇，推动国有企业改革向纵深发展。未来三年是关键的历史阶段，要落实好国有企业改革顶层设计，抓紧研究制定国有企业改革三年行动方案，明确提出改革的目标、时间表、路线图。要从国家整体战略出发，按照建立中国特色现代国有企业制度的要求，聚焦解放和发展生产力，全面增强国有经济竞争力、创新力、控制力、影响力、抗风险能力。在推进混合所有制改革、加强国资国有企业监管、增强研发创新能力、强化财务硬约束、削减和规范补贴、完善激励机制、提高劳动生产率和资金回报率等重点领域和关键环节，提出明确的任务举措，制定量化、可考核的具体指标。

8. 实施国企改革三年行动方案

2020 年 4 月 20 日，国务院国资委秘书长、新闻发言人彭华岗在国务院新闻办公室新闻发布会上称，2020 年是落实三年行动方案的第一年，大的改革方向主要包括：完善中国特色现代企业制度，加快建立健全市场化经营机制，积极稳妥分层分类深化混合所有制改革，进一步完善以管资本为主的国有资产监管体制，大力推进"双百行动""区域性综合改革试验""科改示范行动"等专项工程，进一步加强党对国有企业的全面领导等。2020 年 6 月 11 日，《国务院关于落实〈政府工作报告〉重点工作部门分工的意见》中提到，实施国企改革三年行动，由国务院国资委牵头，10 月底前出台相关政策。6 月 30 日，中央全面深化改革委员会召开第十四次会议，审议通过了《国企改革三年行动方案（2020～2022 年）》。会议指出，国有企业是中国特色社会主义的重要物质基础和政治基础，是党执政兴国的重要支柱和依靠力量。在这次应对新冠肺炎疫情过程中，国有企业勇挑重担，在应急保供、医疗支援、复工复产、稳定产业链供应链等方面发挥了重要作用。今后三年是国企改革关键阶段，要坚持和加强党对国有企业的全面领导，坚持和完善基本经济制度，坚持社会主义市场经济改革方向，抓重点、补短板、强弱项，推进国有经济布局优化和结构调整，增强国有经济竞争力、创新力、控制力、影响力、抗风险能力。

三　中央企业自主创新的科技与经济环境

（一）产业革命与科技竞争

当今世界正经历百年未有之大变局，新一轮科技革命和产业变革蓬勃兴起。进入新时代以来，科技创新日新月异，科技竞争不断加剧。创新要素和创新资源呈现加速流动和配置的趋势，学科的交叉和技术的融合不断加快，新一轮产业革命蓬勃兴起，科技创新孕育新突破，全球进入空前的创新密集和产业变革时代。21世纪，宽带、无线、智能网络继续快速发展，超级计算、虚拟现实、网络制造和网络增值服务等突飞猛进。以智能化制造为标志的第三次工业革命的到来，加快了信息技术在生产和社会领域的渗透。宽带化、移动互联网、物联网、社交网络云计算等的兴起又催生了大数据。大数据作为无形的生产资料，对研发、生产、流通和社会管理等领域都产生重要影响，将带动新的产业以及生产性服务业的发展。对大数据的合理共享和利用，将创造巨大的财富。同时，人类社会将从化石能源体系走向可持续能源体系的新时代。可再生能源和安全、可靠、清洁的核能将逐步代替化石能源，成为人类社会可持续发展的基石。人类在继续致力于节约和清洁、高效利用化石能源的同时，还将致力于发展先进可再生能源，包括先进、安全、可靠、清洁的核能及其他替代能源，建立可持续能源体系。此外，生物技术、新材料、先进制造、医药健康、生态环境保护等领域备受关注。知识传播、技术转移和产业化速度加快，传统的组织与管理模式受到挑战。

大国间科技竞争态势更趋激烈，各国在基因编辑、量子、人工智能等颠覆性技术领域和信息、能源、先进制造等基础性科技领域均纷纷加强战略性和针对性布局，确保紧跟新科技革命浪潮、把握发展先机，以期形成非对称战略优势。特别是2008年国际金融危机以来，全球经济增速放缓，世界各主要国家都面临着经济结构和产业结构的深度调整。主要发达国家特别是美国更加关注实体经济，希望通过"再工业化"重塑经济竞争力。同时，许多国家都在关注新一代工业革命的出现，纷纷从国家战略层面加强部署。如美国的"国家创新战略"，欧盟的优先研究领域，欧盟发达国家纷纷制定发展新兴产业战略，日本的"新增长战略"，韩国的"2020产业技术创新战略"和"2025年构想"，俄罗斯的优先发展领域。许多国家纷纷把加强科技创新，加强前沿基础研究，加强人才培养，加快培育和发展新能源、新材料、信息网络、生物医药、节能环保、低碳技术、绿色经济等新兴产业，作为新一轮技术革命和产业发展的重点，抢占未来经济和科技发展的战略制高点。企业成为研发投入与科技竞争的主体。美、欧、日等发达国家（地区）的大企业在研发投入强度高的行业中仍占主导地位。由此可见，我国仍面临激烈的国际科技与产业竞争。

（二）国内科技与经济环境

2008年国际金融危机以来，第一波"全球化红利"已经透支，我国经济发展中数量型"人口红利"正在衰减，以增量改革为特征的"体制转型红利"也基本释放完毕，发展中不均衡、不协调、不可持续问题依然突出。为此，我国必须扬弃过去的"后发优势"战略，逐步转向"先发优势"的战略轨道。具体来说，在技术上要强调自主创新而不是动态追随；在产业上要彰显"中国设计"和"中国创造"而不是"中国制造"，在要素投入上要依靠技术创新和人力资本驱动。

我国经济总量、产业规模、企业数量巨大，在很多方面居于世界前列，但产品技术含量不高、企业技术创新能力不强、产业结构不合理、现代产业体系不健全等问题仍然比较突出，粗放式生产、低水平竞争、盲目重复建设等现象依然大量存在。如果坚持这种经济发展方式，我国在未来激烈的国际竞争中将处于战略上的被动地位。总之，我国加快转变经济发展方式任务繁重而紧迫，急需科技的支撑引领作用。因此，党的十八大报告做出了将转变经济发展方式作为发展主线的重大决策，明确了我国当前和长远发展对科技的紧迫需求，指出科技创新是提高社会生产力和综合国力的战略支撑，必须摆在国家发展全局的核心位置。强调"促进创新资源高效配置和综合集成，把全社会智慧和力量凝聚到创新发展上来。而企业在国家科技创新中居于主体地位"。特别强调，"深化科技体制改革，推动科技和经济紧密结合，加快建设国家创新体系，着力构建以企业为主体、市场为导向、产学研相结合的技术创新体系"。中央企业更要自觉地把自主创新作为转变经济发展方式的重要支撑，进一步增强科技创新的紧迫感和危机感，坚定不移地把自主创新和科技进步作为企业发展的首要推动力。

2015～2019年，我国坚定不移地贯彻新发展理念，坚决端正发展观念、转变发展方式，发展质量和效益不断提升，经济建设取得重大成就。经济保持中高速增长，在世界主要国家中名列前茅，国内生产总值从54万亿元增长到80万亿元，稳居世界第二位，对世界经济增长贡献率超过30%。供给侧结构性改革深入推进，经济结构不断优化，数字经济等新兴产业蓬勃发展，高铁、公路、桥梁、港口、机场等基础设施建设快速推进。农业现代化稳步推进，粮食生产能力达到12000亿斤。城镇化率年均提高1.2%，8000多万农业转移人口成为城镇居民。区域发展协调性增强，"一带一路"建设、京津冀协同发展、长江经济带发展成效显著。创新驱动发展战略大力实施，创新型国家建设成果丰硕，天宫、蛟龙、天眼、悟空、墨子、大飞机等重大科技成果相继问世。开放型经济新体制逐步健全，对外贸易、对外投资、外汇储备稳居世界前列。

近年来，我国不断完善社会主义市场经济体制，市场体系不断发展，各类市场主体蓬勃成长。截至2019年，我国已有市场主体1.23亿户，其中企业3858万户，个体工商户8261万户。这些市场主体是我国经济活动的主要参与者、就业机会的主要提供者、技术进步的主要推动者，在国家发展中发挥着十分重要的作用。随着我国发展要素成本上升，低成本优势明显减弱，加之国际单边主义思潮抬头，技术壁垒、规则打压不断，我国面临着高端产业向发达国家回流、中低端产业向成本更低的国家分流、产业资本和社会资本向虚拟经济倒流的多重压力。深入落实创新驱动战略，利用国内市场优势，组合知识、技术、数据等新生产要素，重塑竞争优势、培育扩容新动能迫在眉睫。

（三）　国际经济与科技环境

1. 全球研发投入总体稳步增长

2017～2019 年，全球研发投入稳步攀升。从表 1 - 1 看，2019 年，亚洲研发投入份额占全球的 44.24%，除亚洲以外，其他地区的研发投入份额比上年均略有下降。

表 1 - 1　2017～2019 年全球研发投入份额

单位：%

地区	2017 年	2018 年	2019 年
北美洲（12 个国家）	27.60	27.36	27.07
南美洲（10 个国家）	2.40	2.28	2.22
欧洲（34 个国家）	21.00	20.52	20.31
亚洲（24 个国家）	42.70	43.62	44.24
非洲（18 个国家）	0.90	0.92	0.87
中东（13 个国家）	2.50	2.50	2.5
俄罗斯/独联体（5 个国家）	2.90	2.80	2.79
合计（116 个国家）	100	100	100

资料来源：根据 RDmag 发布数据整理所得。

从表 1 - 2 所显示的全球主要国家和地区研发投入看，2019 年，美国以 5810.3 亿美元保持全球第一，但占总投入的份额已由 2009 年的 34% 缩减至 24.98%；中国的研发投入持续强劲，以 5192.2 亿美元位列第二，其份额由 2009 年的 12.5% 增至 22.32%；日本研发投入为 1931.7 亿美元，位列第三；印度研发投入增速最快，同比增长 9.07%，达 940.6 亿美元，首次超越韩国位列第五。韩国研发投入强度居世界之首，高达 4.35%；欧洲数国则由于经济疲软等诸多原因，研发投入增长乏力，但研发强度总体处于较高水平。图 1 - 1 反映了 2017～2019 年全球主要国家和地区研发投入情况。

表 1 - 2　2019 年全球主要国家和地区研发投入情况（按购买力平价计算）

排名	国家	研发投入 （亿美元）	占 GDP 比重 （%）	全球份额 （%）
1	美国	5810.3	2.84	24.98
2	中国	5192.2	1.98	22.32
3	日本	1931.7	3.50	8.30
4	德国	1232.2	2.84	5.30
5	印度	940.6	0.86	4.04
6	韩国	934.6	4.35	4.02
7	法国	662.2	2.25	2.85
8	俄罗斯	619.4	1.50	2.66
9	英国	513.8	1.73	2.21
10	巴西	391.5	1.16	1.68
11	加拿大	330.7	1.80	1.42
12	澳大利亚	308.2	2.35	1.32

资料来源：根据 RDmag 发布数据整理所得。

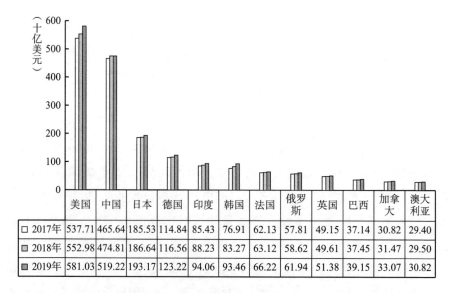

	美国	中国	日本	德国	印度	韩国	法国	俄罗斯	英国	巴西	加拿大	澳大利亚
□ 2017年	537.71	465.64	185.53	114.84	85.43	76.91	62.13	57.81	49.15	37.14	30.82	29.40
▨ 2018年	552.98	474.81	186.64	116.56	88.23	83.27	63.12	58.62	49.61	37.45	31.47	29.50
■ 2019年	581.03	519.22	193.17	123.22	94.06	93.46	66.22	61.94	51.38	39.15	33.07	30.82

图 1 - 1　2017～2019 年全球主要国家和地区研发投入（按购买力平价计算）

资料来源：根据 RDmag 发布数据整理所得。

产业研发支出稳步增长，已成全球创新的关键力量。据 RDmag 调查，在全球范围内，各国产业研发支出占其研发支出总额的 30%～75%。其中，美国产业研发支出占总支出的 66%；欧洲和亚洲产业研发支出份额也达到 50%～75%。从图 1-2 的全球主要技术领域产业研发投入看，信息通信技术的产业研发资金最多，其次是生命科学、汽车、化学与先进材料、航空/国防、能源。其中，信息通信技术和生命科学是全球产业研发增长的主要驱动力。

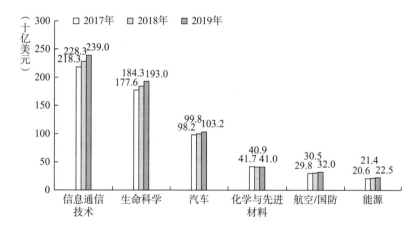

图 1-2　2017～2019 年全球主要技术领域产业研发投入

资料来源：根据 RDmag 发布数据整理所得。

2. 创新版图日渐东移

据世界知识产权组织公布的全球专利合作协定（以下简称 PCT）专利申请量数据（见图 1-3），2015 年至 2019 年 9 月，全球 PCT 专利申请量连续 10 年呈增长态势。截至 2019 年 9 月，全球 PCT 专利申请总量达 187544 项，其中，位列前十的国家依次为美国、日本、中国、德国、韩国、法国、英国、瑞士、瑞典和荷兰（见图 1-4）。

从地区分布看（见图 1-5），2019 年 1～9 月，有超过一半的 PCT 专利申请来自亚洲，占比为 51.64%；欧洲占比为 23.45%；北美洲占比为 23.39%。截至 2019 年 9 月，PCT 专利申请量前五强国家合计达 144281 项，占全球总量的 76.93%。其中，美国依旧是最大的 PCT 专利申请国，其专利申请量为 41858 项，约占全球总量的 22.3%；第二名是日本，申

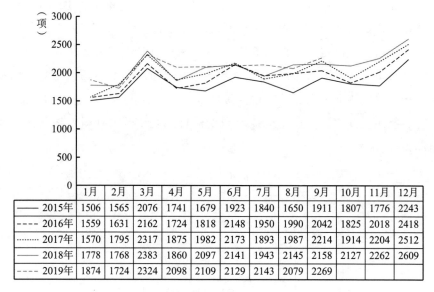

	1月	2月	3月	4月	5月	6月	7月	8月	9月	10月	11月	12月
—— 2015年	1506	1565	2076	1741	1679	1923	1840	1650	1911	1807	1776	2243
- - - 2016年	1559	1631	2162	1724	1818	2148	1950	1990	2042	1825	2018	2418
······ 2017年	1570	1795	2317	1875	1982	2173	1893	1987	2214	1914	2204	2512
—— 2018年	1778	1768	2383	1860	2097	2141	1943	2145	2158	2127	2262	2609
- - - 2019年	1874	1724	2324	2098	2109	2129	2143	2079	2269			

图 1 - 3　2015 年至 2019 年 9 月全球 PCT 专利申请量

资料来源：根据世界知识产权组织发布数据整理所得。

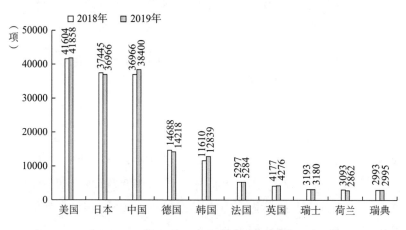

图 1 - 4　全球 PCT 专利申请量前十位国家

注：2019 年为 1～9 月数据。

资料来源：根据世界知识产权组织发布数据整理所得。

请量为 36966 项，占全球总量的 19.7%；中国排名第三，专利申请量为 38400 项；德国专利申请量为 14218 项，排名第四；韩国 PCT 专利申请量为 12839 项，位列第五。

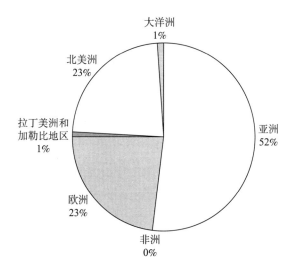

图 1 - 5 2019 年 1 ~ 9 月全球 PCT 专利申请量地区分布
资料来源：根据世界知识产权组织发布数据整理所得。

从技术层面看，图 1 - 6 显示，在 PCT 专利分布的 35 个技术领域中，信息技术、生物技术成为全球创新的重点领域。截至 2019 年 9 月，PCT 专利申请公开量超过 1 万件的领域有 6 个，其中计算机技术 21427 项，数字通信 19082 项，电机/电器装置/电能 17217 项，医疗技术 16942 项，测量 11148 项，交通 11146 项，这 6 个技术领域的问题占全球总量的 51.7%。

图 1 - 7 表明，美、日、中、德、韩五国竞争优势明显，几乎囊括所有技术领域专利申请量的前五席。在数字通信方面，中国专利申请公开量达 8092 项，排名第一，几乎是第二名美国的两倍；在计算机技术领域，中国 7100 项，美国 6733 项，两国相差不大，分列前两位；在医疗技术方面，美国以 6107 项稳居第一；在电机/电器装置/电能技术方面，日本以 5583 项遥遥领先于中国和美国。新兴经济体在其中不仅成为新动能，而且成为新主力，为全球创新注入了新活力，并改写了全球创新版图。在这场科技创新浪潮中，中国虽然与发达国家，尤其是美国和日本在研发投入强度和核心关键技术等方面的差距仍然较大，但凭借强力的政策支持和不断增长的研发投入，仍取得了不凡的进步和创新成果。

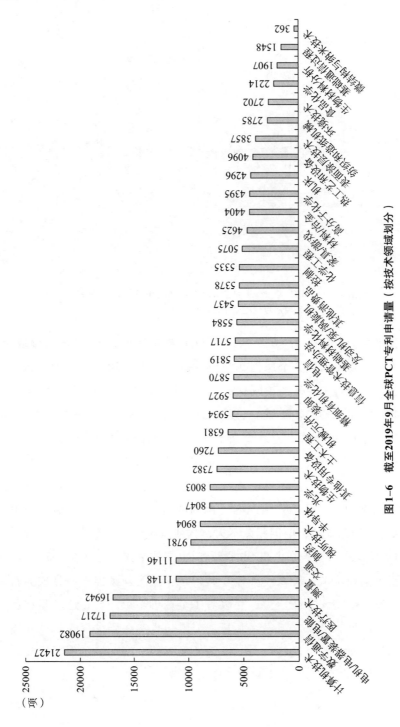

图1-6　截至2019年9月全球PCT专利申请量（按技术领域划分）

资料来源：根据世界知识产权组织发布数据整理所得。

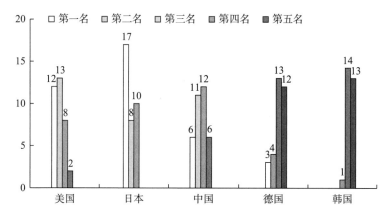

图 1-7　截至 2019 年 9 月美、日、中、德、韩五国 PCT 专利申请量进入前五名技术领域数量

资料来源：根据世界知识产权组织发布数据整理所得。

3. 世界主要经济体强化科技战略布局

美国在战略性前沿技术领域持续发力，以强有力政策支持基础研究和创新突破，同时特别推动前沿技术在国防军事领域的应用。2019 年，美国国防部相继推出《国防部云战略》和《国防部数字现代化战略》，利用美国在大数据、云计算、人工智能、网络安全以及指挥、控制与通信等方面的综合技术优势，推动美国军队的现代化、智能化升级。正如《空军科技战略》里特别强调的，美国空军将持续不断地识别、开发和部署突破性科技，利用超前技术保持美军长期的军事战略优势。

俄罗斯的科技战略部署聚焦于影响国家实力和国家安全的重大领域，2019 年发布的《俄联邦国家科技发展纲要》提出应在基础科研、教育、智能社会等领域全面提速，在 2024 年前形成国家核心竞争力。同时，网络安全成为俄罗斯政府的核心关切。俄罗斯总统普京签署法令，要求建立可独立运行、不受外国网络控制的"俄罗斯自主互联网"。2019 年 11 月，俄罗斯《主权互联网法》正式生效，要求俄所有运营商都必须通过由该国电信监管机构管理的特殊服务器来传输数据，以加强俄罗斯对网络安全的管控能力，保障国家安全，并举行了首次国家级"断网"演习。

日本持续贯彻前沿科技战略布局，在 2018 年颁布《综合创新战略》的基础上发布了《2019 年科技创新综合战略》，结合日本国内外形势，制定了未来在生物技术、量子、人工智能、环境能源等关键领域的发展目标，提出将日本建成"世界上最适宜创新的国家"。此外，日本还相继发布了《网络/物理安全框架》《生物战略2019》《纳米与材料科学技术研发战略》《东京量子合作声明》等科技领域的顶层战略，持续加强对涉及国运的前沿科技的谋划和部署。

欧盟及其主要成员国根据自身发展需要和技术优势纷纷调整科技战略布局。欧盟发布的《提升欧盟未来产业的战略性价值链》报告，提出在清洁型互联自动驾驶汽车、氢技术和能源系统、工业互联网等6个民生前沿科技领域提高全球竞争力的举措建议，并计划为10个成员国的科技基础设施项目提供40亿欧元支持。英国发布《国际研究与创新战略》，提出将英国研发投入占GDP的比重提高到2.4%。法国公布国防领域人工智能发展计划，拟优先投资决策支持、规划、情报分析、协同作战、机器人及网络空间作战等六大领域。德国则发布《国家工业战略2030》，提出有针对性地扶持汽车、光学、3D打印等十大重点工业领域，保持和提升德国先进工业制造的全球核心竞争力。

4. 中美贸易摩擦与中美科技竞争

2019年5月10日，中美新一轮贸易摩擦拉开帷幕。中国科技企业在这样的大环境面临严峻考验。2019年，与其他国家进出口贸易相比，美国占中国外贸总值的11.8%，贸易额为5412.2亿美元，贸易额占比较2018年下降1.9个百分点。尽管两国贸易总值呈下降趋势，但所占的比重仍反映出中美密切的贸易伙伴关系。中美贸易摩擦不断，势必反向引起科学技术领域的动荡。我国需要进一步深入思考其对中国科技产业所带来的具体影响，探求中国科技产业的发展前途，积极总结经验教训以确定应对的方法，确保中国科技产业稳步发展。

在经济全球化的浪潮下，我国在引进了先进技术的同时，也加快了"走出去"战略的进一步实施。2019年，中国经济增长对世界经济增长的贡献率预计将达到30%左右，中国的GDP占世界的比重预计将超过16%。中国已然跃居世界第二大经济体，对世界贸易发挥巨大作用。对于中国科技领域来说，相关产品进出口、技术研发、产品制造等都与世界贸易有着越来越密切的联系。美国盲目增加中国关税直接影响我国产品成本、销售等问题。除此以外，华为、大疆、中兴等中国科技发达企业也相继遭到美国的"实体清单"威胁。可见，中美贸易摩擦对中国科技产业的影响是多方面的。

一直以来，中国在关键技术进口上对美国有着一定的依赖。目前，中国还有许多企业没有自主研发机构，高科技产品自主研发能力不足。除了华为、中兴等少数中国品牌外，更多企业是以贴牌生产为主，以出口欧洲、亚洲和非洲等为主，科技自有品牌比较少。而中国需要的许多高科技产品，其核心技术一般只有美国持有，例如，英特尔和 AMD 的 CPU 应用在个人电脑中广泛使用，高通的手机芯片、谷歌的手机操作系统应用也很广泛等。一旦美国中止对华出口此类核心技术，中国的产业供应链可能遭受一定的冲击。

5. 新冠肺炎疫情

在 2020 年，也是我国全面建成小康社会的决胜年，新冠肺炎疫情在全球暴发，我国及世界各国面临重大考验。疫情使我国经济社会发展受到较大冲击，2020 年一季度我国 GDP 增速降至 -6.8%。2020 年 1~5 月，全国固定资产投资 199194 亿元，同比下降 6.3%。其中，制造业投资、基础设施投资和房地产开发投资分别下降 14.8%、6.3% 和 0.3%。社会消费品零售总额 138730 亿元，同比下降 13.5%。按消费类型分，餐饮、金银珠宝、服装鞋帽针织纺织品、石油及制品类、家电、汽车、建筑及装潢材料类等收入下降幅度较大，分别下降 36.5%、26.8%、23.5%、19.6%、18.4%、17% 和 14.3%。受疫情影响，我国进出口总额 11.54 万亿元人民币，下降 4.9%。其中，与去年同期相比，出口下降 4.7%。劳动密集型产品受境外疫情影响较大，服装、箱包、鞋、玩具、家具等产品出口合计下降 20.3%。制造业企业物流、生产、销售、回款等正常经营活动受到影响，多数企业停工减产，特别是汽车行业承受较大压力。1~5 月，全国规模以上工业企业实现利润同比下降 27.4%，工业增加值下降 2.8%。家禽养殖业物流受阻导致饲料无法运送，生产和销售两端受到双重挤压。畜牧业农产品供给短期偏紧，造成物价上涨。1~5 月，全国居民消费价格同比上涨 4.1%。其中，猪肉上涨 109.1%。1～5月，全国城镇新增就业 460 万人，同比减少 137 万人；5月，全国城镇调查失业率高于去年同期 0.9 个百分点，特别是大学生等重点群体就业压力加大。城市低收入群体、前期失业人员与农村低收入群体普遍抗风险能力较差，疫情造成的短期内失业、收入减少、物价提高均会导致部分人员生活困难。

在当前形势下，如何充分发挥体制机制优势，正确分析研判经济发展走向，采取积极有效的政策和措施，将新冠肺炎疫情的负面影响降至最低，保持经济社会平稳较快发展意义重大。

第二章
促进中央企业自主创新的政策措施

在 2017 年 10 月召开的中国共产党第十九次全国代表大会上，习近平总书记提出着力加快建设实体经济、科技创新、现代金融、人力资源协同发展的产业体系，着力构建市场机制有效、微观主体有活力、宏观调控有度的经济体制，不断增强我国经济创新力和竞争力。2019 年 3 月 5 日，李克强总理在第十三届全国人民代表大会第二次会议上宣读了《政府工作报告》，指出坚持创新引领发展，培育壮大新动能。发挥我国人力人才资源丰富、国内市场巨大等综合优势，改革创新科技研发和产业化应用机制，大力培育专业精神，促进新旧动能接续转换。2019 年接近"十三五"规划的收官之年，为加快创新型国家建设，国务院国资委及其他政府相关部门将自主创新作为中央企业建设的重要工作，围绕全面实施创新驱动发展战略，加大推进技术创新的力度，全面提升中央企业自主创新能力。近年来，国务院国资委和有关部门制定了许多适应中央企业发展的政策措施，为增强中央企业自主创新能力营造了良好的政策环境。

一 国务院出台的自主创新相关政策

自主创新能力是国家强盛之基，民族进步之魂。提高自主创新能力、实施创新驱动发展战略是党中央综合分析国内外大势、立足我国发展全局做出的重大战略抉择，是加快转变经济发展方式、破解经济发展深层次矛盾和问题、增强经济发展内生动力和活力的根本措施，也是贯彻落实科教兴国战略、实现中华民族伟大复兴目标的必经之路。为了加快创新型国家建设步伐，坚定不移地走中国特色自主创新道路，2015 年以来，国家制定并发布了一系列支持自主创新的政策意见和措施。

（一） 优化政策环境

促进创新创业环境升级。简政放权释放创新创业活力，放管结合营造公平市场环境，优化服务便利创新创业。着力创新政府服务模式，夯实网络发展基础，营造安全网络环境，提升公共服务水平。切实打通政策落实"最后一公里"，强化创新创业政策统筹，细化关键政策落实措施，做好创新创业经验推广。鼓励企业由传统的管控型组织转型为新型创业平台，让员工成为平台上的创业者，形成市场主导、风投参与、企业孵化的创业生态系统。完善政府统筹协调和决策咨询机制，包括建立部门科技创新沟通协调机制、国家科技创新决策咨询机制、创新政策协调审查机制、创新政策调查和评价制度等，提高科技决策的科学化水平。

加大财税政策支持力度。坚持结构性减税方向，逐步将国家对企业技术创新的投入方式转变为以普惠性财税政策为主。统筹研究企业所得税加计扣除政策，完善企业研发费用计核方法，调整目录管理方式，扩大研发费用加计扣除政策适用范围。加快推动创新创业发展动力升级，完善创新创业产品和服务政府采购等政策措施，加快推进首台（套）重大技术装备示范应用，建立完善知识产权管理服务体系。有条件的地方可对众创空间的房租、宽带网络、公共软件等给予适当补贴，或通过盘活商业用房、闲置厂房等资源提供成本较低的场所。可在符合土地利用总体规划和城乡规划前提下，或利用原有经批准的各类园区建设创业基地，为创业者提供服务，打造一批创业示范基地。为创新企业提供"专利快速审查、确权、维权一站式服务""强化创新导向的国有企业考核与激励""事业单位可采取年薪制、协议工资制、项目工资等灵活多样的分配形式引进紧缺或高层次人才""事业单位编制省内统筹使用""国税地税联合办税"的服务。

全面加强知识产权保护。首先，强化知识产权风险防范。将知识产权风险防范意识贯穿科研生产经营活动全过程，防范知识产权流失和侵权。加强技术秘密保护。实施技术秘密与专利的组合保护策略。重视技术秘密的登记与认定，加强对涉密人员、载体、场所等全方位管理。加大知识产权保护力度。加强在线监测和市场巡视，及时发现知识产权侵权行为。提升海外知识产权保护能力。完善海外知识产权纠纷预警防范机制，加强重大案件跟踪研究。其次，健全知识产权侵权惩罚性赔偿制度，促进发明创造和转化运用。深入实施国家知识产权战略，深化知识产权重点领域改革，有效促进知识产权创造运用，实行更加严格的知识产权保护，优化知识产权公共服务，促进新技术、新产业、新业态蓬勃发展，提升产业国际化发展水平，保障和激励大众创业、万众创新。

（二）拓宽融资渠道

进一步完善创新创业金融服务。改革完善金融支持机制，设立科创板并试点注册制，鼓励发行双创金融债券，支持发展创业投资。引导金融机构有效服务创新创业融资需求，充分发挥创业投资支持创新创业作用，拓宽创新创业直接融资渠道，完善创新创业差异化金融支持政策。拓宽创业投融资渠道，加快设立国家中小企业发展基金和国家新兴产业创业投资引导基金，带动社会资本共同加大对中小企业创业创新的投入，提供"以关联企业从产业链核心龙头企业获得的应收账款为质押的融资服务""面向中小企业的一站式投融资信息服务""贷款、保险、财政风险补偿捆绑的专利权质押融资服务"。促进初创期科技型中小企业成长，支持新兴产业领域早中期、初创期企业发展。

2019年设立的科创板，不仅为民营中小企业提供了更加灵活有效的融资渠道，也为国有企业特别是一些高成长性、创新性的国有科技型企业提供了新的发展载体，为国有企业在融资渠道、完善治理、强化激励等提供了新机遇。从2019年7月22日中国铁路通信信号集团有限公司在科创板挂牌上市以来，已有多家中央企业及央企系基金投资的公司在科创板上市。截至2020年6月底，中国国投高新产业投资有限公司及所属基金、子基金投资项目已向科创板提交申报材料并获受理企业数75家（含已发行），占比约为18.6%；登陆科创板数量已达27家，约占上市企业总数的23%，业务覆盖人工智能、云计算、生物医药等领域。

（三）激励创新人才

实施人才优先发展战略。壮大基础研究人才队伍，造就具有国际水平的战略科技人才和科技领军人才，加强培养中青年和后备科技人才，稳定高水平实验技术人才队伍，建设高水平创新团队，锻造规模宏大的人才队伍，促进人才优化配置，营造良好的人才发展环境。工程技术人才是建设创新型国家和世界科技强国的重要力量，通过健全制度体系、完善评价标准、创新评价机制、加强事中事后监管、优化公共服务等措施，形成设置合理、覆盖全面、评价科学、管理规范的工程技术人才职称制度。进一步提升创新创业的科技内涵，着力激发专业技术人才、高技能人才等的创造潜能，强化基础研究和应用技术研究的有机衔接，加速科技成果向现实生产力转化，有效促进创新型创业蓬勃发展。

充分尊重和信任科研人员，赋予创新团队和领军人才更大的人财物支配权和技术路线决策权。进一步提高基础研究项目间接经费占比，开展项目经费使用"包干制"改革试点，不设科目比例限制，由科研团队自主决定使用。要在推动科技体制改革举措落地见效上下功夫，决不能让改革政策停留在口头上、纸面上。大力简除烦苛，使科研人员潜心向学、创新突破。制定深化科技奖励改革方案，逐步完善推荐提名制，突出对重大科技贡献、优秀创新团队和青年人才的激励。加强科研伦理和学风建设，惩戒学术不端行为，力戒浮躁之风。

持续推进创业带动就业能力升级，鼓励和支持科研人员积极投身科技创业，强化大学生创新创业教育培训，健全农民工返乡创业服务体系，完善退役军人自主创业支持政策和服务体系，提升归国和外籍人才创新创业便利化水平，改革完善人才培养、使用、评价机制，优化归国留学人员和外籍人才服务。把面向市场需求和弘扬人文精神结合起来，善聚善用各类人才，鼓励引导优秀外国留学生在华就业创业，符合条件的外国留学生可直接申请工作许可和居留许可；积极引进外籍高层次人才，简化来华工作手续办理流程，畅通新增工作居留向永久居留转换的申请渠道。推动更多群体投身创新创业。

（四）推动协同创新

深入推动科技创新支撑能力升级，增强创新型企业引领带动作用。推动高校科研院所创新创业深度融合，健全科技成果转化体制机制。坚持改革创新和市场需求导向，突出企业的主体作用，大力拓展互联网与经济社会各领域融合的广度和深度。

大力促进创新创业平台服务升级。提升孵化机构和众创空间服务水平，搭建大中小企业融通发展平台，深入推进工业互联网创新发展，完善"互联网＋"创新创业服务体系，打造创新创业重点展示品牌。培育创业创新公共平台，抓住新技术革命和产业变革的重要机遇，适应创业创新主体大众化趋势，大力发展技术转移转化、科技金融、认证认可、检验检测等科技服务业，总结推广创客空间、创业咖啡、创新工场等新型孵化模式，加快发展市场化、专业化、集成化、网络化的众创空间，实现创新与创业、线上与线下、孵化与投资相结合，为创业者提供低成本、便利化、全要素、开放式的综合服务平台和发展空间。

鼓励高校院所和大型企业开放科技资源。引导和鼓励有条件的高等学校、科研院所、大型企业的重点实验室、国家工程（技术）研究中心、大型科学仪器中心、分析测试中心等科研基础设施和设备进一步向科技型中小企业开放，提供检验检测、标准制定、研发设计等科技服务。加强高等学校和科研院所的知识产权管理，完善技术转移工作体系，推动建立专业化的机构和职业化的人才队伍，强化知识产权申请、运营权责。

（五）　推动集聚化发展

建设高水平研究基地，布局建设国家实验室，加强基础研究创新基地建设。加快构筑创新创业发展高地，打造具有全球影响力的科技创新策源地，培育创新创业集聚区，发挥"双创"示范基地引导示范作用，提高基础研究国际化水平，组织实施国际大科学计划和大科学工程，深化基础研究国际合作，推进创新创业国际合作。加大基础研究和应用基础研究支持力度，强化原始创新，加强关键核心技术攻关。健全以企业为主体的产学研一体化创新机制。

（六）　支持深度融合

深入推进供给侧结构性改革，全面实施创新驱动发展战略，加快新旧动能接续转换，着力振兴实体经济，必须坚持"融合、协同、共享"，推进"大众创业、万众创新"深入发展。进一步增强创新创业的发展实效，着力推进创新创业与实体经济发展深度融合，结合"互联网＋"和"中国制造

2025"等重大举措，推动军民融合，整合共享军民大型国防科研仪器设备，开展以股权为纽带的军民两用技术联盟创新合作，制定民口企业配套核心军品的认定和准入标准，有效促进新技术、新业态、新模式加快发展和产业结构优化升级。探索在战略性领域采取企业主导、院校协作、多元投资、军民融合、成果分享的新模式，整合形成若干产业创新中心。制定国家科技计划对外开放的管理办法，鼓励在华的外资研发中心参与承担国家科技计划项目。在基础研究和重大全球性问题研究领域，研究发起国际大科学计划和工程，积极参与大型国际科技合作计划。

（七）加快产业升级

推动传统产业改造提升。围绕推动制造业高质量发展，强化工业基础和技术创新能力，促进先进制造业和现代服务业融合发展，加快建设制造强国。打造工业互联网平台，拓展"智能＋"，为制造业转型升级赋能。支持企业加快技术改造和设备更新，将固定资产加速折旧优惠政策扩大至全部制造业领域。强化质量基础支撑，推动标准与国际先进水平对接，提升产品和服务品质，让更多国内外用户选择中国制造、中国服务。

促进新兴产业加快发展。深化大数据、人工智能等研发应用，培育新一代信息技术、高端装备、生物医药、新能源汽车、新材料等新兴产业集群，壮大数字经济。坚持包容审慎监管，支持新业态新模式发展，促进平台经济、共享经济健康成长。加快在各行业各领域推进"互联网＋"。持续推动网络提速降费。开展城市千兆宽带入户示范，改造提升远程教育、远程医疗网络，推动移动网络基站扩容升级，让用户切实感受到网速更快更稳定。

二　政府相关部门出台的自主创新政策

为了保持经济平稳运行、促进高质量发展，必须更好发挥创新引领作用。提高自主创新能力是建设创新型国家的重点。李克强总理在 2019 年 1 月 10 日召开的国家科学技术奖励大会上指出，当前我国经济社会持续健康发展，科技创新再创佳绩，新动能持续快速成长。自主创新要以习近平新时代中国特色社会主义思想为指导，把握世界新一轮科技革命和产业变革大势，紧扣重要战略机遇新内涵，深入实施创新驱动发展战略，加快创新型国家和世界科技强国建设，不断增强经济创新力和竞争力。2015年以来，科技部、财政部等相关部门出台了有关自主创新的支持政策。

（一）　鼓励科技创业

支持创办科技型企业。鼓励科研院所、高等学校科研人员和企业科技人员创办科技型企业，建立健全股权、期权、分红权等有利于激励技术人员创业的收益分配机制。支持高校毕业生以创业的方式实现就业，对入驻科技企业孵化器或大学生创业基地的创业者给予房租优惠、创业辅导等支持。推动修订促进科技成果转化法和相关政策规定，在财政资金设立的科研院所和高等学校中，将职务发明成果转让收益在重要贡献人员、所属单位之间合理分配，对用于奖励科研负责人、骨干技术人员等重要贡献人员和团队的比例，可以从现行不低于20%提高到不低于50%。

加快推进创业投资机构发展。鼓励各类社会资本设立天使投资、创业投资等股权投资基金，支持科技型企业创业活动。探索建立早期创投风险补偿机制，在投资损失确认后可按损失额的一定比例，对创业投资企业进行风险补偿。

加强创新创业孵化生态体系建设。推动建立支持科技创业企业成长的持续推进机制和全程孵化体系，促进大学科技园、科技企业孵化器等创业载体功能提升和创新发展，建立众创空间。加大中小企业专项资金等对创业载体建设的支持力度。

（二）　支持技术创新

支持科技型企业建立研发机构。支持科技型企业建立企业实验室、企业技术中心、工程技术研究中心等研发机构，提升对技术创新的支撑与服务能力。对拥有自主知识产权并形成良好经济社会效益的科技型企业研发机构给予重点扶持。

支持科技型企业开展技术改造。鼓励和引导企业加强技术改造与升级，支持其采用新技术、新工艺、新设备调整优化产业和产品结构，将技术改造项目纳入贷款贴息等优惠政策的支持范围。

通过政府采购支持科技型企业技术创新。建立健全符合国际规则的支持采购创新产品和服务的政策，加大创新产品和服务采购力度。鼓励采用首购、订购等非招标采购方式以及政府购买服务等方式予以支持，促进创新产品的研发和规模化应用。进一步完善和落实国家政府采购扶持企业发展的相关法规政策。鼓励科技型中小企业组成联合体共同参加政府采购与首台（套）示范项目。落实和完善政府采购促进中小企业创新发展的相关措施，完善政府采购向中小企业预留采购份额、评审优惠等措施。

（三） 强化科技企业协同创新

推动科技型中小企业与大型企业、高等学校、科研院所开展战略合作，探索产学研深度结合的有效模式和长效机制。鼓励高等学校、科研院所等形成的科技成果向科技企业转移转化。深入开展科技人员服务企业行动，通过科技特派员等方式组织科技人员帮助科技企业解决技术难题。

吸纳科技企业参与构建产业技术创新战略联盟。以产业技术创新关键问题为导向，以形成产业核心竞争力为目标，引导行业骨干企业牵头，广泛吸纳科技企业参与，按市场机制积极构建产业技术创新战略联盟。

（四） 推动科技企业集聚化发展

充分发挥国家高新区、产业化基地的集聚作用。以国家高新区、高新技术产业化基地、现代服务业产业化基地、火炬计划特色产业基地、创新型产业集群等为载体，引导科技企业走布局集中、产业集聚、土地集约的发展模式，促进科技企业集群式发展。引导科技企业走专业化发展道路，提升产品质量、塑造品牌。支持科技企业聚焦"新技术、新业态、新模式"，走专业化、精细化发展道路。鼓励科技企业做强核心业务，推进精益制造，打造具有竞争力和影响力的精品和品牌。

（五） 完善科技企业的服务体系

完善科技企业技术创新服务体系。构建激励创新的体制机制，深化科技管理体制改革，完善科技成果转化和收益分配机制，构建普惠性创新支持政策体系。充分发挥地方在区域创新中的主导作用，通过政策引导和试点带动，整合资源，加快建设各具特色的科技企业技术创新公共服务体系。鼓励通过政府购买服务的方式，为科技企业提供管理指导、技能培训、市场开拓、标准咨询、检验检测认证等服务。加强科技创新服务体系建设，完善对企业创新的支持体系，加快推进创业孵化、知识产权服务、第三方检验检测认证等机构的专业化、市场化改革，构建面向中小微企业的社会化、专业化、网络化技术创新服务平台。

充分发挥专业中介机构和科技服务机构作用。开放并扩大中介服务机构的服务领域、规范中介服务市场，促进各类专业机构为科技企业提供优质服务。充分发挥科技服务机构作用，推动各类科技服务机构面向科技企业开展服务。

（六）　拓宽科技企业融资渠道

完善多层次资本市场以支持科技企业。支持科技企业通过多层次资本市场体系实现改制、挂牌、上市融资。支持利用各类产权交易市场开展科技企业股权流转和融资服务，完善非上市科技公司股份转让途径。鼓励科技企业利用债券市场融资，探索对发行企业债券、信托计划、中期票据、短期融资券等直接融资产品的科技企业给予社会筹资利息补贴。

引导金融机构面向科技企业开展服务创新。引导商业银行积极向科技企业提供系统化金融服务。支持发展多种形式的抵质押类信贷业务及产品。鼓励融资租赁企业创新融资租赁经营模式，开展融资租赁与创业投资相结合、租赁债权与投资股权相结合的创投租赁业务。鼓励互联网金融发展和模式创新，支持网络小额贷款、第三方支付、网络金融超市、大数据金融等新兴业态发展。

完善科技企业融资担保和科技保险体系。引导设立多层次、专业化的科技担保公司和再担保机构，逐步建立和完善科技企业融资担保体系。鼓励为中小企业提供贷款担保的担保机构实行快捷担保审批程序，简化反担保措施。鼓励保险机构大力发展知识产权保险、首台（套）产品保险、产品研发责任险、关键研发设备险、成果转化险等科技保险产品。

（七）　优化政策环境

进一步加大对科技企业的财政支持力度。充分发挥中央财政资金的引导作用，逐步提高中小企业发展专项资金和国家科技成果转化引导基金支持科技创新的力度，凝聚带动社会资源支持科技型中小企业发展。加大各类科技计划对科技企业技术创新活动的支持力度。鼓励地方财政加大对科技企业技术创新的支持，对于研发投入占企业总收入达到一定比例的科技企业给予补贴。鼓励地方政府在科技企业中筛选一批创新能力强、发展潜力大的进行重点扶持，培育形成一批具有竞争优势的创新型企业和上市后备企业。

进一步完善落实税收支持政策。进一步完善和落实针对小型微利企业、高新技术企业、技术先进型服务企业技术转让、研究开发费用加计扣除、研究开发仪器设备折旧、科技企业孵化器、大学科技园等的税收优惠政策，加强对科技企业的政策培训和宣传。结合深化税收制度改革，加快推动营业税改征增值税试点，完善结构性减税政策。

实施有利于科技企业吸引人才的政策。结合创新人才推进计划、海外高层次人才引进计划、青年英才开发计划和国家高技能人才振兴计划等各项国家人才重大工程的实施，支持科技企业引进和培养创新创业人才，鼓励在财政补助、落户、社保、税收等方面给予政策扶持。鼓励科技企业与高等学校、职业院校建立定向、订单式的人才培养机制，支持高校毕业生到科技企业就业，并享受档案免费保管等扶持政策。鼓励科技企业加大对员工的培训力度。为强化市场化激励约束机制，科技企业工资总额可以单列管理，且不列入集团公司工资总额预算基数，不与集团公司经济效益指标挂钩；大力推行股权激励、分红激励、员工持股、超额利润分享、虚拟股权、骨干员工跟投等中长期激励方式。科技企业全面推行经理层成员任期制和契约化管理，加快建立职业经理人制度。

（八） 加强创新创业培训

利用各类创业创新培训资源、创新培训模式，开发针对不同创业创新群体、创业创新活动特点的创业创新培训项目，帮助创业者提高创业创新能力和知识产权、质量品牌意识，使他们敢于创业创新、能够创业创新。建立健全创业辅导制度，培育一批专业创业辅导师，建立一支创业辅导师资队伍，加强创业辅导，开展贴身帮扶，提高创业创新成功率。鼓励有条件的地区组织军转民技术培训及政策解读，支持企业运用军转民技术创业创新发展。

（九） 开展创新创业活动，加强媒体宣传

开展丰富多彩的"双创"活动。积极组织开展创业创新大赛、创客大赛、创新成果和创业项目展示推介、创业大讲堂、创业沙龙、创业训练营等丰富多彩的创业创新活动，激发"大众创业、万众创新"的激情和活力。

加大"双创"的宣传力度。充分利用各种媒体资源，加强创业创新政策宣传、解读，帮助创业者和小微企业知晓政策、用好政策。要树立一批创业创新典型，总结推广典型经验，宣传报道创业创新先进人物事迹，营造弘扬创业创新精神，宽容失败、勇于开拓的社会氛围，让大众创业、万众创新蔚然成风，遍地开花。

三 国务院国资委为促进中央企业自主创新采取的政策措施

创新是引领发展的第一动力，实现高质量发展关键要靠创新。国务院国资委全力支持中央企业当好科技创新的主力军。国务院国资委认真履行出资人职责，改革完善中央企业业绩考核、分配激励等制度，推动中央企业科技人才队伍建设，营造有利于中央企业创新的政策环境，加大国有资本经营预算对科技创新的投入力度，构建促进中央企业协同创新的公共服务平台，指导和推动中央企业深入开展"双创"工作，加快中央企业创新合作进程等，构建有利于中央企业自主创新的社会环境与文化氛围。

（一） 推动中央企业加大创新创造力度

党的十八大以来，国务院国资委积极引导中央企业创新发展方向，要求企业加快落实创新驱动发展战略，推动企业技术创新、体制机制创新、管理创新、商业模式创新，加大自主创新力度，加大研发投入，专注主业，专注攻克"卡脖子"的难点，实现从中国制造向中国创造转变、中国速度向中国质量转变、中国产品向中国品牌转变。2018 年 4 月，国务院国资委与科技部联合印发《关于进一步推进中央企业创新发展的意见》，鼓励中央企业承担和参与国家重大科技项目，支持中央企业设立或联合组建研究院所、实验室、新型研发机构、技术创新联盟等各类研发机构和组织，打造

产业技术协同创新平台。此外，还进一步加大对科研型企业激励力度，激发企业创新活力。2016 年以来，国务院国资委与相关部门联合发布或单独印发《国有科技型企业股权和分红激励暂行办法》《关于扩大国有科技型企业股权和分红激励暂行办法实施范围等有关事项的通知》《关于做好中央科技型企业股权和分红激励工作的通知》《中央科技型企业实施分红激励工作指引》等文件。截至 2018 年，已有 24 家中央企业所属科技型子企业的 104 个激励方案进入实施阶段，其中，30 家已经完成首批激励兑现的企业，利润总额和净利润增幅分别达到 41.6% 和 45.6%。2019 年，中央企业研发投入 6405.6 亿元，同比增长 28.2%，占全国研发投入的 29.5%。在科技创新支持政策上，国务院国资委将坚持能给尽给、应给尽给。2020 年初召开的中央企业负责人会议提出对工业类企业和科技进步要求比较高的企业，突出考核科研投入、产出以及科研成果转化，把研发投入视同利润，引导企业建立研发投入的稳定增长机制；对科研创新取得重大成果的，在考核中予以加分；增加了对营收利润率、研发经费投入强度的考核。

（二） 相关政策主要内容

1. 创新激励政策

关于对中央企业负责人的激励政策。2016 年，国务院国资委发布的《中央企业负责人经营业绩考核办法》规定，对科技进步要求高的企业，重点关注自主创新能力的提升，加强研发投入、科技成果产出和转化等指标的考核。在计算经济效益指标时，可将研发投入视同利润加回；对结构调整任务重的企业，重点关注供给侧结构性改革、主业转型升级、新产业新业态新模式发展，加强相关任务阶段性成果的考核；对科技创新取得重大成果、承担重大专项任务和社会参与做出突出贡献的企业，在年度经营业绩考核中给予加分奖励；对经营业绩优秀以及在科技创新、国际化经营、节能环保、品牌建设等方面取得突出成绩的，经国务院国资委评定后对企业予以任期激励；鼓励探索创新，激发和保护企业家精神。企业实施重大科技创新、发展前瞻性战略性产业等，对经营业绩产生重大影响的，按照"三个区分开来"原则和有关规定，可在考核上不做负向评价。

2016 年，国务院国资委、财政部与证监会《关于印发〈关于国有控股混合所有制企业开展员工持股试点的意见〉的通知》中指出，优先支持人才资本和技术要素贡献占比较高的转制科研院所、高新技术企业、科技服务型企业开展员工持股试点。

2016 年，国务院国资委《关于做好中央科技型企业股权和分红激励工作的通知》指出，中央企业要准确把握股权和分红激励政策内涵，坚持"依法依规、公正透明，因企制宜、多措并举，利益共享、风险共担，落实责任、强化监督"的原则，科学制定激励方案，明确激励政策导向，科学选择激励方式，合理确定激励水平，严格规范制度执行。

2018 年，财政部、科技部与国务院国资委在《关于印发〈国有科技型企业股权和分红激励暂行办法〉的通知》中指出，在股权激励方面，明确激励对象为与本企业签订劳动合同的重要技术人员和经营管理人员，具体包括关键职务科技成果的主要完成人，重大开发项目的负责人，对主导产品或者核心技术、工艺流程做出重大创新或者改进的主要技术人员；主持企业全面生产经营工作的高级管理人员，负责企业主要产品（服务）生产经营的中、高级经营管理人员；通过省、部级及以上人才计划引进的重要技术人才和经营管理人才。还规定大型企业的股权激励总额不超过企业总股本的 5%；中型企业的股权激励总额不超过企业总股本的 10%；小、微型企业的股权激励总额不超过企业总股本的 30%，且单个激励对象获得的激励股权不得超过企业总股本的 3%。在分红激励方面，激励对象应当在该岗位上连续工作 1 年以上，且原则上每次激励人数不超过企业在岗职工总数的 30%；岗位分红所得不高于其薪酬总额的 2/3；激励对象自离岗当年起，不再享有原岗位分红权。企业实施分红激励所需支出计入工资总额，但不受当年本单位工资总额限制、不纳入本单位工资总额基数，不作为企业职工教育经费、工会经费、社会保险费、补充养老及补充医疗保险费、住房公积金等的计提依据。

2019 年，国务院国资委《关于印发〈国务院国资委授权放权清单（2019 年版）〉的通知》规定，中央企业审批所属科技型子企业股权和分红激励方案，企业实施分红激励所需支出计入工资总额，但不受当年本单位工资总额限制，不纳入本单位工资总额基数，不作为企业职工教育经费、工会经费、社会保险费、补充养老及补充医疗保险费、住房公积金等的计提依据。授权董事会审批所属创业投资企业、创业投资管理企业等新产业、新业态、新商业模式类企业的核心团队持股和跟投事项，有关事项的开展情况按年度报国务院国资委备案。

2019年，国务院国资委发布的《中央企业混合所有制改革操作指引》规定，中央企业控股上市公司股权激励，股权激励对象要聚焦核心骨干人才队伍，结合企业高质量发展需要、行业竞争特点、关键岗位职责、绩效考核评价等因素综合确定。中小市值上市公司及科技创新型上市公司，首次实施股权激励计划授予的权益数量占公司股本总额的比重，最高可以由1%上浮至3%。上市公司两个完整会计年度内累计授予的权益数量一般在公司总股本的3%以内，公司重大战略转型等特殊需要的可以适当放宽至总股本的5%以内。股权激励对象实际获得的收益不再设置调控上限。对于国有科技型企业股权和分红激励，鼓励符合条件的国有科技型企业按照国家相关规定，实施股权和分红激励，充分调动科研骨干和关键人才的积极性和创造性。明确激励政策导向，以推动形成有利于自主创新和科技成果转化的激励机制为主要目标；科学选择激励方式，鼓励符合条件的企业优先开展岗位分红激励；合理确定总体激励水平，坚持效益导向和增量激励原则；规范制度执行，中央企业开展股权和分红激励要按照《关于印发〈国有科技型企业股权和分红激励暂行办法〉的通知》等有关规定执行，不得随意降低资格条件。

2019年，国务院国资委《关于进一步做好中央企业控股上市公司股权激励工作有关事项的通知》规定，鼓励上市公司根据企业发展规划，采取分期授予方式实施股权激励，充分体现激励的长期效应。支持科创板上市公司实施股权激励，规定中央企业控股科创板上市公司实施股权激励，原则上按照科创板有关上市规则制定股权激励计划。科创板上市公司以限制性股票方式实施股权激励的，若授予价格低于公平市场价格的50%，上市公司应当适当延长限制性股票的禁售期及解锁期，并设置不低于公司近三年平均业绩水平或同行业75分位值水平的解锁业绩目标条件。尚未盈利的科创板上市公司实施股权激励的，限制性股票授予价格按照不低于公平市场价格的 60% 确定。在上市公司实现盈利前，可生效的权益比例原则上不超过授予额度的 40%，对于属于国家重点战略行业，且因行业特性需要较长时间才可实现盈利的，应当在股权激励计划中明确提出调整权益生效安排的申请。促进中央企业自主创新的激励政策见表 2 - 1。

表 2 - 1　促进中央企业自主创新的激励政策

颁布时间	政策名称	颁布机构
2019	《中央企业混合所有制改革操作指引》	国务院国资委
2019	《关于进一步做好中央企业控股上市公司股权激励工作有关事项的通知》	国务院国资委
2019	《国务院国资委授权放权清单（2019 年版）》	国务院国资委
2016	《国有科技型企业股权和分红激励暂行办法》	财政部、科技部、国务院国资委
2016	《关于做好中央科技型企业股权和分红激励工作的通知》	国务院国资委
2016	《中央企业负责人经营业绩考核办法》	国务院国资委
2016	《关于国有控股混合所有制企业开展员工持股试点的意见》	国务院国资委、财政部、证监会

资料来源：编者自行整理。

2. 创新平台建设政策

在中央企业结构调整与重组方面，2016 年，国务院国资委出台了《国务院办公厅关于推动中央企业结构调整与重组的指导意见》，指出中央企业要创新发展，搭建科技创新平台。强化科技研发平台建设，加强应用基础研究，完善研发体系，突破企业技术瓶颈，提升自主创新能力。构建行业协同创新平台，推进产业创新联盟建设，建立和完善开放高效的技术创新体系，突破产业发展短板，提升集成创新能力。建设"互联网＋平台"，推动产业互联网发展，促进跨界创新融合。建立支持创新的金融平台，充分用好各种创投基金支持中央企业创新发展，通过市场化方式设立各类中央企业科技创新投资基金，促进科技成果转化和新兴产业培育。把握世界科技发展趋势，搭建国际科技合作平台，积极融入全球创新网络。鼓励企业搭建创新创业孵化和服务平台，支持员工和社会创新创业，推动战略性新兴产业发展，加快形成新的经济增长点。鼓励优势产业集团与中央科研院所企业重组。

3. 知识产权政策

在中央企业知识产权工作方面，2020 年 2 月，国务院国资委与国家知识产权局联合印发《关于推进中央企业知识产权工作高质量发展的指导意见》，指出中央企业要以高质量发展为主线，以提升自主创新能力为根本，以保护企业合法权益为基础，以促进科技成果转化为重点，以激发企业家和科研人员创新创造活力为导向，巩固和增强中央企业知识产权创造、运用、管理能力，不断完善知识产权保护体系，健全体制机制。基本原则包括坚持战略引领、聚焦核心技术、遵循市场规律、突出问题导向、加强统筹兼顾等五个原则。总体目标是，到 2025 年基本建立适应高质量发展需要的中央企业知识产权工作体系，企业知识产权创造、运用、保护、管理能力显著增强，同时提出了具体要求和量化目标。

4. 市场化改革政策

2018 年，国务院国资委、科技部印发了《关于进一步推进中央企业创新发展的意见》，指出中央企业创新发展要遵循坚持科技创新与体制机制创新双轮驱动，坚持政府引导和市场配置资源相结合，坚持聚焦国家发展战略布局创新资源，坚持基础研究、应用研究和技术创新融通发展的基本原则。中央企业创新发展的主要目标是建立特色鲜明、要素集聚、活力迸发的中央企业创新体系；突破一批核心关键技术，在若干重点产业领域形成一批具有国际影响力和竞争力的创新型中央企业；取得一批对国家经济社会发展具有重要作用的创新成果，推动高质量发展，为我国建成创新型国家和现代化经济体系提供强有力的支撑。中央企业创新发展的重点任务是鼓励和支持中央企业参与国家重大科技项目；鼓励中央企业增加研发投入；支持中央企业发挥创新主体作用；支持中央企业打造协同创新平台；共同推动中央企业科技人才队伍建设；共同指导和推动中央企业深入开展双创工作；支持中央企业参与北京、上海科技创新中心建设；共同开展创新创业投资基金合作；支持中央企业开展国际科技合作。

2019 年，国务院国有企业改革领导小组办公室印发的《百户科技型企业深化市场化改革提升自主创新能力专项行动方案》明确提出，完善公司治理体制机制、健全市场化选人用人机制、强化市场化激励约束机制、激发科技创新动能、坚持党的领导加强党的建设五方面内容。

（三）　促进中央企业创新的系列措施

1. 推动中央企业科技人才队伍建设

人才已经成为企业确立竞争优势、把握发展机遇的关键，而企业有效的激励机制可以吸引更具主动性和创造力的人才。国务院国资委一直致力于设计和改进中央企业自主创新的激励与约束机制，不断创新激励与约束机制，以求吸纳人才、留住人才，激发人才在中央企业自主创新中发挥主体作用。为了树立人才是第一资源的理念及落实中共中央《关于深化人才发展体制机制改革的意见》，国务院国资委支持中央企业加大创新型科技人才的培养、引进力度，共同支持在中央企业建立高层次人才创新创业基地。结合创新人才推进计划的实施，加大对中央企业中青年科技创新领军人才、重点领域创新团队、创新人才培养示范基地等的支持力度，重视培育高水平战略科学家和具有创新精神的企业家。在中央企业培育一批创新工程师、创新咨询师和创新培训师；中央企业应当从经营发展战略以及自身经济效益状况出发，分类分步推进股权和分红激励工作，要坚持效益导向和增量激励原则，根据企业人工成本承受能力和经营业绩状况，合理确定总体激励水平，要坚持生产要素按贡献参与分配原则，从企业人才激励现状和用工市场化程度出发，建立健全以成果贡献为评价标准的科技创新人才薪酬制度，在科学评价科研团队、个人业绩的基础上，适度拉开激励对象收入分配差距；针对在关键岗位工作并对公司经营业绩和持续发展有直接或较大影响的科研人员、经营管理人员和业务骨干，开展员工持股活动。强化正向激励，明确实施技术攻关团队工资总额单列管理政策，提高科研人员待遇，赋予领军人才更多自主权，建立容错机制，营造鼓励创新、宽容失败的良好氛围。截至2019年，中央企业拥有研发人员97.6万人，同比增长11.2%，拥有中科院、工程院院士216人。国务院国资委将指导推动进一步完善科技人才评价和激励机制，让优秀人才在中央企业充分施展才华、实现抱负。

2. 构建中央企业自主创新激励机制

（1）强化创新考核

企业管理活动的成败，在很大程度上取决于管理者。鉴于此，国务院国资委专门发布了对中央企业负责人的激励政策措施。

2020年7月20日，国务院国资委对外公布了2019年度中央企业负责人经营业绩考核结果，招商局集团有限公司、中国海洋石油集团有限公司（以下简称中国海油）、中国保利集团有限公司等48家中央企业在考核中获评A级，数量与上一年度持平。自国务院国资委对中央企业实施经营业绩考核以来，有8家企业连续16个年度考核获评A级，分别是中国航天科技集团有限公司、兵器工业集团有限公司、中国电子科技集团有限公司、中国海油、国家电网有限公司、中国移动通信集团有限公司（以下简称中国移动）、国家开发投资集团有限公司和招商局集团有限公司。

（2）积极推进股权和分红激励

中央企业要准确把握股权和分红激励政策内涵，坚持"依法依规、公正透明，因企制宜、多措并举，利益共享、风险共担，落实责任、强化监督"的原则，科学制定激励方案，明确激励政策导向，科学选择激励方式，合理确定激励水平，严格规范制度执行。优先支持人才资本和技术要素贡献占比较高的转制科研院所、高新技术企业、科技服务型企业开展员工持股试点。鼓励符合条件的国有科技型企业按照国家相关规定，实施股权和分红激励，充分调动科研骨干和关键人才的积极性和创造性。股权激励对象为与本企业签订劳动合同的重要技术人员和经营管理人员；分红激励对象应当在该岗位上连续工作1年以上，且原则上每次激励人数不超过企业在岗职工总数的30%；岗位分红所得不高于其薪酬总额的2/3。中央企业审批所属科技型子企业股权和分红激励方案，企业实施分红激励所需支出计入工资总额，但不受当年本单位工资总额限制、不纳入本单位工资总额基数，不作为企业职工教育经费、工会经费、社会保险费、补充养老及补充医疗保险费、住房公积金等的计提依据。鼓励上市公司根据企业发展规划，采取分期授予方式实施股权激励，充分体现激励的长期效应。支持科创板上市公司实施股权激励，规定中央企业控股科创板上市公司实施股权激励。

（3）鼓励中央企业增加研发投入

国务院国资委深化科技体制改革和国企改革，健全中央企业技术创新经营业绩考核制度，将技术进步要求高的中央企业研发投入占销售收入的比例纳入经营业绩考核，引导和鼓励中央企业加大对基础研究和应用基础研究的投入，加强对中央企业高新技术企业认定工作的指导，协调相关部门完善研发费用加计扣除等创新激励政策，促进相关政策落实落地，进一步发挥好股权和分红激励政策的带动作用；共同开展创新创业投资基金合作，加强国家科技成果转化引导基金与中央企业创新类投资基金的合作，围绕国家科技创新部署和区域创新发展需求，在创新创业、人工智能、军民融合、信息安全、装备制造、生物医药、新材料、现代农业等国家重点支持和鼓励发展的科技创新领域和方向，联合地方政府、金融机构、社会资本，成立一批专业化创业投资基金，推动中央企业科技成果的转移转化和产业化。

3. 支持中央企业承担国家重大科技专项

国务院国资委鼓励和支持中央企业参与国家重大科技项目，共同指导和推动中央企业在国家科技计划组织实施中发挥更大作用，制定出台相关政策措施，鼓励中央企业承担和参与国家重大科技项目。在集中度较高、中央企业具有明显优势的产业领域，将中央企业的重大创新需求纳入相关科技计划项目指南，支持中央企业牵头承担国家科技重大专项、重点研发计划重点专项和"科技创新2030－重大项目"，结合项目特点，可按照"一企一策"原则制定管理、投入和知识产权分享机制，优化管理流程，提高实施效率，一体化推进基础研究、共性技术研发、应用示范和成果转化；支持中央企业发挥创新主体作用，激发中央企业创新发展的内在动力，充分发挥在技术创新决策、研发投入、科研组织和成果转化应用方面的主体作用，支持中央企业参与编制国家科技创新规划和相关技术领域发展专项实施方案，在科技专家数据库中增加中央企业技术专家数量和比重，更多地吸收来自中央企业的专家参与国家科技计划项目评审和验收，在中央企业推广应用创新方法，提高研发和生产效能，推进《中华人民共和国促进科技成果转化法》在中央企业落地，采取多种方式推动建立中央企业技术交易平台，提高知识产权创造、应用、管理和保护能力。

4. 在成果转化上务求实效

加快推动科研成果产业化、市场化，一大批科研成果成熟落地，5G网络正式商用、嫦娥四号月背圆梦、长征火箭海上升空、国产航母南海入列，中央企业在国家科技奖励表彰中获奖比例超过40%。国务院国资委将牢牢抓住创新成果应用这个牛鼻子，鼓励有条件的中央企业与世界一流企业对标，在204家企业大力实施科改示范行动，提升前沿技术研发能力，培育一批"独角兽""瞪羚"企业，打造一批专精特新的隐形冠军，为创新型国家建设做出应有贡献。

5. 中央企业结构调整与重组促进创新

国务院国资委支持中央企业创新发展，搭建科技创新平台。强化科技研发平台建设，加强应用基础研究，完善研发体系，突破企业技术瓶颈，提升自主创新能力。构建行业协同创新平台，推进产业创新联盟建设，建立和完善开放高效的技术创新体系，突破产业发展短板，提升集成创新能力。建设"互联网+"平台，推动产业互联网发展，促进跨界创新融合。把握世界科技发展趋势，搭建国际科技合作平台，积极融入全球创新网络。鼓励企业搭建创新创业孵化和服务平台，支持员工和社会创新创业，推动战略性新兴产业发展，加快形成新的经济增长点。鼓励优势产业集团与中央科研院所企业重组。

6. 推进中央企业知识产权工作高质量发展

国务院国资委联合国家知识产权局推进中央企业知识产权工作高质量发展，对知识产权的创造、运用、保护和管理等方面提出明确要求。加强创造高质量知识产权，包括坚持知识产权战略引领、培育一批高价值专利、加强海外知识产权布局、提升各类知识产权创造能力；促进高效运用知识产权，包括加大知识产权实施力度、加强知识产权合规使用、拓宽知识产权价值实现渠道、建立知识产权运营平台；提升保护知识产权能力，包括强化知识产权风险防范、加强技术秘密保护、加大知识产权保护力度、提升海外知识产权保护能力；完善知识产权管理体系，包括强化知识产权机构和制度建设、实施知识产权分级管理、加强知识产权服务机构管理、提高知识产权管理信息化水平。

7. 支持中央企业打造协同创新平台

国务院国资委支持中央企业在协同创新上提升水平。设立或联合组建研究院所、实验室、新型研发机构、技术创新联盟等各类研发机构和组织，加强跨领域创新合作，共同承担国家重大任务，深化产学研用协同创新，打造产业技术协同创新平台。加强对在中央企业建立国家各类创新基地和平台的统筹规划和系统布局，按照《国家科技创新基地优化整合方案》精神，支持中央企业承建更多的技术创新中心、重点实验室等国家科技创新基地，对外开放和共享创新资源，加强行业共性技术问题的应用研究，发挥行业引领示范作用。鼓励中央企业建设完善军民两用技术创新平台。将中央企业符合条件的科研设施与仪器设备，纳入国家科技资源共享服务平台，进一步向各类创新主体开放共享。截至2019年，中央企业已拥有国家级研发平台733个，其中企业国家重点实验室91个。国务院国资委将进一步推动完善技术创新体系，加强与高校、科研院所、各类所有制企业的科技合作，促进资金、技术、应用、市场等要素有机对接、高效协同。

8. 指导和推动中央企业深入开展"双创"工作

深入开展"双创"工作。国务院国资委支持中央企业围绕主营业务和发展需要，推行众创、众包、众扶、众筹等创新模式。建立一批特色鲜明、创客聚集、资源开放、机制灵活、成效显著的专业化众创空间。支持中央企业面向中小企业开放创新资源，建设大中小企业融通发展的众创平台。共同支持办好"中央企业熠星创新创意大赛"，加强与"中国创新创业大赛"的协调联动和资源整合。发展完善科技金融，为创新创业提供金融服务和融资支持。

9. 加快中央企业创新合作进程

国务院国资委支持中央企业参与北京、上海科技创新中心建设，引导中央企业整合创新资源，积极投入北京、上海科技创新中心建设，会同两地政府，在资金投入、重大工程以及项目安排、平台建设、人才引进等方面加强与中央企业合作，推动中央企业围绕新一代信息技术、北斗导航、高端处理器芯片、大飞机、智能制造与机器人、深远海洋工程装备、生物医药、能源、新能源汽车、节能环保、新材料、轨道交通、人工智能等产业领域，在两地组织实施重点示范项目，加快中央企业科技成果在两地转化落地；国务院国资委支持中央企业开展国际科技合作，以"一带一路"

建设为重点，加强中央企业创新能力开放合作，支持中央企业参与实施"一带一路"科技创新行动计划，与共建"一带一路"国家企业、科研机构和大学开展高层次、多形式、宽领域的科技合作，支持中央企业主动布局全球创新网络、并购重组海外高技术企业或研发机构，建立海外研发中心或联合实验室，促进顶尖人才、先进技术及成果的引进和对外合作，实现优势产业、产品"走出去"，提高全球创新资源配置能力。

第三章
中央企业自主创新策略

一 参与国家重大科研项目

科学技术是第一生产力。为提高中央企业的自主创新水平，更好地发挥中央企业的作用，国务院国资委专门成立了科技创新领导小组，统筹推进中央企业科技创新工作，将通过营造政策环境、加强顶层设计、加强技术与资本结合等措施，共同指导和推动中央企业在国家科技计划组织实施中发挥更大作用，不断加大推动中央企业科技创新的支持力度，和科技部共同支持中央企业全力参与国家重大研发任务。在推进产业改革、推动供给侧结构性改革、提升中国企业和中国经济在全球市场上的竞争力上进一步发挥独特作用，充分激发和释放中央企业的科技创新能力和活力，全面整合优化中央企业科技资源，围绕产业链、价值链有效部署创新链，构建开放共享互动的创新网络，已经成为未来一段时期，构建国家创新体系、推动创新国家建设的重要内容。

重大科技项目是体现国家战略目标、集成科技资源、实现重点领域跨越发展的重要抓手。"十三五"期间，我国要在实施好已有国家科技重大专项的基础上，面向 2030 年再部署一批体现国家战略意图的重大科技项目，探索社会主义市场经济条件下科技创新的新型举国体制，完善重大项目组织模式，在战略必争领域抢占未来竞争制高点，开辟产业发展新方向，培育新经济增长点，带动生产力跨越发展，为提高国家综合竞争力、保障国家安全提供强大支撑。[1] 为响应国有企业改革号召，提升自身实力与创新能

---

① 《科技部　国资委召开中央企业科技创新推进会》，科技部网站，http://www.gov.cn/xin-wen/2017 – 09/16/content_5225487. htm，2017 年 9 月 16 日。

力，中央企业实施科技创新策略，积极参与投身重大科技项目与重点工程。

二　增加科研投入

为深化科技体制改革和国有企业改革，2018年4月，科技部和国务院国资委联合发布《关于进一步推进中央企业创新发展的意见》，鼓励中央企业增加研发投入，将技术进步要求高的中央企业研发投入占销售收入的比例纳入经营业绩考核，引导和鼓励中央企业加大对基础研究和应用基础研究的投入。加强对中央企业高新技术企业认定工作的指导，协调相关部门完善研发费用加计扣除等创新激励政策，促进相关政策落实落地。

三　组建科技创新联盟

近年来中央企业带动社会创新和行业技术进步的力度不断加大，截至2017年，中央企业牵头的国家与地方产业技术创新战略联盟有132个，其中国家级96个，地方级36个，涉及智能制造、航空航天、粉末冶金等领域，带动了产业链相关企业共同发展。中央企业加强与中小企业、科研院所和各类创客群体的合作，已搭建"双创"平台518个。

四　打造创新创业平台

为了扩大对外开放和共享创新资源，围绕主营业务和发展需要，加强行业共性技术问题的应用研究，发挥行业引领示范作用，中央企业、社会各机构联合组建了研究院所、实验室、新型研发机构、技术创新联盟等各类研发机构和组织，加强跨领域创新合作，打造了技术创新协同平台；为推行众创、众包、众扶、众筹等创新模式，中央企业建立一批特色鲜明、创客聚集、资源开放、机制灵活、成效显著的专业化众创空间；面向中小企业开放创新资源，中央企业建设大中小企业融通发展的众创平台；共同支持办好"中央企业熠星创新创意大赛"，加强与"中国创新创业大赛"的协调联动和资源整合；发展完善科技金融，为创新创业提供金融服务和融资支持。

1. 建立"双创"平台

建立平台是央企推进"双创"的重要举措。坚持把深化改革与"大众创业、万众创新"有机结合起来，以资本为纽带，发挥集聚创新、协同互联作用，大力搭建"双创"平台，瞄准"互联网+"、智能制造、节能环保、生物等产业发展，积极培育和孵化新的经济增长点。截至2016年底，央企已搭建各类"双创"平台409个，其中互联网平台110个，创新创业活动平台98个，"双创"孵化器、科技产业园区201个，涉及领域包括"互联网+"、智能制造、节能环保、生物科技等。这些平台拥有注册用户近204万个，汇聚科技服务机构1200多个，线上仪器设备、技术成果等创新资源超过17万个，创造直接就业岗位数以万计、间接就业不计其数。"双创"平台的建立能够较好地调动中央企业员工的积极性，并有效盘活企业资源。如中国航天科工集团有限公司（以下简称航天科工）用内部专有云平台拆除了内部的数字围墙，建立航天云网平台面向社会众创、众包、众扶、众筹，打造"互联网+智能制造"大平台。航天科工表示，通过"双创"，企业实现了内部热情释放、外部集智共享，而通过先进信息技术手段和方法的运用，更是推动了原有科研协作配套体制的根本性改革。①

2. 建立"双创"平台投资基金

为加强国家科技成果转化引导基金与中央企业创新类投资基金的合作，围绕国家科技创新部署和区域创新发展需求，在创新创业平台等国家重点支持和鼓励发展的科技创新领域和方向，联合地方政府、金融机构、社会资本，成立一批专业化创新创业投资基金，推动中央企业科技成果的转移转化和产业化。中央企业不仅搭建了"双创"平台、申请"双创"项目示范基地，还积极建立产业基金。2017年上半年，标志着中央企业创新发展基金顶层设计的"协同创新"4只基金已全部创立。这4只引导基金为国协、国同、国创、国新，由中国航天科技集团有限公司、中国国新控股有限公司、招商局集团有限公司、中国国家开发银行牵头设立。基金首期规模超过1500亿元，基金

① 《密集布局　央企成"双创"落户主力》，人民网，http://finance.people.com.cn/n1/2017/0714/c1004-29404554.html，2017年7月14日。

总规模达 4300 亿元。

国协基金重点关注国企改革和传统产业转型升级机遇，把握现代物流业、城市基础设施建设、物流园区开发、信息技术、高端装备、智能制造、新型消费等产业发展红利。国同基金，为中国企业参与"一带一路"建设，促进国际产能和装备制造合作，以及开展国际投资并购等提供人民币资金和专业支持。国新基金将直接投资符合国家创新驱动战略方向的项目、国家制造业升级重大工程包相关具有商业可持续性的项目。国创基金将主要投向军民融合、高铁、先进电网装备、新一代信息技术、清洁能源、新能源汽车等产业，并对量子通信、3D 打印、机器人、石墨烯、碳纤维、高温合金、生物医药、节能环保等一批中央企业优质项目进行投资布局。作为中央企业创新发展基金的顶层设计，这 4 只引导基金是国务院国资委贯彻国家创新驱动发展战略、军民深度融合发展战略，以助推中央企业科技创新为核心，大力推动供给侧结构性改革和"大众创业、万众创新"的一项重要举措。① 通过国务院国资委出资、中央企业牵头的形式引导更多社会资本参与，基金最终有利于产业结构的调整。

五　人才创新策略

人才资源是创新发展的第一资源，建设科技人才队伍关键在于深化人才发展机制改革，重视加大央企创新性人才的培养和引进。2018 年 5 月，国务院国资委书记郝鹏出席"航天科工杯"第三届中央企业青年创新奖颁奖活动时表示，国有企业必须在核心技术自主创新方面走在前列。郝鹏强调说，各中央企业要不断深化青年创新创业工作，必须要把围绕中心、服务大局作为工作主线，要创造一批优秀成果，培育一批领军人才，打造一批平台载体，形成一套管用机制，推广一批经验典型。②

---

① 《设立超 6000 亿创新基金　央企成"双创"落户主力》，人民网，http://capital.people.com.cn/n1/2017/0714/c405954 - 29404401.html，2017 年 7 月 14 日。

② 《国资委：将加强科技创新人才队伍建设　推动中央企业青年创新创业工作》，商业周刊网，http://www.meilisishui.com/xinwen/yaowen/2018/0504/14230.html，2018 年 5 月 4 日。

以四大建筑央企的人才创新策略为例，中国建筑始终遵循"事业留人、感情留人、待遇留人"和"关注个体"的基本人力资源管理理念，实行全集团统一职级体系，建立四大人才通道（管理、专业、顾问及操作），为员工提供多重职业发展路径，并通过22个专业序列任职资格，建立中国建筑人才标准，形成培养专业精英和大国工匠的机制，激励人才的科学发展。中国中铁以人才培养体制机制改革和制度创新为突破口，以"八支人才队伍"建设为重点，以构建八大机制为保障，持续强化各类人才选拔、培养、开发工作力度。中国铁建按照"数量充足、素质优良、结构合理、专业匹配"的要求，建设五支队伍，推进七大工程，控制员工总量，提高员工素质，坚持以用为本，培养引进并重，形成人才辈出、人尽其才、才尽其用的良好局面。中国交建围绕"率先建成世界一流企业"的战略目标，提出了建设适应性组织、打造"五商中交"、实现升级发展的战略路径。围绕发展战略谋划人才工作，不断提升人力资源服务企业发展战略的支撑能力，着力打造"适应性人才队伍"。[①]

央企为推动科技人才队伍建设，着手实施人才创新策略。创新人才推进计划旨在通过创新体制机制、优化政策环境、强化保障措施，培养和造就一批具有世界水平的科学家、高水平的科技领军人才和工程师、优秀创新团队和创业人才，打造一批创新人才培养示范基地，加强高层次创新型科技人才队伍建设，引领和带动各类科技人才的发展，为提高自主创新能力、建设创新型国家提供有力的人才支撑。到2020年，推进计划的主要任务如下。

1. 设立科学家工作室

为积极应对国际科技竞争，提高自主创新能力，重点在我国具有相对优势的科研领域设立100个科学家工作室，支持其潜心开展探索性、原创性研究，努力造就世界级科技大师及创新团队。

2. 造就中青年科技创新领军人才

瞄准世界科技前沿和战略性新兴产业，重点培养和支持3000名中青年科技创新人才，使其成为引领相关行业和领域科技创新发展方向、组织完

---

① 《独家！4大建筑央企人才战略、晋升途径、薪酬政策……大曝光》，基建通，https://baiji-ahao.baidu.com/s？id=1633396184335493460&wfr=spider&for=pc，2019年5月13日。

成重大科技任务的领军人才。

3. 扶持科技创新创业人才

着眼于推动企业成为技术创新主体，加快科技成果转移转化，面向科技型企业，每年重点扶持1000名运用自主知识产权或核心技术创新创业的优秀创业人才，培养造就一批具有创新精神的企业家。

4. 建设重点领域创新团队

依托国家重大科研项目、国家重点工程和重大建设项目，建设500个重点领域创新团队，通过给予持续稳定支持，确保更好地完成国家重大科研和工程任务，保持和提升我国在若干重点领域的科技创新能力。

5. 建设创新人才培养示范基地

以高等学校、科研院所和科技园区为依托，建设300个创新人才培养示范基地，营造培养科技创新人才的政策环境，突破人才培养体制机制难点，形成各具特色的人才培养模式，打造人才培养政策、体制机制"先行先试"的人才特区。

六　国际合作与"走出去"创新策略

中央企业是科技创新国际化的主体。中央企业要充分发挥长期以来形成的特色优势，以便在国际化初期与国外组织展开多模式的合作。具体而言，中央企业要在科技创新国际合作中引进国外技术和人才，吸收创新，开发新产品。同时，中央企业应通过国际科技合作提升打造行业关键共性技术、发展自主知识产权等核心竞争力。[1]

中央企业国际合作工作要坚持以习近平新时代中国特色社会主义思想为指导，全面贯彻落实党的十九大，十九届二中、三中全会，中央经济工作会议和中央外事工作会议精神，围绕国资国企改革发展党建中心工作，以人类命运共同体理念为引领，以培育具有全球竞争力的世界一流企业为目标，以统筹两个市场两种资源为依据，不断深化国际合作交流，推动中

---

[1] 《技术融合是央企科技创新国际化的关键》，光明网，https://www.sohu.com/a/209730748_162758，2017年12月11日。

央企业高水平开放和高质量发展。2013～2018年，中国企业对共建"一带一路"国家直接投资超过900亿美元，完成对外承包工程营业额超过4000亿美元。① 2019年，国务院国资委召开中央企业国际合作工作座谈会，确定中央企业国际合作创新要着力抓好六方面重点工作：一是主动服务国家外交大局，当好"国家队"；二是推动实施"走出去"发展战略，当好"排头兵"；三是贯彻落实高水平对外开放部署要求，当好"压舱石"；四是全方位多渠道推进国际合作交流，当好"主力军"；五是继续做好港澳台相关工作，当好"助推器"；六是持续提升外事管理服务水平，当好"服务员"。

中央企业秉持和平合作、开放包容、互学互鉴、互利共赢的丝路精神，努力把"一带一路"建设成为和平之路、繁荣之路、开放之路、绿色之路、创新之路、文明之路！尤其是近两年来，在中央企业的积极参与下，一批交通、能源、水资源等基础设施领域的合作得到推动实施。以交通行业为例，2015年以来，铁路"走出去"实现重大突破。印尼雅万高铁项目开工，采用中国技术、中国标准、中国装备。中老铁路进入实施阶段，中泰铁路已经启动。匈塞铁路塞尔维亚段也如期启动。2016年3月9日，美国芝加哥交通管理局（CTA）发布公告，中国中车旗下四方股份公司中标芝加哥846辆、金额总计13亿美元的地铁车辆项目。这是中国轨道交通装备企业向发达国家出口的最大地铁车辆项目。这仅仅是央企布局国际产能合作的一例。除交通行业以外，核电"走出去"也迈出了坚实的步伐。巴基斯坦卡拉奇2号机组项目顺利开工，首次实现"华龙一号"核电技术出口。中国广核集团有限公司与英国、中国核工业集团有限公司与阿根廷分别签署合作协议，合作投资建设有关核电项目。上海电气集团股份有限公司获得南非科贝赫核电站6台蒸汽发生器更换项目分包合同，首次实现国内核电主设备批量进入国际市场。其他行业中，钢铁、有色、建材等优质产能开始规模化向外转移。马来西亚关丹园区现代钢铁项目、印尼镍铁项目、埃塞俄比亚陶瓷和建材工业园项目等一批重大项目加快推进，建成后可显著提高合作国生产能力。

---

① 《共建"一带一路"，中国央企如何共生共赢？》，中国经济网，http://www.ce.cn/xwzx/gn-sz/gdxw/201904/24/t20190424_31932327.shtml，2019年4月24日。

第四章
中央企业自主创新模式

1978 年改革开放以来，中央企业坚持自主创新，集中优势资源重点攻关，取得了一系列重大技术突破，为行业及企业可持续发展提供了科技支撑，不仅突破了一大批制约行业发展的技术瓶颈，掌握了一批关键核心技术，而且部分技术达到了国际领先水平。一批企业成功探索了符合中央企业特点和创新规律的技术创新道路，形成了较多富有成效的技术创新经验和做法。例如，航天中央企业发展了"四个一代"为核心的技术研发模式；电信中央企业走出了一条依靠自主技术积累构建核心技术链和完整产业链的"正向系统创新"道路；高铁中央企业依托国家重大工程项目，引进国外先进技术，实施国产化并再创新，实现了高铁关键技术从过去的单纯跟随向引领发展的历史跨越，走出了一条战略需求牵引的"引进消化吸收再创新"道路。①这些中央企业经过多年的实践和探索，不断革新，最终走出了多样化的中央企业自主创新道路，形成了适合中央企业发展的"中国模式"。

一 技术研发模式

技术研发模式就是指把技术创新作为公司的核心战略，建立起比较完善和有效的决策和规划体系。

（一）将技术创新作为公司的核心战略之一

按照国家"自主创新、重点跨越、支撑发展、引领未来"的科技工作

---

① 石书德、刘军：《中央企业技术创新体系建设现状分析》，《石油科技论坛》2015 年第 5 期，第 30～35＋42 页。

方针和"创新驱动发展"战略，结合公司实际，以提升自主创新能力和产业发展驱动力为核心，制定公司科技发展战略、目标任务、战略重点，确定年度计划，并按照"四个一代"（探索一代—预研一代—研制一代—生产一代）的思路，制定有序接替的科研计划体系。

（二）　设立科技决策规划与管理体系

设立了由主要领导牵头、各业务部门负责人参加的国家科学技术委员会，负责公司重大技术创新战略问题决策。同时，为了落实公司科技战略规划、规范科技管理工作，央企集团层面大都设立了行使科技管理职能的相关部门，负责公司科研项目管理、科技规划计划、科技条件平台建设、科研成果管理、科技奖励、考核监督指导下属单位科技管理工作，以及对外科技交流等；在子公司层面，根据具体情况设立对口部门，配备专职科技管理人员，负责组织科技规划和项目建议计划编制，组织科技项目实施和新技术推广应用，开展技术需求分析等。

（三）　组建辅助科技决策的专家咨询团队

部分中央企业设立了专门的技术咨询委员会，由内外部专家组成专家团队，对重大事项开展调查研究，提出咨询意见和建议。有的中央企业在技术咨询委员会的基础上，按领域组建专业分委会，为公司各类技术决策提供咨询意见，支撑公司科技决策。

以航天科工为例。在科技创新方面，中国航天科工集团有限公司控股的航天信息股份有限公司（简称航天信息）高度重视新技术新产业的布局和研发应用，敏感地把握住区块链技术发展机会，以区块链技术创新和应用转化创新作为企业转型、产业升级的加速器。自2016年起，航天信息就着手研究区块链技术，探索典型应用，为区块链技术的规模化应用做准备。目前，航天信息已经形成了一支20人的专职区块链技术研发队伍，并在金税、金融和物联网三大产业部门培养了一批业务应用开发团队。图4-1为基于区块链的供应链金融支持服务系统。

在开展区块链技术研究的同时，航天信息也强化应用场景的研究，布置典型应用。当前，电子发票正在获得快速广泛的应用，正在改变颠覆传统的业务生态，但电子发票也存在诸如重复报销、应用难、互信难、管理

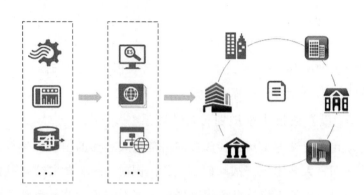

图 4 – 1　基于区块链的供应链金融支持服务系统
资料来源：中国航天科工集团有限公司，http://www.casic.com.cn/。

难等痛点亟待解决，区块链技术为解决这些问题提供了全新的思路和解决办法。航天信息选择联盟链方式进行电子发票区块链流转与融合应用平台建设，发票流转及应用相关业务可在区块链链中完成。该平台目前已在湖北、山东、北京、内蒙古和宁夏 5 个地区开展试点工作。航天信息利用区块链技术和物联网应用结合，开展基于区块链的粮食流通质量追溯系统落地，对粮食生产、仓储、运输、销售、监管各环节质量信息进行采集和管理，形成一个全过程可追踪溯源的高可信的质量监管网络。

为推动基于区块链的货运物流系统落地，航天信息通过提供安全可追溯的在线货运物流业务 P2P 分布式运行环境，实现对货运物流数据的分布式记账存储功能，解决货运物流参与各方的信任难题。航天信息开展基于区块链的供应链金融应用研究，通过分布式的账本技术，将核心企业的付款承诺在链条上的多级供应商之间形成流转，传递核心企业信用给需要融资的中小企业。在航天科工统一领导组织下，航天信息与航天云网科技发展有限公司携手开展基于区块链和移动终端的"全员营销"系统研发，实现全员便利营销、激励自动兑付，通过技术创新、管理创新和商业模式创新促进产业发展。

未来社会是一个基于数据、多方协作的社会，区块链作为未来信息基础设施，可将多组织之间复杂的协作变成可信、高效的自动化协作，并实现数据及价值的流通，改变众多业务的运营模式与商业模式，优化工作流程，降低运营成本，提高工作效率。

近年来，航天信息认真贯彻落实"三创新""三突破""四个化""双创""四个两"等重大战略举措，提前布局了一批以人工智能、大数据、区块链为代表的前瞻性技术研发，同步研究应用场景，促进创新研发成果产品化、产业化，为加速企业转型、产业升级带来强大驱动力。

在管理体系方面，航天科工建立了以顶层战略为导向的技术创新决策机制（见图 4-2）。公司成立了由"一把手"负责的发展战略与规划编制领导小组和工作办公室，负责组织、协调和决策战略与规划编制和执行过程中的重大事宜。技术创新管理遵循"项目论证—批复—任务分配—关键节点控制—协调例会—月度简报（季度简报）—年度工作总结—结题评审"的管理模式。总部负责全集团的技术创新决策和统筹规划，牵头开展重大工程项目的论证与立项工作，决定重大项目的经费投入。下属各院、局、

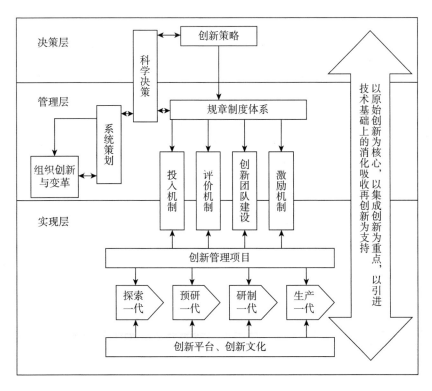

图 4-2 航天科工技术创新决策机制

资料来源：中国航天科工集团有限公司，http://www.casic.com.cn/。

基地和直属单位等二级单位负责落实集团技术创新工作的相关决策；根据本单位发展的需要提出技术创新项目，在获得集团批准后，自行组织开展研发活动。

二 协同创新模式

协同创新模式是充分利用外部资源，广泛开展合作共建，形成有效的协同创新体系。

（一） 开展联合研发

为减少研发中的不确定性、缩短研发周期、广泛利用外部科技资源，中央企业从自身需要和科技资源情况出发，以合作项目为纽带，与国内外优秀大学、科研机构、外部企业开展合作研究。这种联合研发一般设定了明确的合作目标和期限，制定了合作研发、成果分配和风险承担等方面的规则，合作形式包括资金、人才、技术成果等多种方式。

（二） 共建科研平台

为提高公司科技研发水平、吸引和利用外部科研资源、培养公司科研人才，一些中央企业选择与国内外高校、科研院所、企业建立联合研发平台，包括联合研发中心、联合实验室，长期从事行业关键共性技术研发，形成优势互补、分工明确、风险共担的长效合作机制。

（三） 开展产业链协同创新

一些中央企业以国家重点产业、区域支柱产业发展需要和公司业务需求为基础，与产业链上下游企业、高校、科研院所签订战略合作协议，形成产业技术创新联盟，围绕产业技术创新的关键问题，开展技术合作，突破产业发展的核心技术，形成产业技术标准，实行知识产权共享，实施技术转移，加速科技成果转化，促进人员交流合作。例如，多年来，国家电网有限公司依托发展特高压重大工程，将国内电力、机械等相关行业的科研、设计、制造、施工、试验、运行单位和高等院校等资源整合起来，以科研为先导，以设计为龙头，以设备为关键，以建设为基础，开展联合攻关，在世界上率先全面攻克了特高压交流输电技术难题，建成了商业化运行的试验示范工程。图4-3为国家电网有限公司产业链协同创新模式。

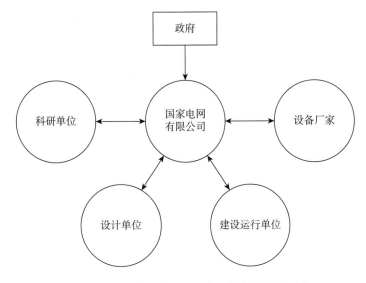

图4-3 国家电网有限公司产业链协同创新模式

资料来源：国家电网有限公司，http://www.sgcc.com.cn/。

在协同创新中，国家电网有限公司坚持作为创新链的发起者，创新目标的提出者，创新过程的组织者、参与者、保障者和决策者，创新成果的首次应用者及大规模商业化的推动者，成为创新联合体的核心主体，主导创新全过程。国家电网有限公司充分调动创新链各利益相关方的积极性，集中国内外的优势资源和力量，拉近创新成品与实际需求之间的距离，为创新过程赋予强大的动力源。

三　标准管理模式

保持较高水平的研发投入，形成强有力的条件平台支撑体系和标准管理体系。

（一）　建立稳定增长的科技投入机制

通过绩效考核、激励政策、专项基金及多种渠道筹集资金等，保持科技投入的稳定增长。一些中央企业建立了计划、财务、预算、科技、审计等部门的会商和协调制度，加强对科技投入的统筹管理，完善科技经费监督管理和绩效评估体系，提高经费使用效率，切实把资金用到"刀刃"上。

（二） 搭建基础条件平台

为改善科研硬件条件，投入资金更新实验设备和装置，建立公司重点实验室、试验基地、国家重点实验室、研究中心，部分中央企业还集中公司科研资源，建立了企业科技园。经过多年的投入和建设，中央企业基础条件平台的设备新度系数总体上有较大提高，实验、试验能力大幅度提升。

（三） 形成标准管理体系

为加强对公司技术标准的统一集中管控，形成技术标准体系，在集团总部层面建立负责技术标准战略规划、技术标准管理的相关机构；制定标准管理办法和流程，规范公司技术标准管理工作，提升标准编制质量；将标准制定、国际标准化作为公司科技创新工作评估及研究机构经营业绩考核指标；通过积极参与国内外行业技术标准制定、担任国内外技术标准机构的领导职务、主动与国际标准融合、搭建国际技术合作平台等策略和措施，大力提升公司技术标准的话语权，推进技术标准的国际化进程。以中国移动为例，2010年以来科技投入增长率超过10%，2012年企业科技投入总额达157.87亿元。在科技条件平台建设方面，中国移动信息技术实验室的规模和先进性已居国内外同类通信实验室前列，拥有2个国际组织全球测试认证基地、2个国家级工程（重点）实验室（中心）、七大测试认证实验室、六大基础研究实验室和四大开放试验中心。同时，中国移动建立了集中化标准管理体系，以占领国际竞争的制高点。具体内容包括：一是在集中化体系框架下，实现公司标准工作策略和标准计划的统一制定，企业标准和国际标准文稿的统一评估管理；二是在网络规划、可研、设计、设备采购等环节狠抓企业标准实施落地，保障中国移动全程全网的完整性和一致性，降低建设成本、提高运营质量；三是形成了目标明确、计划周密、组织完善、评估严谨的国际标准长效工作机制，国际标准话语权明显提升。图4-4为中国移动标准管理模式。

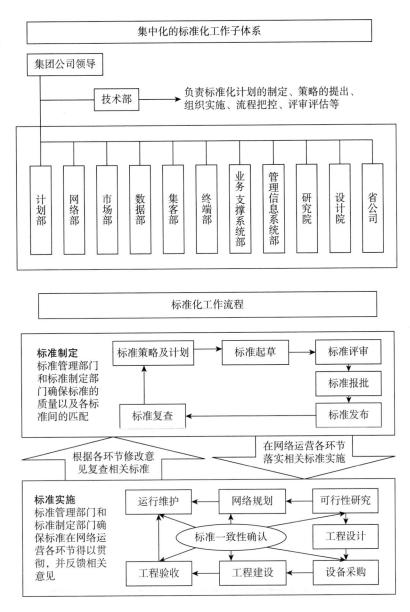

图 4-4 中国移动标准管理模式

资料来源：中国移动官方网站，http://www.10086.cn/index/jl/index_431_431.html。

四 引进消化吸收再创新模式

2006年1月9日召开的第四次全国科学技术大会，明确提出推进我国科技创新的三种模式，即原始创新、集成创新和消化吸收再创新。这三种创新模式都是自主创新的重要组成部分，三者相互包容，互为补充，各有侧重。原始创新是指前所未有的重大科学发现、技术发明、原理性主导技术等创新成果，特别是在基础研究和高技术研究领域取得独有的发现或发明；集成创新强调的则是技术的集成度，是指通过对各种现有技术的有效集成，以获取知识产权为出发点，选择有利于科技创新的技术，发挥出"1+1大于2"的效果，最终形成有市场竞争力的产品或者新兴产业；消化吸收再创新则是指技术的后来跟进者在原始创新者的基础上，进行大量的渐进性、改良性的创新，从而形成具有自主知识产权的新技术。技术引进消化吸收再创新是以技术引进为基础，消化吸收为手段，实现自主创新和技术跨越的有效方式。技术引进可实现研发人员的流动，间接产生知识技术溢出效应，促进消化吸收，提升自主研发能力，根据国内生产水平研发出符合生产需求的技术。对进口的具有核心技术的产品进行消化吸收的逆向二次创新，取得具有自主知识产权的突破性创新。

以中国核电产业为例，经过40余年的不断建设与探索，中国核电走出了一条"高起点起步，引进、消化、吸收再创新"的自主发展之路；40多年后，核电已然成为我国的"国家名片""国之重器"，拥有完整自主知识产权的三代核电技术"华龙一号"成功落地并走出国门，成为改革开放的重大成果之一。

1978年12月，时任国务院副总理邓小平在会见法国外贸部长后，宣布引进两座法国核电站设备。1982年12月，国务院批准采用法国核电技术建设大亚湾核电站。大亚湾核电站引进的是法国M310技术，总投资高达40亿美元。1985年2月9日，广东核电合营有限公司（中广核前身）举行了盛大开业典礼，改革开放初期中国最大的中外合资企业、最大的混合所有制企业由此诞生。核电要发展，人才必须过硬。为此，20世纪80年代末，大亚湾核电站派出110多名员工，前往法国学习核电技术。学成归国后立刻参与到大亚湾核电站建设中，并且提前两年从法国人手中接过了核电站的运营重担。从 1987 年 8 月 7 日到 1994 年 5 月 6 日，经过近七年建设，大亚湾核电站建成投产，实现了我国大陆大型商用核电站零的突破。[1]

大亚湾核电站只是一个起点。几十年来，从引进设备、技术和管理，到实现自主设计、自主制造、自主建设、自主运营；从国际核电大家庭的"小学生"，到工程建设、运营管理业绩跻身国际先进行列，我国经历了一条核电发展的成功之路。回首这条漫长艰辛的道路，大亚湾核电运营管理有限公司新闻发言人常启能说："在当初建大亚湾核电站时，99% 的设备都是从法国引进，甚至包括水泥、沙子……"而正是在大亚湾核电站——这个"高起点起步"的基础上，我国参照国际标准，按照国家"以核养核、滚动发展"的方针，推进了核电自主化、国产化。2003 年 1 月 8 日，岭澳核电站一期建成，我国核电国产化率达到 30%；通过持续改进和创新，中广核采用自主品牌核电技术 CPR1000，于 2011 年 8 月 7 日建成岭澳核电站二期，将国产化率提高到 64%，并且全面实现了"自主设计、自主制造、自主建设、自主运营"，为我国核电批量化建设奠定了坚实的基础。大亚湾核电站，岭澳核电站一期、二期共 6 台百万千瓦级核电机组，组成了大亚湾核电基地。常启能介绍说，截至 2018 年 6 月 30 日，基地 6 台机组累计上网电量达 6858 亿度（千瓦时），其中输送香港的电量累计达 2418 亿度（千瓦时）；2018 年，大亚湾核电基地完成上网电量 461.38 亿度（千瓦时），创历史新高，可满足香港约 1/4 的电力需求。[2]

我国的核电技术并未就此止步，为实现"再创新"的理想，唯一具有完整自主知识产权的三代核电技术"华龙一号"于 2015 年开工建设。2015 年 5 月，"华龙一号"示范工程防城港核电站的 3 号、4 号机组设备采购已全部完成，设备的国产化率达到 86.7%。"华龙一号"是我国核电自主创新和集成创新的集大成者，已成为中国与高铁齐名的"国家名片"。不但如

---

① 《引进、消化、吸收再创新 我国核电走出逆袭之路》，国务院国资委网站，http://www.sasac.gov.cn/n2588025/n2588139/c9532944/content.html，2018 年 9 月 3 日。

② 《引进、消化、吸收再创新 我国核电走出逆袭之路》，国务院国资委网站，http://www.sasac.gov.cn/n2588025/n2588139/c9532944/content.html，2018 年 9 月 3 日。

此，我国核电技术正在走向世界。2016 年 9 月 29 日，中英法三国核电代表共同签署了英国新建核电项目的一系列协议，其中布拉德维尔 B 项目将采用"华龙一号"技术，并以广西防城港核电二期为参考电站。中国的核电技术从核电强国来，现在又回到核电强国，这在中国核工业发展史上是一个具有划时代意义的事件。

由大亚湾核电站起步，我国在过去 40 年间走出的核电"引进、消化、吸收再创新"之路，是一条具有中国特色的自主创新之路，是我国新兴产业实现后发领先、跨越式发展的重要途径。

五　一体化技术开发与成果推广应用模式

采取经济手段与行政手段相结合的方式，建立一体化的技术开发与成果推广应用体系。一是设立研发、设计、生产一体化专项。为加快科技成果转化，打破部门壁垒，打通技术创新链条，将研发、设计、生产、推广等领域的相关人员集合起来，实现各专业部门的协同合作，保障科研成果的顺利转化。二是建立完善的科技成果转化制度与流程。为促进科技成果转化，制定了科技成果转化办法和相关制度，规范科技成果转化职责、流程及绩效，规定成果转化的条件、机制、指标、程序。三是采取分层管理的成果转化模式。央企总部层面集中管理科技成果的知识产权，制定科技成果转化方面的管理办法与评估机制，形成新技术成果推广目录，运用经济和行政手段促进成果转化。同时，成立专业技术服务或推广中心具体负责成果推广应用工作。四是科技成果的有形化。为推动科技成果和核心技术在公司内部的共享和推广应用，开展技术有形化集成和自主创新重要产品认定。公司组织各下属单位专家对研发的实用特色技术进行系统的梳理提炼和总结集成，围绕已形成的核心技术，开展公司各业务领域核心技术系列的有形化、集成化工作，有效促进了技术的产业化、商业化和推广应用，并将技术成果有形化纳入科技项目验收管理。

典型案例如中国石化的"十条龙"科技攻关模式。公司自 1991 年起建立并开始实施"十条龙"攻关制度，对带有共性、关键性和对公司发展具有战略意义的重大科技开发项目，坚持实行"十条龙"攻关，即把公司内部的科研、设计、设备制造、工程建设、生产和销售等各方面的力量组织起来联合攻关，确保自主开发的技术以最快的速度实现工业转化，工业化成功后迅速大力推广。20多年来，中国石化形成了一批拥有自主知识产权的支撑主业的核心技术，已经实现122项技术的工业转化，取得了显著的经济效益和社会效益。图4-5为中国石化"十条龙"科技攻关模式。

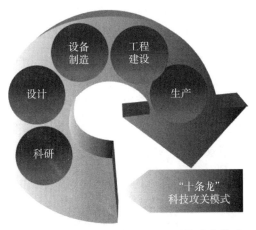

图4-5　中国石化"十条龙"科技攻关模式

资料来源：司云波、鲍敬伟：《中央企业技术创新体系建设的成功做法和经验》，《石油科技论坛》2015年第5期。

六　技术创新考核模式

技术创新考核模式，即建立激励约束机制，完善技术创新考核体系。具体做法如下。一是加强对企业领导班子的技术创新业绩考核。将自主创新成果、产品推广应用等列入对企业领导班子的业绩考核。二是开展技术创新评价工作。制定专门的技术创新评价办法，建立技术创新评价指标体系（如科研成果产出、专利情况、科技成果转化等），对下属单位及研究机构的技术创新工作进行全面系统的年度评价，并与单位绩效挂钩，或者针对下属机构的技术创新能力进行评价，每年发布技术创新能力评价报告。三是开展科研人员绩效考核。采用个人岗位目标责任制，对创新项目团队的负责人和团队成员设置不同的绩效考核目标。对于项目负责人，依据项目团队取得的创新成果以及推广应用情况进行考核；对于团队科研人员，采用关键绩效指标与工作目标相结合的方式进行考核。

中国宝武钢铁集团有限公司（以下简称宝武钢铁）的技术创新评价管理具有典型代表性。宝武钢铁技术创新评价管理模式由技术创新体系能力评估和技术创新指标绩效评价两部分组成。技术创新体系能力评估体系包括对统筹策划能力、外部资源利用能力、组织保障能力等的评估；技术创新指标绩效评价体系包括共性指标和个性指标，共性指标反映集团的总体要求，包括研发投入率、新产品销售率、专利申请量等指标，个性指标体现各子公司重点推进工作要求，如环境友好产品率、合理化建议经济效益等。评价管理采取季度跟踪和年度最终评价相结合的模式。2015 年初，公司制定技术创新年度计划，确定集团及各子公司科技目标，下达至相关子公司。每季度进行绩效跟踪，通过技术创新例会（绩效对话会）进行点评。各单位技术创新年度评价纳入集团对单位负责人的年度评价。图 4-6 为宝武钢铁技术创新评价管理模式。

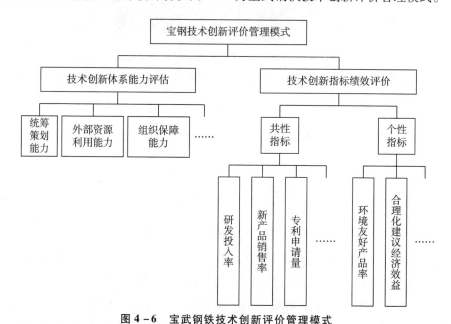

图 4-6 宝武钢铁技术创新评价管理模式

资料来源：司云波、鲍敬伟：《中央企业技术创新体系建设的成功做法和经验》，《石油科技论坛》2015 年第 5 期。

第五章
中央企业自主创新投入与产出情况

一 近年来中央企业发展总体情况

2019 年，中央企业实现营业收入 30.8 万亿元，同比增长 5.6%。实现净利润 1.3 万亿元，同比增长 10.8%，圆满完成了年初制定的净利润"保 7 争 9"的目标。同时，供给侧结构性改革持续深化，压减工作提前完成，钢铁、煤炭去产能任务全面完成，国有资本配置效率进一步提升、整体功能进一步优化。受新冠肺炎疫情影响，2020 年上半年中央企业累计实现营业收入 13.4 万亿元，同比下降 7.8%，降幅较一季度收窄 4 个百分点，收入降幅连续 3 个月收窄。上半年中央企业累计实现净利润 4385.5 亿元，同比下降 37.7%，降幅较一季度收窄 21.1 个百分点。下半年以实施国企改革三年行动方案为重要抓手，坚持问题导向，指导推动中央企业在健全现代企业制度、推进三项制度改革、深化国有资本投资、运营公司试点、积极稳妥深化混合所有制改革、加大剥离办社会职能和解决历史遗留问题等方面发力攻坚，力争取得新的明显成效，不断激发企业市场主体活力，切实提升国资国企改革成效，有力对冲经济下行压力。

二 中央企业自主创新投入情况

党的十八大以来，中央企业坚决落实创新驱动发展战略，自主创新能力不断增强，成为建设创新型国家的骨干力量。截至 2019 年，中央企业拥有研发人员 97.6 万人，同比增长 11.2%，拥有中科院、工程院院士 216 人。

2018 年，中央企业研发经费支出近 5000 亿元，同比增长 13.4%，超过全国研发经费的 1/4，研发经费占营业收入的比重比 2017 年提高 0.04 个百分点。2019 年，中央企业研发投入 6405.6 亿元，同比增长 28.2%，占全国研发投入的 29.5%。截至 2018 年，中央企业拥有国家级研发平台 669 个，研发经费约占全国研发经费支出总额的 1/4。部分中央企业研发经费支出增长较快。如招商局集团有限公司 2016～2018 年科研投入（不含招商银行）大幅增长，年均增长率高达 41.9%。

三　中央企业自主创新主要成果

截至 2018 年底，中央企业累计拥有有效专利近 66 万项，拥有有效发明专利 26.8 万项。2012～2019 年，中央企业共有 688 个项目获得国家科技进步奖和技术发明成果奖，约占全国获奖总数的 1/3。其中，2019 年中央企业共获得国家科技进步奖和技术发明成果奖 104 项，获奖总数占同类奖项总数的 41.6%。

（一）专利申请具体情况

如表 5-1 所示，2015 年，中央企业专利申请量为 63020 项，2016 年为 72711 项，2017 年为 84986 项，2018 年为 95055 项。截至 2019 年 9 月，中央企业年度专利申请量为 89822 项。科技创新成果不断加速涌现，表明我国国有企业尤其是中央企业创新能力不断进步。

表 5-1　中央企业专利申请量

单位：项

年份	2015	2016	2017	2018	2019
专利申请量	63020	72711	84986	95055	89822

注：包括发明专利、实用新型以及外观专利。
资料来源：国家知识产权局官网。

从专利的分散程度看，中央企业的创新成果主要集中在前 20 名的企业中。表 5-2 是专利申请量前 20 名的中央企业。

表 5 - 2　专利申请量前 20 名的中央企业

单位：项

名称	2015 年	2016 年	2017 年	2018 年	2019 年	总和
国家电网有限公司	26968	29783	30742	29448	32003	148944
中国石化	8249	9386	11840	12084	9803	51362
中国石油	5449	5726	6539	8069	7988	33771
中国电子科技集团有限公司	2658	3582	4916	5337	3434	19927
中国建筑	2143	2752	3253	4372	2303	14823
中国移动	1842	2148	2893	3743	3800	14426
中国航空工业集团	730	1753	2206	3069	2109	9867
中国船舶重工集团有限公司	507	1027	1721	2713	2296	8264
中国宝武钢铁集团有限公司	686	1009	1581	1979	1702	6957
中国联合网络通信集团	731	1021	1297	2169	3022	8240
鞍钢集团	1126	1068	1354	1669	1690	6907
中国南方电网有限责任公司	629	995	1332	1751	1677	6384
中国广核集团	539	798	1383	1582	1899	6201
中国电信集团	665	785	1223	1436	1209	5318
中国海油	767	845	1126	1155	1167	5060
华润集团	726	872	940	1150	1124	4812
中国能源建设集团	580	761	870	960	1028	4199
中国第一汽车集团	534	632	880	1074	998	4118
东风汽车集团	680	503	615	772	450	3020
中国中钢集团	398	492	515	804	902	3111

注：①包括发明专利、实用新型以及外观专利；②由于部分国有企业重组或者由于专利申请人是二级子公司员工，而没有以一级公司作为申请人，所以可能存在部分数据缺失的情况。

资料来源：国家知识产权局官网。

（二）重大科技创新成果

党的十八大以来，中央企业持续加大研发投入，强化自主创新，天宫、蛟龙、天眼、悟空、墨子、大飞机等重大科技成果相继问世。中央企业在能源、交通、建筑、高端装备制造、新材料等重要产业领域取得了一系列重大突破，推动了行业技术的发展进步。核电关键材料、高性能碳纤维等新材料供给能力不断提高，盾构机、大型锻压机等高端设备有效实现了进口替代。中央企业形成了中国桥、中国路、中国车、中国港、中国网等全方位的建设能力，成功建造了港珠澳大桥、兰渝铁路、上海洋山港等一大批重要基础设施。中央企业研制生产的高速铁路、核电站装备等已经成为向世界展示的中国名片。

近年来，中央企业重点攻关大国重器，并取得一批重大科技创新成果：建设载人航天空间站；嫦娥四号探测器成功着陆月球背面，并通过中继星"鹊桥"传回世界上第一张近距离月球背面影像图；成功进行深海探测；辽宁舰突破航母总体技术、动力、阻拦装置和舰机适配等一大批核心关键技术；大型水陆用飞机 AG600 水上首飞；北斗导航系统组网稳步推进；借助 5G 网络成功实现异地远程手术；中国高铁、特高压输变电等成为"国家名片"；港珠澳大桥、兰渝铁路、青藏铁路、上海洋山港等重要基础设施成功建设；"天鲲号"重型自航绞吸船出港海试；台山核电 ERP 机组具备商业运行条件；新中国 70 周年大阅兵展示的现代武器装备更是中央军工企业高质量发展成果的重要体现。这些在重要产业领域、重大工程建设领域取得的举世瞩目成就，标志着中央企业在相关前沿领域迈出实质性步伐，一些核心产品和技术已达到国际领先水平。

四　中央企业创新存在的问题

（一）　中央企业创新能力较弱

中央企业创新能力主要集中在个别企业。以专利申请量为例，国家电网和石油石化行业占比较高，而其他规模相对较小的中央企业则普遍缺乏技术创新成果，这体现了中央企业层面的创新分布不均衡。有 1/3 的中央企业发明专利数量不足 100 项。虽然有中国旅游集团和铁路物资集团这样分布在第三产业的中央企业，但是这类中央企业的实用新型和外观设计专利量也与其社会地位不相符。

从创新制度层面看，数据体现了制度供给的不均衡。虽然面对巨大的市场压力，但一些处在竞争行业的中央企业在专利申请上仍然缺乏后劲。只有个别承担国家重大专项的中央企业因为连续的科研经费投入和国家政策鼓励而有相应的创新突破。个别中央企业的科技创新能力与其在行业中的主导地位不相适应。一旦缺乏创新能力，面对市场竞争的压力，缺乏竞争能力的中央企业可能会利用其行业主导地位谋取利润。这样一来将形成一个恶性循环，与国有企业的社会责任相互矛盾，最终影响中央企业甚至整个社会的长远发展。

造成这一现象的原因，一方面，中央企业多数集中于工程、建筑、能源、资源等行业。这些行业既有我国当前市场机制不完善导致的制度性垄断特征，又有资源稀缺性导致的资源垄断性特征，行业周期较长，国家需求旺盛。另一方面，中国经济高速发展使现有经济模式对资源和能源的需求越来越强，导致资源价格涨幅较大，这两个因素叠加使现有模式收益高、风险小，造成中央企业对技术创新在获取利润和市场份额上的重要性认识不足，进而导致创新动力不足。

（二）　中央企业发明专利占比较小

从 2015～2019 年中央企业申请专利量看（见表 5－2），中央企业创新成果十分突出，尤其是国家电网有限公司五年内共申请专利超过 14 万项，但是，有效专利和发明专利不到 1 万项，说明中央企业发明专利质量还有提升的空间。2019 年，中央企业发明专利占社会研发成果的 1/4，这一高比重体现了中央企业的责任担当。从研发资金的投入看，中央企业以年均 2% 的速度增加研发投入。然而，中央企业有效发明专利占总体专利的比重仍然较低，中央企业研发质量总体上存在急于求成、重数量堆砌而轻质量增加等问题。

导致中央企业发明专利占比小的问题主要有两方面原因。首先是发明专利本身的难度。创新发明具有新颖性、创造性和实用性，决定了在中央企业研发过程中，科研工作者面临高难度创新性和实用性的要求，导致中央企业专利申请量和占比较小，而实用新型和外观设计相对简单。此外，由于种种原因，中央企业所申请的专利有较多情况被判无效，这也能从侧面体现创造发明的难度。其次是中央企业内部的制度因素。中央企业现行的创新制度是以专项计划形式运行，企业内部研究机构申请项目资金，在规定期限内进行项目验收。这种制度在很大程度上有助于中央企业的科技进步和专利申请量的增加，但是也存在两个问题。第一，这种存在时间限制的专利催化制度有可能在某种程度上刺激了"无用科研成果"的产生。如果企业过度重视数量竞争，会造成整个企业创新氛围过度浮躁，研发人员可能会在过大压力下申请一些无效专利。第二，专项计划是企业给予研究机构资金，研究机构得到资金后在一定时期拿出相应研究成果，本质上是一种"委托－代理"关系。由于企业缺乏相应的专业知识和信息，很有可能由于信息不对称导致委托代理问题，这种问题的表现形式就是研发成果数量众多但是有效专利和发明专利占比相对较小。

（三） 国标企标严重滞后， 产品质量无法保证

中华人民共和国成立后，我国的工业生产体系与研究体系照搬苏联模式，研发的任务由国家财政拨款的研究院所承担。在计划经济体制下，企业的生产标准、产品的技术标准完全由挂靠在研究、设计院所的标准化委员会制定、修订。2000 年院所改制，242 家院所中 132 家进入企业（集团）；40 家转为科技企业，实行属地管理；17 家改制为技术中介机构；6 家并入专业相近的高校、划转至其他部门或被撤销；29 家转为 12 个中央直属大型科技企业。现代企业制度基本建立，原本健全的标准制定团队在国有企业，尤其在中央企业被逐渐弱化，技术标准的制定与更新跟不上经济发展的步伐。特别是对于走出国门的企业，不但没有自己的企业标准，而且没有可执行的国家标准，只能被迫采用西方发达国家的标准。

（四） 高层次人才不足且流失严重

科技人才的匮乏与流失是影响中央企业技术创新能力的重要因素。2010年底，中央企业科技活动人员和研发人员分别为 129.8 万人和 53.5 万人，分别占职工总数的 10.7% 和 4.4%。其中，具有硕士以上学历的人员只占总数的 2.1%，高级技师仅占工人队伍的 0.16%。而且，国有大中型企业科技人才流失现象十分严重。2016 年，中央企业科技活动人员达 150.4 万人，占职工人数的比重为 11.7%。然而，国有大中型企业科技人才流失现象十分严重。国企因为缺乏有效的人才激励机制，技术人才特别是高级专业技术人才难引进又留不住，研发人员的数量不足，结构严重不合理，同时严重缺乏领军人才。

第六章
通信行业中央企业自主创新

一　通信行业中央企业自主创新背景

改革开放 40 多年来，中国国民经济和社会发展取得了举世瞩目的成就。当前中国正处于决胜全面建成小康社会的关键时期，面临着国内外更加严峻的挑战和压力。因此，必须依靠创新，充分发挥创新精神，实现国家从高数量转向高质量发展的大跨步，完成各行业新旧动能的转换。通信行业作为国民经济支柱性产业，在互联网技术高速发展的今天，面临诸多挑战，主要表现在以下几方面。一是通信市场人口红利消失。通信业务发展步入慢车道，当前国内通信用户市场规模已处于饱和状态，尤其是移动通信用户。十几年来支撑通信行业高速发展的人口红利已消失，通信运营商靠常规营销模式推动业务发展已无法奏效。二是运营商之间的同质化竞争、互联网应用的异质替代让运营商进退维谷。2018 年 9 月，中国移动宽带规模首次超过中国电信晋升移动、宽带双冠王。三大运营商基础通信业务展开同质化竞争；电信运营商传统的语言和短信服务业务正受到 OTT 等应用的冲击和侵蚀。三是通信运营商基础电信业务量收"剪刀差"持续增大。通信业务收入变化浮动小，与业务量增长对比鲜明，通信行业业务收入与业务总量之间的"倒挂"趋势正在扩大，基础电信业务量收"剪刀差"尤其明显。作为中央企业的三大运营商如何确保国有资产的保值增值更是一项不得不重视的任务。四是数据洪流时代用户对通信网络的要求越来越高。AR、VR、自动驾驶以及人工智能技术的逐渐普及，增加了用户对智能化、现代化的刚性需求，用户对网络覆盖、带宽和质量也提出了更高的要求，网络扩容、升级和维护成本越来越高。

在这种情况下，通信企业通过技术创新、体制机制创新来支撑社会其他行业的数字化进程，形成了数字经济正循环，这已经成为不可逆转的趋势，因此，对于正处在发展瓶颈期的通信行业来说，转型发展、创新驱动是必由之路。

二　通信行业中央企业自主创新活动

（一）完善科技创新体系，增强自主创新能力

在完善科技创新体系、增强自主创新能力的过程中，中央企业作为国民经济发展的重要支柱，应积极发挥其主力军的作用，鼓励中央企业承担和参与国家重大科技项目，发挥中央企业对科技创新和制度创新的支撑推动作用。中国移动矢志不移自主创新，逐步构建起内环（研究院和 16 家专业机构下设二级研发中心）、中环（21 家科技型专业公司）、三环（31 家省公司和 2 家境外公司）、四环（重点领域头部企业和科研机构组成的合作环）协同互动的研发中心，形成了纵向组织型、全员型、合作型、生态型全面创新的"一体四环四纵"科技创新体系。积极与高校、科研院所、合作伙伴等开展重点课题联合攻关，累计承担 165 个国家重大科研项目，参与建设新一代移动通信技术等 6 个国家工程实验室、3 个海外联合创新中心、4 个高校联合实验室和首批海外高层次人才创新创业基地。打造国家级"双

创"示范基地，建立 8 个"双创"空间，搭建创新孵化平台，吸引超 16 万名内部员工和 1500 支外部创新创业团队。向社会开放中国移动创新能力与资源，各项能力被调用超 8000 亿次，孵化应用超 30 万个，为促进全社会"双创"贡献了力量。

（二）深化改革，加快企业转型

通信行业作为基础性和战略性产业，其发展和改革备受关注。新的信息化时代，场景驱动特征明显，信息通信业发展将面临新趋势。运营商需要针对垂直领域的不同场景、不同服务对象按需提供定制服务，网络部署向全面云化、软件化和智能化的新型网络演进，以前驾轻就熟的运营管理模式将难以为继，迫切需要建立新型智慧运营体系、探索新的商业模式，提升管理的科学化、规范化、精细化水平。中国移动、中国电信与中国联通均在实施创新驱动发展战略的过程中发挥着至关重要的作用。

1. 中国移动

中国移动作为通信行业龙头企业之一，面对复杂多变的行业情况，迅速反应，积极应对，提出了以下企业转型目标。

一是建设高品质网络，夯实数字化基础设施。加快建设高速、移动、安全、泛在的新一代信息基础设施，持续打造高质量 5G 网络和移动物联网，全面构建百兆能力、千兆引领的家庭宽带，快速提升 NB－IoT 的城区覆盖深度和乡镇覆盖广度，大力推进 5G 规模试验和应用示范，同步完善数据中心、云计算中心、内容分发网络等新型设施，努力构建国际一流的数字化基础设施。

二是坚持创新驱动，增强数字化创新能力。加大资源投入，完善科技创新能力布局，加快大数据、人工智能等关键技术研发和应用，推进基于 SDN/NFV 的网络转型，建立 5G 创新基金，推动 5G 关键技术研究以及全产业链的成熟。加强数字化产品应用创新，加快建设智能硬件创新中心，推进研发运营一体化，聚焦重点领域打造一批跨行业创新应用和高品质智能硬件产品。

三是拓展信息消费业态，创造数字化美好生活。中国移动贯彻以人民为中心的发展理念，持续推动网络提速降费，积极提供大流量、低资费产品，全面推广移动通信在政务、医疗、教育及金融等民生服务领域的应用，不断丰富数字化家庭产品，大力拓展产品市场；同时，通过信息化支撑扶贫和民生改善，努力让广大用户享受用得上、用得起和用得好的数字化生活服务，更好地体验便捷高效的数字化生活。

四是赋能各行各业，强化数字化生产支撑。进一步发挥信息通信业的基础性、先导性作用，大力践行"互联网＋"行动，推动先进信息通信技术与各行各业生产运营深度融合，打造覆盖各领域的产业互联网，深耕工业制造、交通物流、能源电力等垂直领域，拓展数字化生产应用，促进传统产业向数字化、智能化转型升级和高质量发展，催生更多新业态、新产品、新模式，致力于供给侧结构性改革。

五是创新合作模式，共建数字化服务生态。中国移动搭建线上线下立体化的能力开放平台，以平台为抓手汇聚跨行业、跨产业资源，增强产业创新发展合力。大力推动大中小企业融通发展，聚焦5G、大数据、云计算、物联网和人工智能等领域加强产业合作，携手打造能力互补、资源共享、融通发展的数字化产业生态圈。

2. 中国电信

中国电信的战略转型3.0主要聚焦3个"三"，即三化转型、三大任务、三大目标。推动"网络智能化、业务生态化和运营智慧化"三化转型，完成"加强信息基础设施建设、深化四个融合、提升全要素生产率"三大任务，实现"建设网络强国、打造一流企业、共筑美好生活"三大目标。三大任务作为中国电信转型升级的切实措施，主要体现在：加强信息基础设施建设；深化四个融合，推动信息化与新兴工业化、城镇化和农业现代化融合，推动信息技术与实体经济融合，推动信息化与政府管理、社会服务融合，以及推动网信军民融合，将深化四个融合与打造五大业务生态圈有机结合，开拓更广阔的市场空间；提升全要素生产率，通过打造智慧平台、对外提升客户体验，对内提升运营效率。三大目标：建设网络强国，认真研究网络强国标准，与全行业一起努力，共同全面推进网络强国建设；打造一流企业，制定了分阶段目标，力争2035年全面进入世界一流企业阵营；共筑美好生活，力争客户满意度达到更高水平。

3. 中国联通

中国联通是目前国内唯一在纽约、香港、上海三地上市的电信运营企业，也是首家开启集团整体混改的试点单位、首家面向民营资本开放的通信行业央企。公司践行新发展理念，实施聚焦创新合作战略；纵深推进混合所有制改革，充分激发微观主体活力，具体表现在：一是首创了"国有股权多元化＋民营股权多元化"的混改新模式，二是坚持把党的领导"融入""内嵌"到公司治理中，三是大力推进体制机制改革。加快新旧动能转换，提升创新能力；贯彻落实网络强国战略，建设领先的信息基础设施。作为首家采用"引入战略投资＋定增＋股权转让＋员工持股"混改方式的中央企业，2017年8月16日发布的联通混改方案显示，联通将引入四大类处于行业领先地位，且与中国联通具有协同效应的战略投资者。这些战略投资者与联通主业关联度高、互补性强，有利于联通实现转型升级。与新引入战略投资者在云计算、大数据、物联网和人工智能等领域开展战略合作，将有利于推动重点业务和产业链融合发展，扩大联通在创新业务领域的中高端供给，培育公司创新发展新动能。通过几年的混改，中国联通已开始展现新活力，将打造包括新基因、新治理、新运营、新动能和新生态在内的"五新"联通，全力实现差异化突围和创新驱动发展。

在新零售的构建中，中国联通特别注重向渠道合作伙伴赋能。例如，通过线上平台天猫、京东进行线上引流；联合阿里、京东和苏宁等企业拓展多供应链、全品类的增收来源；通过大数据的应用捕捉客户喜好；通过消费金融提升终端销量。以"生态化、大数据、一体化和高体验"为特征的线上线下一体化新零售体系已基本构建完成。[①]

（三）5G＋4K 的应用

5G 的技术特性决定了 5G 应用将与实体产业深度融合，5G 在提升全要素生产率，推动各行各业网络化、数字化和智能化发展，加速释放新型网络设施建设需求和垂直行业信息化服务需求方面将起到至关重要的作用。2018 年 12 月 6 日，三大运营商获得全国范围 5G 中低频段试验频率使用许

---

① 林琳：《2019 年通信运营商路在何方》，《计算机与网络》2019 年第 1 期，第 44 ~ 48 页。

可，距离 5G 商用之旅更近一步。2019 年 1 月 19 日，工业和信息化部副部长陈肇雄在第十七届中国企业发展高层论坛上指出，加快 5G 商用步伐，有利于支撑服务经济社会数字化转型，同时促进形成强大的国内市场。[1] 根据中国信息通信研究院预测，按照从 2020 年 5G 正式商用算起，预计 2020 ~ 2025 年，中国 5G 发展将直接带动经济总产出 10.6 万亿元，直接创造经济增加值 3.3 万亿元，创造直接就业岗位达 310 万个。

2018 年 12 月 28 日，中央广播电视总台联合中国移动、中国电信、中国联通以及华为 4 家单位签署战略合作协议，合作建设我国首个国家级 5G 新媒体平台，并联合进行 5G 媒体应用实验。在春晚的实战演练中，三大运营商各显神通，为春晚直播提供了强有力的保障。

中国移动在春晚深圳分会场提供 5G 网络，实现 4K 超高清画面实时传送到北京的中央广播电视总台演播室。与其他摄像机需要通过连接转播车的线缆完成信号传输不同，中国移动 5G 网络和 5G CPE 终端很好地将现场的 4K 高清画面通过 5G 基站回传到转播车及北京的演播室，彻底实现了 4K 高清信号的实时无线传输。

中国电信在 2019 年 1 月中旬承接了央视春晚深圳分会场 5G + 4K 高清直播和 5G + VR 直播的任务后，迅速开展央视春晚深圳分会场 5G 高清直播技术方案的制定、网络建设、5G 应急通信车改造、保障方案等系列工作。据悉，针对 5G 网络和央视高清直播需求的特点，中国电信制定了双核心网、双路由、双节点、双基站、双终端的"双路端到端"技术方案，确保春晚直播万无一失，并在短短的几天内完成了 5G 直播网络的建设和调测工作，传送效果超过央视的指标要求。1 月 31 日下午，中国电信在深圳完成了央视春晚特别节目 5G 网络 VR 现场连线直播。

中国联通也持续发力，针对 5G + 4K 超高清视频直播业务对上行速率不低于 40Mbit/s，网络时延小于 20ms 等多方面指标要求，成立专项团队，全面启动 5G 网络端到端验证和支撑，于 2018 年 11 月 30 日完成央视大楼新媒体实验室内外的 5G 网络覆盖，并借助首个建成的金融街 5G 规模实验网，

---

[1] 《陈肇雄副部长在中国企业发展高层论坛上表示中国加快 5G 商用已具备现实基础》，《中国无线电》2018 年第 1 期，第 1 页。

先后完成多路 5G + 4K 超高清视频直播、5G + VR 直播、5G CDN 云视频直播和点播、实际道路移动场景下的 4K 超高清视频直播等新媒体业务验证。另外，通过对天安门区域、长安街沿线、央视周边区域进行 5G 网络连片覆盖，支撑央视外场的实际业务，真正做到将 5G 网络应用到新媒体业务的采集、编辑、直播等各个环节，为新媒体业务带来创新性的发展。在 2019 年春晚长春分会场，中国联通支持央视通过 5G 网络传输 4K 和 VR 实时内容，实现与总台的互动。[①]

（四）云计算融入生活

根据《云计算发展三年行动计划（2017 – 2019 年）》，到 2019 年我国云计算产业规模将达到 4300 亿元，市场空间巨大。未来"合规经营、上云安全、实现盈利"将成为云企业未来发展的重心。

过去几年我国的云市场属于发展初期，2018 年则属于云市场与各垂直行业深度结合的过渡期。无论是从政策监管还是从客户认可度看，企业上云业务都迎来极大的利好。2018 年 8 月 10 日，工信部印发的《推动企业上云实施指南（2018 – 2020 年）》明确提出企业上云建设的工作目标，到 2020 年，全国将新增上云企业 100 万家。"云海"众企业纷至沓来，截至目前，已有 391 家企业获得我国工信部颁发的互联网资源协作（云服务）牌照。目前，混合云作为云计算落地的一种形态，已经被越来越多的企业采纳。根据中国信息通信研究院的调查，2016 年我国企业采用混合云的比例为 11.8%。IDC 预测，未来混合云将占据整个云市场份额的 67%。Gartner 则预测，到 2020 年，90% 的组织将利用混合云管理基础设施。[②]

1. 中国移动：政务云已覆盖 20 多个省份

中国移动长期以来深耕云、网、端战略，助力"互联网 +"的发展。在云端方面，中国移动有大量的 IDC 和云基础设施，建立了大数据分析平台，基于云和 IDC 以及互联网的基础设施发展了大量的涵盖教育、医疗、车联网、电子政务等各方面的解决方案。在网络方面，中国移动有遍布全

---

① 黄海峰：《4K + VR/AR 5G 春晚首秀》，《通信世界》2019 年第 4 期，第 5 ~ 6 页。
② 王熙：《业界首部〈混合云白皮书〉发布　揭秘行业技术趋势》，《通信世界》2017 年第 32 期，第 51 页。

085

国的 CDN 网络，有优质的互联网接入能力，也有丰富的传输承载能力。在终端方面，中国移动在各个行业深耕，布局电子书报、智慧学习笔、智能医疗以及车联网的终端。中国移动正在努力把云、管、端连接起来，形成整体解决方案。

中国移动长期以来在云计算方面的基本策略是从内部试用到外部商用，确立了从发展中国移动内部的私有云到外部公有云的演进路线。从 2017 年开始中国移动就布局云计算的研发工作，研发自主知识产权的大云系列产品，同时开展内部的公有云和私有云试点。截至 2018 年 7 月，中国移动私有云的规模达到了 3 万台服务器。

中国移动和行业合作伙伴基于 IaaS、PaaS 和 SaaS 产品开发了面向各行业的解决方案，深入了解各个行业面临的痛点。如在医疗领域，中国移动充分发挥 IDC、云存储以及全网网络覆盖的优势，解决了医疗影像云大数据传输和存储的问题，通过海量的存储技术、网络化的三维后处理技术、基于 HTML5 的移动终端技术形成远程影像诊断技术，推动了医疗影像云的发展。目前，中国移动的医疗影像云已经在湖南、贵州、云南、江苏、辽宁等省份广泛落地推广，建立了中南大学湘雅远程影像中心、河南省医疗影像云、江苏区域影像中心以及贵州区域影像中心等标杆案例。

中国移动具备了丰富的政务云实施以及运营管理经验，积累了大量的成功案例，2020 年上半年中国移动中标国务院国家政务云平台项目，该项目已经开始测试上线。中国移动的政务云已经覆盖了 20 多个省份，在超过 100 多个城市进行部署。

2. 中国电信：要做最懂网的云运营商和最懂云的网运营商

中国电信的天翼云从成立至今，发生了五大变化。第一个变化是市场份额取得了突破。天翼云有关的产品，连续几年实现三位数的增长，云营业收入较 2012 年翻了 70 倍。第二个变化是从"2 + 4"到"2 + 31"。天翼云早期只有少数几个资源池，现在每年加大资源池的投入，实现了"2 + 31"全覆盖的资源布局。天翼云在内蒙古和贵州有两个超大规模的云资源池，在 31 个省份进行了资源布局，截至 2018 年 7 月已建设了 75 个云资源池。2017 年，中国电信获得工信部颁发的三张牌照，具有全国云资源池布局资格。第三个变化是从云网分离到云网融合。从上云的角度看，最大的痛点就是云端连接，上云必先上网，怎样把各种架构的 IT 基础设施有效地连接在一起，从而实现资源池的互联互通是很大的课题。中国电信在云网融合方面有三个核心理念：网随云动、入云便捷、云间畅达，中国电信要成为最懂网的云运营商和最懂云的网运营商。第四个变化是从标准服务转向端到端的服务专项定制。中国电信天翼云不仅提供属地服务，同时也提供星级的专项服务，提供从咨询到迁移到集成到服务一站式的解决方案。中国电信这些年来帮助政企大客户实施了超过 20 万个云项目，提供从标准服务到端到端的服务。第五个变化是从基础防护到 5S 安全体系。中国电信把安全云作为核心诉求，不仅在技术、管理上，而且在责任担当上体现出对客户安全的承诺，建立了 5S 安全体系，通过自主研发的云管理平台实现客户运营系统的封闭和独立的管理，实现了 TB 级的攻击防护，通过对机房关键基础设施的保障、网络多路由保障、数据多副本冗余保障、容灾备份保障，实现对客户云服务持久性的承诺。

中国电信发起了天翼云走遍全国的行动，云的推广和普及也为践行"数字中国"发挥了中央企业的责任担当。天翼云非常重视生态建设，不仅建立行业生态，而且建立服务生态，要面向行业提供云产品和解决方案，与各行各业开展深度合作。

3. 中国联通

中国联通不断加大资源投入和发展力度，云数据/IDC 资源能力和平台建设不断完善，研发和创新合作等基础核心能力不断提升，业务实现规模倍增。中国联通在全国实施"M + 1 + N"资源布局（M 代表国家级、国际核心节点，1 代表一个省级核心节点，N 代表本地边缘节点），已部署线上公有云资源池 4 个，虚拟私有云资源池 37 个，专享私有云资源池 45 个，目前沃云资源池能力超 12 万 VCPU，41 万 G 内存，1 万 T 存储；沃云平台研发迭代至 4.0 版本，全面构建了更加丰富的产品体系，包含计算、存储、网络、安全、应用五大类全系列 200 + 项功能，开发了云联网、多云管理平台、专享私有云等多项重点产品及行业云等专属解决方案。2017 年，中国联通沃云平台承接了辽宁省政府数据中心的政务外网机房改造、云平台建设及运营运维工作。辽宁省政府数十个直属机关单位通过新系统部署以及业务迁移等方式，实现了辽宁省政务信息化全覆盖，通过"互联网＋政务"模式，实现了降本增效、强政便民等效果。此外，还承接了青海省政务云、最高法政务云平台等项目的建设与实施，致力于满足政企信息化发展的全面需求。

中国联通以"实施聚焦战略，创新合作发展"为引领，将云计算作为技术业务创新的重要方向和资源配置的重点领域，并于2013年6月成立了全资子公司——联通云数据有限公司，加速推进云计算业务布局。云公司紧密围绕核心业务产业链和生态圈，构建云网一体规模弹性的沃云平台，打造IDC、云计算、大数据、CDN、云安全五大产品体系，创造性价比高、有竞争力和差异化的资源型、互联网型和软件型产品。中国联通认为，网络促进云计算的发展是由运营商的基因和禀赋决定的，是运营商的独特优势。

三 通信行业中央企业自主创新机制

（一）政府层面：鼓励支持通信行业创新

通信行业的创新事关国民经济和社会发展的可持续性，推动通信行业的创新，尤其是技术自主创新，不仅仅是企业自身的努力，国家政府也应该发挥积极的作用，政府鼓励通信创新主要通过以下两方面进行。

1. 政策机制的支持

政府作为政策的制定者和机制的维护者积极推动通信行业的创新，在国家政策中，每一项政策的变动对企业竞争力的分析都有极为敏感的影响。如果从影响企业创新的角度来分析对企业竞争力的影响作用，税收政策是目前对企业竞争力有显著影响的政策。这就要求国家在制定创新政策时充分发挥税收的杠杆作用，激励企业创新。与此同时，应该进一步调整各项与企业有关的政策，并注意政策的稳定性对企业创新有着不可忽视的影响力。因此，制定各项政策时，应尽量保持其稳定性，使企业在稳定的政策环境下发展，有利于企业进行创新。政府从政策和机制建设上支持通信行业的创新。在政策体制方面形成鼓励和扶持通信行业创新工作的长效机制，同时通过各种具体措施，如进一步加大政府采购自主创新产品力度，充分调动和提升通信市场主体的自主创新热情和积极性，并最终形成相互促进与发展的技术业务创新模式，提升中国通信业的创新能力和水平。

政府可以在国家系统内预见和协助制定国际和区域经营标准，在国际舞台上为国内通信企业的自主创新营造和谐氛围。从国际比较和实证分析可知，政府在通信企业自主创新中具有重要的作用，但提高通信企业自主创新能力的决定性因素在于企业本身。因此，从政府视角看，应创造优良的环境，出台鼓励通信企业自主创新的政策，并加大对通信企业研发的投入来推动通信企业自主创新能力的提高。目前，中国出台的中长期科技规划纲要，对通信企业自主创新研发费用投入有了更多更深层次的激励措施，目的是激发通信企业自主创新的内在动力，但关键在于政府相关部门对这些政策的解读和落实。另外，除了政府推动外，还需要通信企业培育和提高自主创新意识。政府理顺通信行业管理机制，提升管理人员对通信专业领域的管理素质，进一步抓好通信市场规范和管理工作，同时提高有关产业创新支持政策的宣传力度，为通信行业的创新提供良好的行业氛围、软环境建设以及服务体系建设。

我国政府一直高度重视信息通信业的发展，近年来工信部会同相关部门不断提升通信基础设施覆盖能力，大力扶持技术、产品、业务创新，加快完善行业创新体系，为行业良性发展提供政策和制度保障。2018 年 12 月 19～21 日在北京举行的中央经济工作会议上明确提出"加快 5G 商用步伐"，并将其列为 2019 年重点工作任务。2018 年 12 月，工信部已经向三大运营商发布了用于全国范围的 5G 试验频率，对促进国内 5G 产业链成熟、推动 5G 的发展和应用具有重要意义。①

但是，在政策和法律法规健全方面，还存在一些阻碍通信企业自主创新的因素。由于我国知识产权保护力度不够，一些企业不愿和无力将自己的技术、专利公开或者投入资金进行转化，因此这些企业并没有因为获得

---

① 杨峰义：《2019 年，5G 新应用或将潮涌而来　产业链成熟是关键》，《通信世界》2019 年第 3 期，第 21 页。

创新技术而迅速崛起，这使得我国通信业的自主创新发展受到极大制约。同时，科研中介机构较少，"走出去"平台不多，通信企业的创新活动也受到了一定程度的制约。

2. 信息平台的搭建

企业的创新并不意味着"闭门造车"，而是应该"走出去"，踏上更高的平台，与国际国内企业进行思想和技术交流，站在更高的平台上创造更高端的技术。而企业的沟通交流需要平台，这些平台一方面可以由有实力的大企业进行组织，但更有效的是通过政府的积极作用，构建一个最佳的沟通交流平台，如通信业务创新论坛、通信行业创新交流会等，通过不同形式让通信市场各主体、产业链的各环节以更加开放的状态进行研发、应用、推广、服务等创新方面的经验交流，共同合作，相互促进，推动通信行业的创新发展。

此外，政府还可以指导通信行业进行组织建设，如成立中国通信企业协会，达到根据国家有关通信和信息化发展的政策要求，结合通信发展实际，研究分析通信相关行业发展状况和趋势，总结和探索通信行业经营、管理、改革、服务和发展的新经验、新思路、新途径，为政府主管部门和企业提供建议和参考；承担政府委托购买服务，经政府有关部门批准或根据政府主管部门授权，承担通信行业管理与咨询服务，包括起草或参与制定行业标准，组织课题研究、调查咨询、信息报送，组织进行行业统计，组织对从业人员资格认证和企业资质的认证以及年检，协助组织听证会等活动等。促进通信业发展，促进信息化建设，促进工业化与信息化融合，推进网络强国建设。

（二）企业层面：加大自主创新力度

1. 企业管理体制创新

随着垄断的打破和产权制度改革，通信企业逐渐实现企业化运作，管理对于通信企业的影响逐渐显现出来。因此，管理创新是通信产业创新的重要支撑。近年来，在管理体制创新方面的实践最具特色的是中国联通的混改，这为中国联通的发展注入了活力、指明了方向，打造了融合新基因、新治理、新运营、新动能和新生态的"五新"联通，全力实现差异化突围和高质量可持续的发展。

2. 创新人才培养机制

随着互联网大数据时代以及5G的到来，通信运营商要在信息网络生态系统里谋求新发展、创造新价值，必须实施转型。通信运营商的转型，表面上是业务、技术的转型，但从根本上来说是人的转型。数字化颠覆带来的对员工技能更新的要求，以及企业架构转型带来的岗位变动，给通信企业的发展带来考验。通信行业中央企业通过建立长效激励机制、完善人工成本预算、启动"海外人才引进专项工程"、实施"首席科学家"制度、加快培育高素质高水平的中青年经营管理人才梯队、推行人才分类管理制度，不断激发专业技术人才的创新激情与发展潜力。中国联通、中国电信相继成立创业投资公司，采用"专业孵化＋创业导师＋天使投资"的孵化模式，鼓励和扶持内部员工、外部创业者进行早期创新创业。

在人才需求方面，根据2019年形势分析，通信行业在未来的紧缺型人才仍然以数字人才为主。中国移动认为要加快推进"大能力"向全面匹配升级，推动公司组织结构创新、发展模式创新、渠道融合创新、协同管理创新，建设高素质专业化队伍和数字化人才队伍。中国电信根据公司新兴业务的销售能力、支撑体系、专业队伍等存在不足，快速响应市场的资源配置机制和激励机制还不到位等问题，提出着力构建网络与IT、研发与运营高度融合的组织体系，建立与生态圈拓展相适应的专业化组织体系，组建跨专业、跨地域和跨层级的柔性团队，重点引进和培养开源软件人才、大数据人才。中国联通全力打造以能力为核心的创新业务体系，坚持创新领域在组织体系、薪酬激励、选人用人等方面与传统领域进行区隔。

（三）　市场层面：推动通信行业创新发展

1. 构建良性竞争市场

市场一直是经济发展的重要主体，市场竞争力的大小直接影响中央企业创新能力的高低。一方面，在完全竞争的市场条件下，由于企业数量很多，每个企业对产品的供给影响甚微，企业面临着水平的市场需求曲线，供给厂商没有市场优势，缺乏产品定价的能力，成为市场价格的接受者，只能获得正常利润。由于没有超额利润，企业创新积极性大幅下降。另一方面，竞争可以使企业不断追求创新以提高自身劳动生产率，抢占市场先机，从而获得更多的收益。通常情况下，通信行业的创新得益于大量的资本投入，中小企业很难发展通信业务。在过去我国通信行业的发展中，通信行业的传统业务主要由中央企业开展，从而可以进行大量的资本积累，但是由于企业所有制等特殊因素的影响，所积累的资本投入进一步研发创新的比例不高，这制约了我国通信行业中央企业的转型发展。但是在现阶段，新一轮的技术创新是基于云计算、大数据以及5G等发展的，行业的壁垒被逐渐打破，市场上出现了来自国内和国外的大量颇具实力的竞争者。这促使通信行业的中央企业大量投入资金，结合自身原有的资源优势进行自主创新，以便在新一轮通信行业的竞争中占据有利地位。

2. 推动"两化"融合

目前，国家持续推进"两化"融合发展，为通信行业创造了难得的创新机遇与市场环境。通信行业抓住信息化与工业化"两化"融合、构建下一代互联网、推进物联网建设及宽带建设的市场机遇，顺应行业发展的趋势，坚持服务于经济社会发展、服务民生的原则，顺应行业发展的趋势，推动生产性和民生性的新兴业态培育发展及壮大，加强新业务的研发推广与应用，扩大通信服务的覆盖范围与深度，提升服务层次。利用市场提供的便利条件，着重把握移动电子商务的发展，积极适应消费者消费结构与模式的调整与变化，鼓励网络出版、手机媒体等新兴网络服务发展；进一步转变单一的盈利模式，深度挖掘数据，细分市场、细分客户群，针对特定客户群体，提供定制化的增值服务业务或高端业务，创造新的消费热点，提高市场竞争力。

四 通信行业中央企业自主创新绩效评价

2019年，我国稳妥应对国际政治经济形势的变化，保持了经济持续健康发展和社会大局稳定。通信行业开始进入增速有所下降、质量不断提升的新阶段，网络供给能力显著增强，融合创新持续深化，对经济社会高质量发展发挥了关键支撑作用。2019 年，通信行业发展主要包括五个特点：一是增速进入下行区间；二是网络供给能力显著增强；三是行业结构持续优化；四是发展动能加快转换；五是融合引领日益彰显。

在过去的发展过程中，通信行业中央企业受体制结构、技术落后等多方面因素的影响，发展一直驻足不前，自我创新能力不强。随着互联网技术的兴起和深化国有企业改革的不断推进，通信行业牢牢抓住机遇，积极找寻自身问题，迎难而上，进行自我转型升级。在企业治理结构方面，深化改革，加快企业转型；在现代化技术的掌握运用方面，着力推进 5G 产业商用化，将 5G 技术融入生活，进一步优化人民的美好生活。除此之外，中央企业还在云计算、大数据、物联网等新兴技术上充分发展，积极创新，始终将自主创新摆在重要位置上，力求在国际局势中占据领先地位，增强中国的自主权和影响力。

当然，我们也不能够忽视，在通信行业中央企业自主创新的发展过程中仍会面临许多困难，主要来自我国宏观经济下行压力不减；移动互联网市场红利大幅消退；技术创新面临的不确定性增加，而且面临着发达国家和发展中国家的双重挤压。在未来的发展中，通信行业中央企业应进一步加快自身供给体系创新变革，进一步加快与实体经济融合，带动新技术的广泛应用和新业务的不断拓展，保持行业稳步增长和新技术的加速应用。

第七章
装备制造行业中央企业自主创新

一 装备制造行业中央企业自主创新背景

装备制造业①是我国的战略性行业之一，是为国民经济各部门进行简单再生产和扩大再生产提供装备的各类制造业的总称，具有产业关联度高、技术和资金密集等特点，在经济增长和结构调整中有着不可替代的作用，是我国机械工业的核心部分，是工业的心脏和国民经济的生命线，是支撑国家综合国力的重要基石。在当前的经济形势下，一方面，装备制造业的自主创新承担着为国民经济各部门提供现代化、高端化工作母机和带动相关产业转型升级的重任；另一方面，纺织、轻工、建材等传统产业的转型升级，将带动一大批装备产品更新换代，促进装备制造业的自主创新。

中央经济工作会议上，习近平总书记确定 2019 年要抓好七项重点工作任务，其中第一项就是推动制造业高质量发展，坚定不移建设制造强国。2015 年 7 月 17 日，习近平总书记在吉林调研时强调，要把装备制造业做大做强，加快培育战略性新兴产业，大力发展服务业，改造提升传统产业，扩大基础设施建设，积极发展民营经济。② 2016 年 3 月 7 日，习近平总书记在参加黑龙江省代表团审议时指出，改造升级"老字号"，促进装备制造、

---

① 根据国家统计局公布的国民经济行业分类，装备制造业包括金属制品业，通用设备制造业，专用设备制造业，汽车制造业，铁路、船舶、航空航天和其他运输设备制造业，电气机械和器材制造业，计算机、通信和其他电子设备制造业，仪器仪表制造业等八个大类行业。

② 《习近平：东北地区要把装备制造业做大做强》，海外网，http://m. haiwainet. cn/middle/352345/2015/0720/content_28953770_1. html，2015 年 7 月 20 日。

能源、石化、食品等传统产业向中高端迈进，提高产品质量，增加有效供给，把旧的存量转化为新的增量。① 2017 年 4 月 20 日，习近平总书记在广西考察时强调，一个国家一定要有正确的战略选择，我国是个大国，必须发展实体经济，不断推进工业现代化、提高制造业水平，不能脱实向虚。② 2018 年 9 月 26 日，习近平总书记在齐齐哈尔考察国有大型装备制造企业时指出，装备制造业是国之重器，是实体经济的重要组成部分，我们要把握优势，乘势而为，做强做优做大。③ 2019 年 4 月 17 日，习近平总书记在重庆考察时强调，要坚定不移推动高质量发展，扭住深化供给侧结构性改革这条主线，把制造业高质量发展放到更加突出的位置，加快构建市场竞争力强、可持续的现代产业体系。④ 2020 年 4 月 20～23 日，习近平总书记在陕西调研时强调，"把实体经济特别是制造业做实做强做优"，并且进一步强调，要围绕产业链部署创新链、围绕创新链布局产业链，推动经济高质量发展迈出更大步伐。⑤

（一）　装备制造业发展概况

前瞻产业研究院发布的《2019 年中国智能制造发展现状及趋势分析报告》显示，近年来，中国经济已由高速增长阶段转入高质量发展阶段，工业高速发展时期已过。尽管制造业增加值在 GDP 中的比重呈下滑趋势（如图 7-1 所示），但以制造业为代表的实体经济才是中国经济高质量发展的核心支撑力量。目前，我国仍处于"工业 2.0"（电气化）的后期阶段，质量基础相对薄弱、产业结构不合理、资源利用效率偏低、行业信息化水平不高、劳动力成本提高。"工业 3.0"（信息化）还有待进一步普及，"工业 4.0"（智能化）正在尝试尽可能做一些示范，制造的自动化和信息化正在逐步布局。

---

① 《认真践行习近平总书记重要讲话精神 努力探索工业振兴发展新路子》，人民网，http://cpc.people.com.cn/n1/2017/0510/c390643-29266081.html，2017 年 5 月 10 日。

② 《如何把制造业搞上去？习近平这样说》，人民网，http://finance.people.com.cn/n1/2019/0918/c1004-31360867.html，2019 年 9 月 18 日。

③ 《习近平：装备制造业练好"内功"才能永立不败之地》，新华社，2018 年 9 月 26 日。

④ 《习近平：把制造业高质量发展放到更加突出的位置》，新华社，2019 年 4 月 18 日。

⑤ 《人民日报评论员：推动经济高质量发展迈出更大步伐》，《人民日报》2020 年 4 月 27 日。

图 7-1　2010～2019 年中国制造业增加值及其占 GDP 的比重

资料来源：《2019 年中国智能制造发展现状及趋势分析报告》。

中国装备制造业发展现状可以总结为三个方面。

一是整体规模稳步扩大，但发展质量不高。经过多年的发展，中国已建立起完整的装备制造业产业体系，相关行业产业链条逐步完善，多种装备产品产量位居世界第一，部分领域取得重大突破；与发达国家相比，中国装备制造业尽管规模较大，但产业发展存在明显的不足和重大短板，整体发展质量有待提高。其一，大量高端装备、短板装备及智能装备仍依赖进口，如高端纺织机械、高端机床、机器人、航空设备、船舶等重大技术装备的零件，生产高端产品的专用生产设备以及高端检测实验设备等。中国机械工业信息研究院的机工智库调查显示，目前中国高端装备领域的短板装备多达 900 多项。其二，部分装备产品和零部件质量与国外差距较大，由于质量标准体系建设落后，部分产品的技术标准不完善、实用性差，跟不上新产品研发速度，部分产品的可靠性、安全性与稳定性不高；与国外相比，部分装备产品缺乏竞争力与显性优势，出口比例低，贸易逆差现象十分明显；同时，缺乏具有影响力、能够与国外知名品牌抗衡的自主品牌。

二是企业竞争力不断增强，但效率有待提升。近年来，装备制造企业数量已占到中国规模以上工业企业总数的 1/3 以上，涌现出浙江中控、三一重工、中联重科、徐工集团、柳工集团、中车、潍柴、新松机器人等一批具有国际竞争力的龙头企业，不仅引领行业发展，也成为中国制造业发展的重要支撑力量。尽管龙头企业发展势头良好，但中国装备制造业近年来发展下行压力大，企业经营效率与效益整体不佳。2014～2018年，中国装备制造企业营业收入与利润总额年均增速分别为5.36%、-0.03%，两者近年来的增速波动明显，尤其是利润总额增速呈大幅下降态势，2018年与2014年相比，降幅近40个百分点，与规模以上工业企业利润总额增速的差距逐渐拉大；装备制造企业的营业收入利润率变化幅度相对不大，由于统计口径变化，2018年指标略有降低；企业资产利润率呈逐年下降态势，2018年比2014年降低了3.22个百分点，与规模以上工业企业资产利润率基本持平。2018年，中国以煤炭、石油开采为代表的原材料供应行业以及医药、烟酒饮料等消费品制造企业营业收入利润率均达到10%以上，装备制造业与之相差一倍多。与国外先进企业相比，中国装备制造企业的盈利能力普遍较弱，2019年中国共有6家汽车及零部件企业入围世界500强，但6家车企的利润总额之和不及丰田、大众任一家的利润总额，营业收入利润率最高为3.99%，最低为1.51%，远低于宝马、丰田、通用等企业。

三是新兴产业表现突出，但部分产业发展动力不足。2012年，中国将高端装备制造业列为战略性新兴产业之一，开始大力扶持。经过几年的发展，高端装备制造领域的重大技术装备研发、制造、产业化及推广应用取得积极进展，轨交设备、锂电池制造设备、航空航天设备、工业激光设备等已具备国际竞争力，大型清洁高效发电设备、煤化工成套设备、水泥成套设备等国民经济领域所需的高端装备实现了从主要依赖进口到基本自主化的跨越，高端装备制造业产值占装备制造业产值的比重已超过10%。高端装备制造业发展态势较好，但部分传统装备制造业增长放缓，装备制造领域的行业运行分化态势明显。尤其是汽车制造业近年来发展持续下行，2019年，汽车制造业的增加值增速由2014年的11.8%降至1.8%，整整下降了10个百分点，比同期规模以上工业增加值的增速低3.9个百分点，全年实现的营业收入和利润总额分别比上年下降1.66%、15.3%。同时，多个行业固定资产投资增速回落，通用设备制造业及专用设备制造业投资分别比上年降低6.4%、5.7%，汽车制造业、电气机械及器材制造业投资分别同比下降 1.5%、7.5%。[①]

（二）装备制造业自主创新背景

经过 40 余年的快速发展，中国又走到了一个新的关口，其复杂程度、艰巨程度和敏感程度，丝毫不亚于改革开放。向内看，经济长期高速增长过程中的一系列深层次矛盾不断积聚，经济发展进入新常态，结构调整、动能转换势在必行；发展不平衡、不充分问题日益突出，人民群众对美好生活的向往越发迫切。向外看，国际金融危机阴霾未散，地区冲突频发，极端主义威胁蔓延；新科技革命和产业变革浪潮下的国际竞争形势逼人，逆全球化、贸易保护主义兴起，捧杀唱衰中国的论调此起彼伏。

随着工业技术的进步，全球竞争的激化，信息技术、智能技术以及消费者生活方式的变迁，装备制造业正面临一个前所未有的变革时代。《中国制造 2025》指出："全球产业竞争格局正在发生重大调整，我国在新一轮发展中面临巨大挑战。国际金融危机发生后，发达国家纷纷实施'再工业化'战略，重塑制造业竞争新优势，加速推进新一轮全球贸易投资新格局。"在世界竞争和经济周期下行的形势下，装备制造业发展的首要任务就是技术创新和新产品开发，改变传统的高碳、高能耗的粗放型经济增长方式，向产品智能化、绿色化、数字化转变。[②]

从国际环境看，当前国际产业转移已经进入日用消费品和电子消费品之后的阶段，也就是以装备制造为主的阶段。以美国为首的多个装备制造业强国先后提出"再工业化"战略，如美国先后制定"重振美国制造业框架""先进制造业国家战略计划"，欧盟国家提出"再制造化"，德国推出"工业 4.0"战略，日本提出"重振制造业"的战略目标，法国先后提出"新工业法国""未来工业"的国家战略。[③] 它们努力抢占 21 世纪先进制造业制高点，涉及智能装备、机器人、3D 打印等多个装备制造领域，以此来

---

① 宋歌：《以工业互联网助推中国装备制造业高质量发展》，《区域经济评论》2020 年第 4 期，第 100～108 页。
② 谭元发、殷英：《经济转型时期装备制造产业 3DCE－NPD 协同应用与实践》，《再生资源与循环经济》2019 年第 2 期，第 25～29 页。
③ 孙柏林：《中国装备制造业及其高质量发展的对策建议》，《电气时代》2019 年第 2 期，第 13～17 页。

抑制中国的进一步发展。此外，俄罗斯、巴西和印度等新兴经济体和发展中国家，也在加速发展具有比较优势的产业和技术，并推出种种优惠政策以承接先进发达国家的制造业转移。这种发展趋势对中国形成"前狙后追"局面，给中国高端装备制造业成长带来严峻挑战。

二　装备制造行业中央企业自主创新活动

装备制造行业的自主创新活动主要体现在两个方面：一是装备制造与数字经济的深度融合；二是装备制造行业高端化发展。装备制造行业与数字经济深度融合正成为推动装备制造行业加快实现质量效益提高、产业结构优化、发展方式转变、增长动力转化的有力保障，使我国装备制造行业在高质量发展阶段重新焕发生机和活力；而装备制造行业高端化发展能够保证我国在未来的国际环境下占有有利地位，提升国家综合实力。

（一）　数字化融合发展

创建数据驱动型企业可以为面向未来的企业打通综合创新之路。为此，中国航天科工集团有限公司（以下简称"航天科工"）战略性地选择了顺应时代潮流、跟上时代步伐，创建数据驱动型企业的综合创新之路。综合创新的顶层架构是确定企业的"信息化、社会化、市场化、国际化"发展方向；中间操作层面的创新载体是"五个新一代技术"，即新一代武器装备技术、新一代航天发射技术与应用、新一代信息技术及应用、新一代装备制造技术、新一代材料与工艺技术；"四项支撑性基础技术"即微系统基础技术、信息安全基础技术、智能制造基础技术、智慧产业基础技术；"两个重点领域"即人工智能与量子技术；"一个新业态体系建设"即制造与服务相结合、线上与线下相结合、创新与创业相结合等实际运行的业务；基础支撑是内部专有云平台、社会公共云平台、智慧企业运行平台建设与运行。

航天科工实现"信息化"的创新目标是运用信息化的方法、工具、手段，研制生产信息化的产品、提供信息化的服务。换言之，未来的航天科工既要加工和提供实物产品，又要加工和提供信息产品。为了实现这个目标，必须根据存在于实体世界中的航天科工各种要素，数字化地复制出一个虚体世界中的航天科工，二者形影不离、相互映衬，形成企业适应信息经济时代创新发展的核心竞争力——让比特与原子共同发挥作用，将实体世界的需求转化为虚体世界的最优解决方案，指引企业在实体世界中以最经济、最有效的方式与途径提供解决方案。

社会公共云平台——航天云网作为我国唯一的提供智能制造、协同制造、云制造公共服务的云平台，技术上与西门子公司的 MindSphere 云平台、通用电气公司的 Predix 云平台处于同一水平，但平台功能和应用场景更为丰富，推广应用的速度与成效优势明显。航天云网从设立之初就确定了如下发展路径：搭建工业领域的云平台，从打造云制造产业集群生态起步，先把分散在全国各个市场主体处的资源配置与业务流程优化工作放在中心地位，从省钱、赚钱、生钱三个层次逐步递进，配合中国工业企业的逐步转型，沿着"自上而下逐步深化"的路径，最终实现从云制造到协同制造、从协同制造到智能制造的逆袭，实现与德国模式、美国模式殊途同归的目标。航天云网作为全球首批工业互联网平台始终坚持这一发展理念，交出了一份令人欣慰的答卷，初步验证了具有中国特色"自上而下逐步深化"工业互联网发展路径的科学性、合理性。

航天云网采用 INDICS + CMSS，即工业互联网空间（Industrial Internet Cloud Space）+云制造支持系统（Cloud Manufacturing Support System）搭配，目标是构建和涵养以工业互联网为基础的云制造产业集群生态，兼容智能制造、协同制造和云制造三种现代制造形态，运用大数据和人工智能技术以及第三方商业与金融资源，服务于制造业技术创新、商业模式创新和管理创新。其内在商业驱动力为"3M"，即省钱（to save money）、赚钱（to get money）、生钱（to make money）；其内在商业逻辑是促进技术创新、商业模式创新与企业管理创新关联互动，推动企业转型产业升级。其中，云制造支持系统主要包括工业品营销与采购全流程服务支持系统、制造能力与生产性服务外协与协外全流程服务支持系统、企业间协同制造全流程支持系统、项目级和企业级智能制造全流程支持系统等四个方面，采用"一脑一舱两室"即企业大脑、企业驾驶舱、云端业务工作室、云端应用工作室的业务界面提供用户服务，企业大脑为科学决策层提供支撑和服务，企业驾驶舱为企业经营层管理提供服务，云端业务工作室为产供销集群化业务及周边业务服务提供支撑，云端应用工作室为定制、设计、研发、试验及售后技术服务提供支撑。

目前，航天云网云端注册企业有 276 万余户，分布于全球 202 个国家和地区，发布协作与采购需求金额达 5763 亿元，平台成交金额超 3100 亿元；INDICS 国际云平台境外发布需求超过 51 亿美元，国际成交金额达 10 亿美元；有 92 万台设备接入云平台，36 万台设备在线。[1] 航天云网 App 以云制造支持系统为载体，全面支撑智能制造、协同制造、云制造三类制造，可面向制造全产业链提供生产全要素、全流程、全生命周期的 App 支持，提供各类工业服务和解决方案。目前，航天云网 App 总数为 1526 个。[2]

（二）　大力实施人才战略

创新发展装备制造业，根本还是靠人才。在各行各业中，行业创新活力的最主要影响因素是人才的活力。虽然随着技术的不断变革，我国技术发展逐渐进入高端化、数字化、智能化，但是这些都不能够代替人才在装备制造行业中的重要作用。现在装备制造行业人才队伍建设同发展要求相比还有很大差距，高端领军人才匮乏，结构不合理，人才培养投入不足，特别是装备制造业人才主要以高技能人才为主。因此，企业要实施科学的人才战略，保证源源不断的创新动力。

1. 中国兵器装备集团有限公司[3]

提出全面推进人才领先战略，在确保用工规模零增长的前提下，着力人才队伍结构优化，大力实施"人才倍增"计划，以职业化、市场化、专业化、国际化为方向，以价值创造为核心，以实施重大人才工程为抓手，

---

①　中国航天科工集团有限公司：《中国航天科工集团有限公司 2018 年企业社会责任报告》，2019 年 7 月 30 日。

②　《航天科工高红卫：走中国特色工业互联网道路》，国务院国资委官网，http://www.sasac.gov.cn/n2588025/n2641611/n4518437/c9104179/content.html，2018 年 6 月 8 日。

③　中国兵器装备集团有限公司官网（http://www.csgc.com.cn/）。

以创新体制机制为保障，培养造就一流的人才队伍，打造超越领先的人才竞争力，为集团改革发展提供坚强的人才保障和智力支撑。

从两个方面出发，一是提升人才资本质量。不断推动人才资源开发由量的扩展转变为质的提升。以能力建设为核心，加快优秀企业家、科技和技能领军人才、国际化人才、专业精英等人才的素质提升和能力转型；坚持人才队伍结构和产业产品结构同步调整，构建人才与产业良性互动发展格局；更加注重以集团特聘专家、集团首席科技专家、集团科技带头人、集团技能大师、集团技能带头人等高端人才培养与开发为引领，统筹推进各类人才队伍的整体开发；持续加大人才资本投入，不断提升集团人才竞争力。二是提升人才价值创造活力。积极探索新经济时代的人力资源管理，全面释放人才活力，提升人才的价值创造力。以深化三项制度改革为动力，创新人才工作机制，完善以体现人才价值为导向的薪酬激励机制，推行市场化配置的选人用人机制，创新职业发展和教育培训有机联动的人才培养开发机制；着眼于提高人才工作科学化水平，构建人才竞争力评价体系；建立集团人力资源信息管理系统，实现人力资源管理效能的全面提升。

同时，加强人才培养。一是大力推进院士后备人选等人才培养计划，确定 4 名院士后备人选，召开院士工作小组第一次会议，研究确定 2019 年个性化针对性培养方案。二是组织举办中国技能大赛——中国兵器装备集团有限公司第八届职业技能竞赛，开展汽车装配工和火炮装试工两个工种竞赛活动，以赛促学、以赛促训，为技能人才提供比学赶超、展示技能的舞台。三是组织实施"能工巧匠"培养计划，举办第二届高技能人才论坛，加强集团各企业间同一工种高技能人才的交流互动，推动知识型、技能型、创新型技能人才队伍建设。四是着眼集团转型升级和智能制造水平提升需求，制订智能制造种子人才培养计划，确定种子人选、形成培训方案，开展首期培训。五是进一步加强高端人才政治引领和政治吸纳，举办高端人才党情国情培训班。

除此之外，中国兵器装备集团有限公司还创新人才评价选拔机制。一是坚持开展集团领军人才选拔，重点选拔在重大科技创新和技术进步上做出突出贡献、带来显著经济效益的人才团队，发挥示范引领作用。全年共选拔首席科技专家 4 人、技能大师 3 人、科技带头人 24 人、技能带头人 15 人、青年科技拔尖人才 28 人、青年技能拔尖人才 11 人。二是根据中央职称改革精神，研究修订《专业技术职务任职资格评审工作管理办法》，明确评价导向、细化评价标准、实施分类评价，2018 年首次开展正高级经济师、正高级会计师评审工作，进一步畅通专业技术人才职业发展通道。三是开展 2017 年度企事业单位人才竞争力评价工作，优化评价体系，实施对标管理。

计划到 2020 年，实现高端人才增 1 倍、人才投入增 1 倍，力争人才效能增 1 倍，造就规模匹配、结构合理、素质优良的战略性一流人才队伍，构建科学高效的现代人力资源管理体系，集团人才竞争力显著增强，在国内外同类企业集团中具备较强的人才比较优势，为建设世界一流军民结合型企业集团奠定坚实的人才基础。

2. 中国航空工业集团有限公司

中国航空工业集团有限公司（以下简称"航空工业"）坚持人才是第一资源的理念，把人才队伍建设作为企业发展壮大、追求卓越、基业长青的全局性、战略性和基础性工作。认真学习贯彻党的十九大精神，坚持以人民为中心的发展思想，大力实施"人才强企"战略，不断深化人才工作体制机制改革，以最大限度地激发人才的创新创造活力，聚天下英才而用之，为建设新时代航空强国提供坚强的人才支撑。

航空工业的人才工作目标是培养造就一支数量充足、结构合理、素质精良、能力突出的人才队伍，逐步实现高端人才队伍不断壮大、人才队伍结构持续优化、人才创新机制逐步完善、价值创造能力明显提升，有力支撑集团公司改革发展，最终实现组织、事业、员工共同发展。

在人才结构方面，航空工业有员工逾 42 万人，平均年龄为 36.2 岁。其中 35 岁及以下 22.7 万人，占在岗职工的 53.4%；36～45 岁 10.4 万人，占24.5%；46～55 岁 8.1 万人，占 19.1%；55 岁以上 1.3 万人，占 3.1%（见图 7-2）。

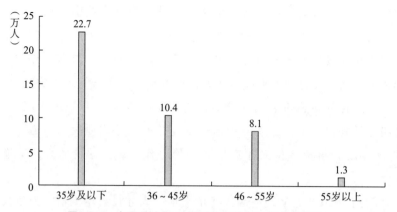

图7-2 中国航空工业集团有限公司员工年龄结构

资料来源：中国航空工业集团有限公司官网（http://www.avic.com.cn/cn/rcqp/rcln/rcjg/index.shtml）。

航空工业共有经营管理人员7.6万人，占在岗职工的17.9%；专业技术人员12.0万人，占在岗职工的28.2%；工勤技能人员22.9万人，占在岗职工的53.9%（见图7-3）。

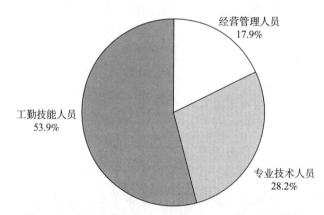

图7-3 中国航空工业集团有限公司员工岗位分类结构

资料来源：中国航空工业集团有限公司官网（http://www.avic.com.cn/cn/rcqp/rcln/rcjg/index.shtml）。

在人才政策方面，航空工业围绕建设新时代航空强国的战略使命，坚持面向全体员工、面向核心骨干、面向重点群体，完善选人用人机制、完善考核评价机制、完善激励约束机制，以深化人才发展体制机制改革为核心，以落实重大人才举措为抓手，以发挥人才作用为目标，使全体干部职工的积极性、主动性、创造性得以充分发挥，使领军人才的行业引领作用得以充分发挥，使核心骨干人才对本单位的支撑固本作用得以充分发挥，最终达到人才发展的横向全覆盖、纵向全打通。努力形成人人渴望成才、人人努力成才、人人皆可成才、人人尽展其才的良好局面，让各类人才的创造活力竞相迸发、聪明才智充分涌流，确保在实现航空梦、强军梦、中国梦的同时，个人也能够实现幸福梦。

3. 中国中车集团有限公司①

中国中车集团有限公司（以下简称"中国中车"）的人才战略如下。第一，中车驰骋，人才牵引。速度和质量彰显品牌形象。在中国中车驰骋全球、建设世界一流跨国公司的征程中，人才发挥着不可替代的牵引驱动作用。中国中车勇立潮头、与时俱进，以高质一流的人才工作引领企业永续发展。第二，创新发展，人才至上。创新是驱动中国中车转型升级、跨国经营的根本力量，创新驱动的实质就是人才驱动。把人才提升到第一资源乃至唯一资源的认识高度，识才、爱才、敬才、用才，尤其重视引揽、选拔、开发、激励创新型人才。第三，价值分配，人才唯先。人才是价值创造的力量源泉，价值分配应当把人才放在首位。不断丰富和完善人才激励机制，全力创造价值、科学评价价值、合理分配价值，让人才资本的价值链管理切实发挥出功效，充分调动人才的积极性和创造性。

实施"6116"人才工程。到"十三五"末期，高级职业经理人达到600名以上，国际化人才达到10000名以上，核心技术人才达到10000名以上，核心管理人才达到6000名以上。

建立人才内生机制，实施"全球引智"项目，大力推进人才市场化选聘，创新实施校园招聘，建立管理培训生制度。强化高端人才培养，推进中国工程院院士培养工作，畅通对接"政府特殊津贴""詹天佑铁道科学技术奖""茅以升铁道工程师奖"等，加快轨道交通装备领域领军人才培养，提高专业人才行业影响力。

在人才培训方面，中国中车围绕打造"人才高地"主线，着力推进实

---

① 中国中车集团有限公司官网（http://www.crrcgc.cc/）。

施人才培训开发"3533"工程，围绕培训量能、人才育成、体系建设三大目标，聚焦职业经理人、国际化人才、核心技术人才、核心管理人才、核心技能人才五支队伍，建设培训管理、培训课程、培训师三大体系，搭建中车大学、企业培训基地、外部培训资源三大资源平台。全面建立企业培训管理体系，依据ISO10015国际培训标准，构建形成"源于标准，高于标准，具有特色"的培训管理体系。培训管理体系文件包括一个管理手册、8个程序文件、7个管理办法和48个记录表单。培训管理体系是中国中车战略人才管理体系重要组成部分，有效助推中国中车培训管理"规范化、系统化、一体系、信息化"的全面落实。

企业只有不断完善人才激励机制，大力引进领军人才和紧缺人才，才能够为推动我国从制造大国向制造强国转变提供人才保障和战略支撑，提升我国装备制造业的创新能力。

三 装备制造行业中央企业自主创新影响因素

（一） 政府层面

1. 鼓励创新，加大对外开放

近年来，我国装备制造企业发展迅速，对外投资合作力度加大，这离不开各级政府的鼓励与支持。从国家层面来看，国家实行积极的对外开放战略，深入推进"一带一路"建设和亚投行发展壮大等，不断扩大对外开放和外资合作的领域。《外商投资产业指导目录》不断修订，对外商直接投资逐步放宽，轨道交通设备制造、摩托车制造等领域的外资准入限制已取消。此外，国务院发布的《关于扩大对外开放积极利用外资若干措施的通知》，同样鼓励外商投资制造业。如广东举办中美机器人产业合作交流活动，组织企业赴欧美日韩等地举办先进装备制造业对接交流活动，实地考察韩国、日本、中国台湾等国家和地区的行业领头企业；辽宁组织中德制造业合作论坛；山东装备制造业外企投资大幅增加；天津以中欧先进制造业产业园为载体招商引资，吸引装备制造企业落户；等等。

从对外直接投资来看，装备制造业对外投资额迅猛增长，投资地区主要集中于美国、德国、意大利等装备制造强国，前三大投资行业分别为仪器仪表及文化、办公用机械制造业，汽车制造业，轴承、齿轮传动和驱动部件的制造业。据商务部统计数据，我国装备制造业对外直接投资额在2016年达178.60亿美元，同比增长150.00%，占同期总投资额的10.50%；境外并购案例中，美国、德国和意大利分别有24起、10起和9起，占全部投资案例的49.43%。① 大量的外资外商进入市场，一方面有利于对外国先进技术的引进，促进技术的国际交流；另一方面加剧了产品的竞争，更有利于激发市场的创新活力。

从地方政府的层面来说，各地也加大对装备制造业的对外开放力度。2018年，制造业是中国对外直接投资第三大产业，当年投资流量为191.1亿美元，同比下降35.2%，总体降幅较大。其中流向装备制造业的投资为114亿美元，同比增长3.4%，占制造业投资的59.7%。②

2. 打造核心技术，加强知识产权保护

从政府层面，引导装备制造业基础领域的研究，为先行者提供激励也是鼓励装备制造行业自主创新的重要影响因素。政府加大对基础领域的研发支持，鼓励企业在基础零部件等领域进行研发，加强自主技术的创新，如汽车发动机领域的燃油喷射、燃烧控制、电子控制等。基础领域的自主创新能够有效解决当前我国装备制造业增加值率较低、高端产品供给不足、核心零部件受制于人、创新发展潜力未充分发挥、与国外发达国家还存在一定的技术差距等问题，为我国装备制造业高端化发展提供牢固的基石。在支持装备制造业基础领域发展的过程中，政府应该甄别出当地使用较多但当前还在进口的装备制造产品或关键零部件并进行着重发展，以弥补行业产业链缺陷。具体措施可为：鼓励企业积极去海外并购相应装备制造企业，或去德国、日本、法国等装备制造强国设立研发中心和品牌运营中心，进而提升品牌、研发和运营等方面的能力；通过海外技术引进、构建协作

---

① 惠利：《新时代背景下我国装备制造业发展对策研究》，《西部论坛》2018年第5期，第50~61页。

② 《2019年中国对外投资发展报告》，商务部官网，http://images.mofcom.gov.cn/fec/202005/20200507111104426.pdf，2020。

平台等方式吸收先进技术；通过购买专利等方式，消化吸收先进技术以解决相关瓶颈与障碍。[①]

核心技术的突破对于行业发展固然重要，但要想使装备制造业的自主创新能力长期化、可持续化同样也离不开政府对知识产权的保护。对于装备制造行业来说，企业的盈利绝大部分就是来自技术壁垒，只有拥有完善的知识产权保护体系，才能够让企业大胆地投入以追寻新的、更高端的技术，才能够有效地防止"搭便车"现象的出现。

（二）企业层面

1. 加强海外技术引进和自主创新技术发展

由于历史等多重因素的影响，我国的高端装备制造业长期处于追赶型产业的状态，现有的技术和附加值水平比发达国家同类产业低。对于装备制造行业的自主创新来说，不但政府要支持相关企业到海外并购同类产业中拥有先进技术的企业，作为技术创新、产业升级的来源；企业也应该从自身的层面出发，加强对海外技术的引进以及对自主创新意识的培育，以增强自身在行业中的比较优势和竞争实力，使自身在行业的发展中逐渐占据优势地位。除此之外，有实力的中央企业还应该在海外直接设立研发中心，直接利用国外的高端人才来推动技术创新。

2. 大力发展智能制造

人工智能是未来社会的发展趋势，装备制造与人工智能的深度融合将成为装备制造业变革的重要方向。新一代信息通信技术与制造业融合发展，是新一轮科技革命和产业变革的主线。因此，从企业的层面来说，应该着力探索和发展智能制造，来增强自身在未来发展中的核心竞争力，提高自身的自主创新能力。智能制造的本质就是工业化与信息化的深度融合，智能的本质就是数字化技术的灵活应用、广泛链接与自主学习能力的不断提升，制造的本质就是把设计变成产品，把虚拟变成现实。通过制造智能化，企业能够显著降低成本，提高生产质量、生产灵活性和生产效率，缩短对

---

① 惠利：《新时代背景下我国装备制造业发展对策研究》，《西部论坛》2018 年第 5 期，第 50 ~ 61 页。

客户和市场需求的响应时间，开创全新的业务领域。中国把智能制造作为实现新兴产业培育发展与传统产业改造升级有机结合的最佳途径，作为实现制造强国目标的主攻方向和突破口。主要涉及智能化的产品、装备、生产、管理和服务，主要载体是智能工厂和智能车间。通过信息物理系统将集数据、通信与控制于一体，使得人、机、物真正融合在一起，通过全面交互和实时反馈实现对生产过程的精准化管理，极大地提高了生产效率。从中央企业的角度来讲，不断地发展智能制造实质上就是促进企业不断地自主创新、升级改造以适应时代的需求。

3. 产业层面

产业集聚一方面能够促进装备制造业和区域经济的发展，另一方面能够增进企业间交流、加快技术在企业间的流动速度，促进自主创新能力不断提升。我国装备制造业的中央企业均为国有的大型企业，占据在城市一方，这些企业的存在使行业中许多同质的中小企业向其靠拢聚集，逐渐形成了产业集群，协同发展，这是市场作用的自然结果。产业集群的形成自然伴随着基础设施的完善、人才培训的丰富、营商和法制环境处于良好向上的发展趋势。由此，国外的高端装备制造企业应该有很高的积极性到国内设厂，以满足我国不断扩大的需求，并以我国为基地生产产品供应世界各地的市场。这一系列的发展都有利于进一步促进中央企业的产业升级和自主创新能力提升。

除此之外，产业的集聚有利于形成完整的产业链条，企业上下游联动升级。一方面，中央企业通过互联网与装备制造业深度融合实现转型升级；另一方面，中小企业可以共同出资、联合攻关，承接起中央企业上下游企业的任务，形成完整的产业链共同升级创新。遵循装备制造业配套企业多的特点，促进装备制造业及其配套产业深化分工、密切合作，鼓励企业以资产为纽带强强联合，共同打造区域或行业的知名品牌。

四　装备制造行业中央企业自主
创新模式与特点

（一）行业发展运行总体稳中有进

近年来，我国装备制造业发展迅猛。2010年，中国装备制造业产值跃居世界首位，占全球的比重超过 1/3，标志着中国成为全球第一装备制造业大国。从国内看，2014 年以来，中国装备制造业增加值占规模以上工业增加值的比重均保持在 30% 以上，并由 2014 年的 30.4% 增至 2019 年的 32.5%，呈稳步增长态势，且增速均高于同期规模以上工业增加值的增速，其中，2017 年，装备制造业增加值的增速高于规模以上工业 4.7 个百分点；2014～2018 年，中国装备制造业实现的营业收入占规模以上工业营业收入的比重以及装备制造业企业数量占规模以上工业企业数量的比重同样逐年增长，尤其是前一比重在 2018 年增至 42.9%，比 2014 年高出近 10 个百分点。①

从细分行业看，我国在电力装备、工程装备、轨道交通装备、船舶装备等行业均具有一定的产业基础，而且颇具优势。我国电力装备的制造总量约占全球总量的 61%，造船工业产量占全球总量的 41%，机床产量占全球总量的 38% 以上。② 从竞争实力看，我国电力装备制造业已形成相对完整的产业链，加工制造能力强，价格优势明显。从技术水平来看，以拥有自主知识产权的大型发电成套装备、特高压输变电成套装备、智能电网成套装备等为代表的电力装备已达到国际领先水平，在大型发电机组、特高压输变电设备领域取得重大突破，发电、输变电设备的技术水平与国际水平相差无几，支撑了大批国家重点工程建设。在工程装备制造方面，我国工程装备产品出口稳步提升，产品结构从中低端向中高端逐步转移，产品质量大幅提升，产品系列、成套设备出口比例逐渐上升，工程装备制造企业海外并购迅速增长。以高铁技术为核心的轨道交通装备、以核电技术为代表的清洁能源、可再生能源装备等，已成为我国装备制造业参与国际经贸合作、制定区域经济发展战略的热点和亮点。我国装备制造业当前正从低品质、低附加值向高品质、高附加值转型。

（二） 装备制造行业高端化发展

近年来，我国部分装备制造行业国际竞争优势显著增强，部分高端行

---

① 宋歌：《以工业互联网助推中国装备制造业高质量发展》，《区域经济评论》2020 年第 4 期，第 100～108 页。
② 惠利：《新时代背景下我国装备制造业发展对策研究》，《西部论坛》2018 年第 5 期，第 50－61 页。

业增长迅速，一些重大装备制造产品已经达到或接近国际前沿水平。如高铁、电力装备、工程机械、电子信息产品、船舶已成为我国制造的新名片。神舟十号载人飞船、北斗卫星导航系统、高铁装备、高压输变电装备、万米深海石油钻探装备、"蛟龙"载人潜水器、歼－15战斗机、超级计算机、百万千瓦级超临界火电机组等国内高端装备创新成果丰硕，"蓝鲸1号"在南海成功试采可燃冰，C919大型客机、AG600水陆两栖飞机成功首飞。这些不仅仅是国家的成就，也是装备制造业中央企业在自主创新中取得的成就。① 我国装备制造业的中央企业不断地由低端化向高端化方向发展，增加产品的附加值，努力寻求转型升级的合理发展路径。

（三） 完善技术创新体系，创新科研管理机制

为了提高装备制造业的自主创新能力，中央装备制造企业在国内成立了包括国家级、省级以及公司级的各种研究院所等研发机构，部分企业还在海外设立了研发机构，以便于充分学习与借鉴国外先进技术，将国外先进的技术和工艺消化吸收并实现再创新。另外，大多数的中央企业还形成了完整的研发体系。例如，东风汽车集团有限公司现行的研发机构是总部统一协调指导，以东风汽车集团有限公司技术中心和东风商用车技术中心为核心主体，各子公司研发机构协同运作的复合开放式研究开发体系。可归纳为三层次组织结构，即科技决策（公司科学技术委员会）、科技管理（公司科技工程部）、研发实体（以东风汽车集团有限公司技术中心、东风商用车技术中心为核心主体，包括各控股子公司和合资子公司的技术中心、专业研究所）。坚持自主创新与开放合作相结合，自主研发能力实现了大幅提升，产品和技术综合实力居国内汽车行业前列，部分处于领先水平。"十二五"期间，自主品牌乘用车实现了从单一车型到全系列的跨越；商用车领域实现了"重、中、轻"全面升级换代；新能源汽车领域，掌握了"三电"关键技术；军用越野车领域，按照部队要求开展了全系列猛士车型的拓展；核心零部件、装备技术取得了突破；合资企业本土化研发能力大幅

---

① 惠利：《新时代背景下我国装备制造业发展对策研究》，《西部论坛》2018年第5期，第50～61页。

提升。

五　装备制造行业中央企业自主创新绩效评价

装备制造行业作为我国经济发展的战略性行业，对经济发展有着突出的贡献。装备制造行业的中央企业以航空航天、船舶装备制造、军工装备制造、交通运输装备制造等为主，这些行业大多数属于重工业型行业，是国家各行业的基石，掌握着国家的经济命脉。随着《中国制造2025》的提出，我国大力鼓励发展制造业，其中最为主要的就是装备制造业。装备制造业的中央企业也充分抓住了这次机遇，在国家政策的支持和引导下，不断追求突破与创新。

装备制造行业中央企业创新成就的取得既离不开国家政策的支持，也与企业的自身努力紧密相连。2019年，装备制造行业中央企业不断创新科研管理机制，为开展技术创新活动提供了强有力的技术支持；注重人才的引进战略，努力开发具有自主知识产权的核心产品与关键技术；探索协同发展模式，运用集群效应促进再创新；积极开展国际合作，将所生产的高端装备制造产品打入了国际市场。

在总结成就的同时，我们也应该清楚地看到装备制造行业的创新仍存在一些不足。中国装备制造行业的核心竞争力普遍不强，很多产业的高端环节被外资牢牢控制，关键零部件和核心技术方面同样受外资所控制，中低端产能过剩、竞争激烈。因此，装备制造行业中央企业只有不断夯实创新基础，从企业创新投入、人才培养等各方面建立起自主创新的意识，国内装备制造行业的创新体系才有望尽快完善起来，成为行业发展的助推器。

第八章
能源化工行业中央企业
自主创新

中国天然气储备量不足，化石能源以石油和煤炭为主，石油排在首位。目前，中国的能源化工行业已经形成以中国石油天然气集团有限公司（以下简称中国石油）、中国石油化工集团有限公司（以下简称中国石化）、中国海洋石油集团有限公司（以下简称中国海油）、中国中化集团有限公司（以下简称"中国中化"）、中国化工集团有限公司（以下简称"中国化工"）、中国化学工程集团有限公司（以下简称"中国化学"）六强争雄的格局。

一　能源化工行业中央企业自主创新背景

（一）石化中央企业自主创新背景

石化工业是国民经济的重要支柱产业。"十三五"时期（2016～2020年）是我国全面建成小康社会最后冲刺的五年，也是石化工业加快转型升级、我国由石化工业大国向强国迈进的关键时期。"十三五"规划和新一轮工业革命不期而遇，我国石化行业要抢占新一轮产业竞争的制高点，加快实现由大变强。石化行业是传统大行业，在我国工业经济中占有很大比重，是中国制造的重要组成部分。我国石化工业存在的部分传统行业产能过剩、结构性短缺矛盾突出、工程化创新能力不足、产业布局集约化水平不高、安全环保节能水平有待提升等五大问题需要解决。"十三五"时期是我国石化工业转型升级、迈入制造强国的关键时期，行业发展面临的环境严峻复杂，有利条件和制约因素相互交织，增长潜力和下行压力同时并存。

从国际看，世界经济复苏步伐艰难缓慢，国际金融危机的冲击和深层次影响在相当长时期依然存在，贸易保护主义升温。美国大规模开发页岩气、页岩油，伊朗重返国际原油市场，化石能源替代技术快速发展给国际油价回升带来较大不确定性。中东、北美等低成本油气资源产地的石化产能陆续投产，全球石化产品市场重心进一步向东亚和南亚地区转移，部分石化产品市场竞争更加激烈。同时，"一带一路"倡议的深入实施，为国内企业参与国际合作提供了新的机遇。

从国内看，随着新型工业化、信息化、城镇化和农业现代化加快推进，特别是《中国制造2025》、京津冀一体化、长江经济带建设等的全面实施，我国经济将继续保持中高速增长，为石化工业提供广阔的发展空间。战略性新兴产业和国防科技工业的发展，制造业新模式、新业态的涌现，人口老龄化加剧以及消费需求向个性化、高端化方向转变，急需绿色、安全、高性价比的高端石化产品。同时，我国经济发展正处于增速换挡、结构调整、动能转换的关键时期，石化工业进入新的增长动力孕育和传统增长动力减弱并存的转型阶段，行业发展的安全环保压力和要素成本约束日益突出，供给侧结构性改革、提质增效、绿色可持续发展任务艰巨。

（二）煤化工中央企业自主创新背景

中国产业信息网发布的《2015～2020年中国煤化工行业市场全景分析与投资战略研究报告》指出：我国传统煤化工产品生产规模均居世界第一，合成氨、甲醇、电石和焦炭产量分别占全球产量的32%、28%、93%和58%。传统煤化工产品处于阶段性供大于求状态，产能均有一定的过剩，主要是结构性过剩。据不完全统计，2013年至2015年5月，获得国家发改委路条的煤化工项目共计22个，总投资达5000亿元，而各地上报国家发改委欲获得路条的煤化工项目达104个，总投资额更是高达2万亿元。"十三五"期间，若按照拟、在建项目计算，总投资会达到1.56万亿元。将要消耗的煤炭、水资源巨大。目前，已经获得核准或同意启动前期工作的项目有18个，产能合计740亿立方米，总投资约为4630亿元；获得国家发改委核准或者同意启动前期工作的项目有7个，产能合计为 1390 万吨，总投资约为 1480 亿元；拟在建项目多达 53 个，产能合计为 3366 万吨，总投资约为 9000 亿元。①

2015 年现代煤化工取得了一系列进展：甲醇制取低碳烯烃技术获得国家技术发明奖一等奖，延长石油集团煤油共炼示范项目试车成功，首个百万吨级煤间接制油项目投产，首套煤制乙二醇装置达标达产；等等。同时，煤化工行业不但面临高油价、高赋税的挑战，更承受着巨大的环保压力。一批项目被挡在了环保门槛之外，而整个产业也将因此重新洗牌。相关产业政策也陆续出台：环保部发布现代煤化工项目环境准入条件，国家能源局出台煤炭深加工示范工程标定办法，国家能源局发布煤炭清洁高效利用行动计划；等等。②

石化产品是国民经济发展的重要基础原料，市场需求巨大，但受油气资源约束，对外依存度较高。2015 年，原油、天然气、乙烯、芳烃和乙二醇对外依存度分别高达 60.8%、31.5%、50.4%、55.9% 和 66.9%。我国煤炭资源相对丰富，采用创新技术适度发展现代煤化工产业，对保障石化产业安全、促进石化原料多元化具有重要作用。

经过多年努力，我国现代煤化工技术已取得全面突破，关键技术水平已居世界领先地位，煤制油、煤制天然气、煤制烯烃、煤制乙二醇基本实现产业化，煤制芳烃工业试验取得进展，成功搭建了煤炭向石油化工产品转化的桥梁。但是，目前产业整体仍处于升级示范阶段，尚不完全具备大规模产业化的条件，系统集成水平和污染控制技术有待提升，生产稳定性和经济性有待验证，行业标准和市场体系有待完善，且存在不顾生态环境容量和水资源承载能力、盲目规划建设现代煤化工项目的势头。针对存在的问题，迫切需要加强科学规划、做好产业布局、提高质量效益，化解资源环境矛盾，实现煤炭清洁转化，培育经济新增长点，进一步提升应用示范成熟性、技术和装备可靠性，逐步建成行业标准完善、技术路线完整、

---

① 《2015 年中国煤化工行业发展概况》，北极星大气网，http://huanbao.bjx.com.cn/news/20151222/694073.shtml，2015 年 12 月 22 日。

② 《中国煤化工 2015 年度十大新闻》，东方报警官网，http://www.hrbeast.com/info－detail/info1347.htm。

产品种类齐全的现代煤化工产业体系，推动产业安全、绿色、创新发展。①

二 能源化工行业中央企业自主创新活动

（一）石油化工行业中央企业自主创新活动

1.中国石油自主创新活动

（1）实施创新驱动工程，加快转换发展动能。

加强科技创新，集中优势力量开展重大科技攻关，建立特色鲜明、要素集聚、活力迸发的技术创新体系。推动管理创新，构建国际先进的管理制度、业务流程和管理标准，建立权责清晰、协调配合、有效制衡的公司治理体系。激发创新活力，发挥科技管理平台在科技需求集中评价、项目决策方面的作用，不断提高科技研发质量和效率。

（2）确立创新发展目标。

以习近平新时代中国特色社会主义思想为指导，深入贯彻党的十九大精神和新发展理念，紧紧围绕全面建成世界一流综合性国际能源公司的目标，坚持党对科技工作的领导，坚持实施创新战略，坚持业务主导、自主创新、强化激励、开放共享，加快突破关键核心技术，加快推进体制机制改革，加快建设一流人才队伍，加快营造开放创新生态，大力提升创新能力和竞争能力，驱动集团公司高质量发展，为我国建设世界科技强国贡献石油力量。为此，中国石油确立的主要工作目标如下。

到2021年，加快推进科技创新取得明显成效，在国家油气创新体系中的主导地位更加巩固，一批制约当前业务发展的技术瓶颈问题得到解决，数字化转型取得明显成效，陆上常规油气勘探开发及管道总体技术水平保持国际领先，炼油化工主体技术、油气工程技术努力达到国际先进水平，深层、深水油气勘探开发和新能源技术进步明显，全面建成国际知名创新型企业。

——新研发形成20项以上重大核心配套技术；自动化智能化作业、监

---

① 《现代煤化工产业创新发展布局方案》，工业和信息化部官网，http://www.miit.gov.cn/n1146295/n1652858/n1652930/n3757017/c5548048/content.html，2017年3月27日。

测与控制及抗高温元器件等高端技术与装备攻关取得重大进展，新形成20项以上重大装备软件产品，关键工程技术与重大装备替代率达到80%以上；部分新能源技术、跨越式颠覆性技术取得阶段性新突破。

——专利结构更加优化、专利质量不断提高，年均申请发明专利2000件以上；国际标准制定从被动跟踪走向部分领域引领，年均制修订国家行业标准80项以上、国际标准2项以上。

——网络信息技术应用迈上新台阶，大数据、云计算、物联网、人工智能等信息技术与油气主业紧密融合，形成一批战略性新业务新业态，网络安全防护体系更加完善，建成"共享中国石油"。

——科技创新体系更加完备，科技改革深入推进，科技投入持续加大，研发布局不断优化，研发组织体系协同高效，基础条件平台进一步完善，科研要素流动、科技成果转化更加顺畅，科技人才素质能力稳步提升，开放创新生态初步形成。

到2035年，核心技术整体保持国际先进水平，其中勘探开发、储运技术全面达到国际领先水平，炼油化工技术、油气工程技术全面达到国际先进水平，新能源技术在重点领域实现跨越式发展，数字化转型全面实现。新形成10项以上重大战略性革命性技术，行业科技影响力和规则制定能力大幅提升，科技实力位居中央企业和国际能源公司前列，全面建成世界一流创新型企业。为此，中国石油重点领域科技创新的主攻方向主要包括国内勘探开发业务、海外油气投资业务、炼油化工业务、油气储运业务、工程服务和装备制造、安全生产绿色发展、网络信息技术、新能源和替代能源共八大领域。

面对勘探开发对象日趋复杂、炼化加工资源日益恶劣化等一系列问题，中国石油通过理论创新和技术突破，提高现有资源开发利用效率，探索新的能源开发领域，并发展绿色生产技术，以更负责任的方式为社会提供能源。

（3）科技创新平台与人才队伍建设。

2015年，石油石化污染物控制与处理、石油管材及装备材料服役行为与结构安全两个国家重点实验室获科学技术部批准建设。截至2015年底，集团公司拥有的国家级科技基础条件平台已达 18 个。2017 年完善 47 个、新建 5 个重点实验室和试验基地，完善试验、实验功能 1 项，开发实验、试验新技术新方法 240 项。2018 年投入科研经费 276.98 亿元，完善 54 个重点实验室和实验基地。2019 年底，拥有 82 家科研院所，其中企业科研院所 75 家、国家级研究机构 20 家、公司级重点实验室和试验基地 55 个，涵盖上中下游产业链，支撑并引领集团公司可持续发展。

2015 年集团公司先后建立了 13 个国家级技能大师工作室和 41 个公司级技能专家工作室。现有集团公司技能专家 352 名，企业技能专家 1200 名。2016 年底，集团公司共有中国科学院和中国工程院院士 18 名，享受国务院政府特殊津贴在职专家 451 名，高级技术专家 1490 名，技能专家 328 名，高级技师 5136 人，技师 27221 人；累计建立技能专家工作室 54 个，其中国家级技能大师工作室 14 个。2017 年拥有科研院所 84 家，有公司级高科技术专家 456 人、科研人员 33092 人。2018 年拥有 303 名公司级高级技术专家、30000 余名科研人员。2019 年搭建公司两级人才培育平台，形成了一支以 22 名院士、23 名"百千万人才工程"国家级人选、4231 名两级技术和技能专家、3.1 万名科研人员为主体的科技人才队伍。①

2. 中国石化自主创新活动

深入实施创新驱动发展战略，坚持"石化发展、科技先行"的方针，遵循"紧扣发展、深化改革、强化激励、开放协同"的基本原则，以推进供给侧结构性改革为主线，持续深化科技体制机制改革，加快攻克关键核心技术，强化前沿和新领域技术研究，提升科技创新的支撑和引领能力。

重大关键技术攻关。油气勘探开发技术方面，深化深层碳酸盐岩、深层页岩气地质评价和勘探技术攻关，支撑了顺北油田、川南深层页岩气资源规模扩大以及四川盆地新层系突破；完善塔河碳酸盐岩缝洞型油藏降低自然递减技术，自然递减率有效降低。炼油技术方面，沸腾床渣油加氢示范装置实现长周期满负荷运行；完成固体超强酸 C5、C6 异构化单元技术工

---

① 《2019 企业社会责任报告》，中国石油天然气集团有限公司官网，http://csr.cnpc.com.cn/cnpccsr/xhtml/PageAssets/2019csr_cn.pdf，2020。

业试验。化工技术方面，合成气制乙二醇示范装置实现稳定运行；长链二元酸精制示范装置开车成功。

新产品开发。持续推进高附加值合成树脂关键技术开发，低 VOC 车用聚丙烯、高透低析出塑封聚丙烯等新产品实现工业化生产。开发了双向拉伸聚乙烯专用树脂，在食品复合包装膜等领域推广应用。环保型高刚高韧聚丙烯树脂实现长周期稳定生产。碳纤维抽油杆实现推广应用。

新能源发展。积极利用生物质液体燃料来部分替代化石能源，既可得到所需要的交通运输燃料等能源产品，又能实现对自然环境的 CO_2 零排放。在生物质液体燃料方面，已涉足燃料乙醇、生物柴油，并开始了纤维素乙醇技术、微藻生物柴油技术和生物航煤技术等的研发。成功开发 SRCA 法生物柴油生产技术并完成工业化试验。已与中国科学院在新能源领域开展合作，共同研发微藻生物柴油成套技术；与空中客车公司、东方航空公司开展生物航煤应用的合作，已在杭州炼油厂工业装置上成功生产出合格的生物航煤产品。

所获奖励及专利。2015 年，国家科学技术进步特等奖 1 项，国家技术发明奖二等奖 3 项，中国专利金奖 1 项，中国专利优秀奖 8 项。2016 年，国家科学技术进步奖二等奖 4 项，中国专利金奖 1 项，中国专利优秀奖 9 项。2017 年，申请专利 6830 件，获得授权专利 4239 件；"马永生星"获国际天文学联合会小行星命名委员会批准正式命名；获得国家科学技术进步一等奖 3 项、二等奖 1 项，国家技术发明奖二等奖 2 项，中国专利优秀奖 11 项。2018 年，国家技术发明奖 1 项，国家科学技术进步二等奖 3 项，中国专利银奖 4 项，中国专利优秀奖 4 项。2019 年，国家技术发明奖 1 项，国家科学技术进步二等奖 6 项，中国专利金奖 1 项，中国专利银奖 3 项，中国专利优秀奖 6 项。[①]

3. 中国海油自主创新活动

中国海油坚持创新驱动战略，把科技创新摆在公司发展全局的核心位

[①]　中国石油化工集团有限公司官网（http://www.sinopecgroup.com/group/kjcx/suohuozhunali/）。

置，探索并成功实践了一条从技术引进到引进与集成创新相结合，再到有选择地加大自主创新的高效科技发展道路，逐步构建起具有竞争力的中国海洋石油工业科技创新体系，为公司高质量发展提供不竭动力。

2014年荣获国家科学技术进步特等奖（超深水半潜式钻井平台研发与应用），2017年荣获国家科学技术进步一等奖（南海高温高压钻完井关键技术及工业化应用），获授权专利6200余件，起草和制定国际、国家和行业技术标准720项，在海洋工程、LNG等产业领域占据国内行业主导地位。截至2018年底，公司共荣获国家级科技奖励24项。2019年，获得国家级科技进步奖一等奖、52项省部级科技进步奖以及813项授权专利。聚焦油气主业关键核心技术，中国海油研究形成了中国近海油气藏一系列勘探新认识、新理论与新技术，攻关形成了渤海稠油高效开发、南海深水气田勘探开发、南海高温高压天然气田开发等海上油气田开发关键技术。自主研制一系列深水重大装备、成功研制海上25MW级燃气轮机、ELIS成套高端测井仪器、深水水下连接系统及生产管汇、深水保温输油软管等一批关键核心技术和产品，填补了国内空白，并成功实施国产化。发布两项国际标准，其中《石油与天然气工业——海上固定平台模块钻机规范》是中国石油装备领域第一部国际ISO标准，标志着我国海洋石油工业固定平台模块钻机相关技术已达到国际先进水平。

公司探索并突破海上天然气水合物等前沿技术。2017年5月，依托我国自主研制的"海洋石油708"、保温保压取样装置、随钻测井工具和在线监测系统，中国海油成功获取天然气水合物样品，使我国成为世界上第3个掌握全套取样分析技术的国家，并于当年5月25日成功实施固态流化试采。2018年，公司成立天然气水合物国家重点实验室。目前，公司拥有7个国家级研发机构，即海洋石油勘探国家工程实验室、海洋石油高效开发国家重点实验室、国家能源深水油气工程技术研发中心、国家工业水处理工程技术研究中心、石化工业水处理国家工程实验室、国家涂料工程技术研究中心、天然气水合物国家重点实验室，为自身上中下游一体化发展核心技术攻关和基础研究提供了有力支撑。在2019年第47届日内瓦国际发明展览会上，研究总院（即北京研究中心）开发的"天然气水合物保压岩心船载在线检测装备与技术"荣获本届展览会最高奖项——评审团特别嘉许金奖。其中，评审团特别嘉许金奖仅占总参展项目的1%。该成果已在琼东南取样工程实施中成功应用。[①]

中国海油积极推进数字化转型，努力建设"智慧海油"，利用"互联网＋"技术推动产业转型，采用物联网、大数据、人工智能等新技术改造传统产业，加快推动"智能油田"和"智慧油站"建设。持续打造移动平台，有序开展海上井口平台无人化改造项目，建设智能油田。以海上油气开发、生产业务流程为主线，在自动化数据采集和控制、海上通信能力提升的基础上，建成全面感知能源物联网，实现油藏管理、采油工艺、地面工程、生产运营业务的整合和持续优化。开发天然气和成品油电商平台，实施一卡通互联网营销，成为国内同行业首家集团层面实现加油站、加气站共用一套零管系统的企业。

此外，公司正通过一系列新思路新举措，进一步推进能源革命。加强超稠油、深水勘探开发、低渗、天然气水合物等前瞻基础技术研究，提供技术源头供给。加大"水下生产系统"等技术难题的攻关力度，实现关键核心技术自主可控。以深化天然气液化、LNG接收站、LNG储罐三大支柱品牌技术为重点，加强基础性、前瞻性技术研发，全面实现中国海油自主LNG技术体系迭代升级，加快推动自主知识产权技术推广和国产化大型装备工程化应用。开展氢能、地热能、海上储气库等清洁低碳能源项目研究，为未来能源转型提供技术储备和支撑。

4. 中国化工自主创新活动

中国化工自成立以来，一直将科技创新作为企业可持续发展的动力，坚持"老化工、新材料"的发展战略定位，努力完善科技创新机制，推进科技成果的转化与应用，加强知识产权保护，不断提高全系统的自主创新和持续发展能力。

截至2015年，拥有各类研发机构126家，其中国家重点实验室2家、国家工程（技术）研究中心9家、国家认定的企业技术中心10家、博士后

[①] 《2019年可持续发展报告》，中国海洋石油集团有限公司官网，https：//www.cnooc.com.cn/col/col50901/index.html，2020。

科研工作站 10 个。截至 2016 年，拥有各类研发机构 130 家，其中国家重点实验室 2 家、国家工程（技术）研究中心 8 家、国家认定的企业技术中心 10 家、博士后科研工作站 9 个。① 截至 2017 年，拥有各类科研机构和研发平台 339 个（境外研发机构 147 个、境内研发机构 192 个），其中包括 24 家科研设计院所、2 家国家重点实验室、10 家国家工程（技术）中心、9 家国家认定的企业技术中心、1 家国家工程研究中心、7 家国家创新型（试点）企业、3 家国家技术创新示范企业。②

建立开放式创新平台，学习宝洁、海尔等科技创新平台有关情况，探索开放式科技创新平台建设思路和业务框架。2017 年，以先正达创新平台为基础，开展相关平台建设并推广。建设科技管理信息化系统，制订建设科技管理信息系统工作方案，梳理系统基础管理模块内容，研究海外企业信息报送模块及基于 OA 运行环境的技术支持系统等。2017 年，该系统已进入功能设计阶段。

在夯实推进科技创新和科研平台建设的同时，中国化工不断加强知识产权工作；实施知识产权战略，进一步完善知识产权制度体系，提升知识产权创造、运用、保护和管理能力，稳步推进创新型企业建设，实现科技创新可持续发展。2015 年，获中国专利优秀奖 17 项，申请专利 1286 件，其中发明专利 919 件；授权专利 1007 件，其中发明专利 691 件。全系统拥有专利 9025 件，其中发明专利 6656 件，占比为 73.8%。青岛橡六输送带有限公司申请的专利"耐高温挡边输送带"的耐热性能提高 4 倍，为世界首创，先后被美国、欧盟、日本等授予发明专利，是中国橡胶界唯一的国际专利。③ 2016 年，申请专利 1306 件，授权专利 1310 件，累计有效专利 10810 件，其中发明专利占 76.7%，美日欧和 PCT 专利占 21.5%。在第十八届中国专利奖评选中，西南化工研究设计院的"甲醇低压羰基合成醋

---

① 《2015 可持续发展报告》，中国化工集团有限公司官网，http://www.chemchina.cn/en/rootfiles/2016/06/24/1466732037468756-1466732037471660.pdf，2016。

② 《2017 可持续发展报告》，中国化工集团有限公司官网，http://www.chemchina.cn/portal/rootfiles/2018/08/21/1534732749299181-1534732749301418.pdf，2018。

③ 《2015 可持续发展报告》，中国化工集团有限公司官网，http://www.chemchina.cn/en/rootfiles/2016/06/24/1466732037468756-1466732037471660.pdf，2016。

酸”、天华化工机械及自动化研究设计院的"焦炉炼焦煤调湿、干燥方法及设备"、北京蓝星清洗有限公司的"一种发动机热测试液"、中蓝晨光研究院的"一种高性能杂环芳纶及其制备和应用"和中昊晨光化工研究院的"聚四氟乙烯分散树脂制备方法"等5件专利获中国专利优秀奖。[①] 2017年，中国化工3项专利获第十九届中国专利优秀奖；申请专利1644件，其中发明专利1179件；授权专利2367件，其中发明专利1523件；累计拥有有效专利21244件，其中发明专利12785件。[②]

5. 中国中化自主创新活动

中国中化以科学技术驱动的创新型企业作为建设目标，围绕"创新驱动"和"产业升级"战略部署，以市场为导向，改革科技创新体制机制，着力打造开放式创新体系，培养造就高水平科技领军人才和创新创业团队，创造具有市场竞争力的高科技成果，实现发展动能的转换，依靠创新驱动实现可持续发展。

截至2015年底，公司拥有各类科研机构34家，拥有各类、各级研发资质近80项，其中国家重点实验室3个、国家工程（技术）研究中心3个、国际认证的安评中心1个、国家认定的企业技术中心2个、博士后科研工作站6个。2015年，开展外部合作138项，有力支持科技创新。[③] 截至2016年底，公司通过重组并购、自主建设形成3家专业研究院，8个国家级平台资质（包括国家级企业技术中心、国家重点实验室、国家工程技术研究中心、国家工程研究中心），13个其他国家级资质，49个省市级平台资质，14家高新技术企业的科技创新平台和资源。公司牵头或参与产业技术创新战略联盟13家，其中国家级联盟8家。截至2016年底，公司共拥有科技人员2988名。[④] 截至2017年底，牵头或参与产业技术创新战略联盟14家，其

① 《2016可持续发展报告》，中国化工集团有限公司官网，http://www.chemchina.com.cn/portal/rootfiles/2017/08/21/1502086566828854 - 1502086566830766.pdf，2017。
② 《2017可持续发展报告》，中国化工集团有限公司官网，http://www.chemchina.com.cn/portal/rootfiles/2018/08/21/1534732749299181 - 1534732749301418.pdf，2018。
③ 《2015可持续发展报告》，中国中化集团有限公司官网，http://www.sinochem.com/Portals/0/pdf/kcxbg/2015SDRsinochemCN.pdf，2016。
④ 《2016可持续发展报告》，中国中化集团有限公司官网，http://www.sinochem.com/Portals/0/pdf/kcxbg/2016SDRsinochemCN.pdf，2017。

中国家级联盟 9 家；有 3 家专业研究院，1 家科技创新中心，8 个国家级平台资质（包括国家级企业技术中心、国家重点实验室、国家工程技术研究中心、国家工程研究中心），15 个其他国家级资质，49 个省市级平台资质，17 家高新技术企业的科技创新平台和资源；共有科技人员 2752 名。[①] 截至2018 年底，公司有国家重点实验室 3 个，国家工程（技术）研究中心 3 个，国家认定的企业技术中心 2 个，牵头成立 2 家国家级产业技术创新战略联盟（农作物种业、染料）；2018 年，有百千万人才工程 4 人。[②]

（二）煤化工业中央企业自主创新活动

1. 中国化学自主创新活动

中国化学通过技术的引进、集成和自主研发，几乎掌握了世界上全部的煤气化技术，形成了"一种高浓度一氧化碳二级变换工艺方法""换热式焦炉煤气加压催化部分氧化法制取合成气的工艺""一种由合成原料气一步法制取二甲醚冷却冷凝分离工艺""甲醇、二甲醚转化制取低碳烯烃气体产物的分离装置及方法""流化床催化裂解生产丙烯的方法及反应器""多喷嘴对置式水煤浆气化"等一批煤洁净利用专利（专有）技术，为中国能源战略的调整提供了技术支撑。

中国化学与有关单位共同开发的"多喷嘴对置式水煤浆气化"技术获国家科学技术进步二等奖；"灰熔聚流化床气化工程设计"等 5 项技术获省部级科学技术进步奖，承担的"兖矿国泰对置式水煤浆气化技术制甲醇及IGCC 多联产项目"等 4 个项目的工程设计获全国优秀工程勘察设计奖，承担的"兖矿国泰化工有限公司日处理 1000 吨煤新型气化炉及配套工程"等12 个项目的工程设计获省部级优秀工程设计奖，承建的德州第一套水煤浆造气大化肥工程开创了国内十个第一。

2. 中国中煤自主创新活动

中国中煤能源集团有限公司（以下简称"中国中煤"）坚持以提升自主

---

① 《2017 可持续发展报告》，中国中化集团有限公司官网，http：//www. sinochem. com/Portals/0/pdf/kcxbg/2017SDRsinochemCN. pdf，2018。

② 《2018 可持续发展报告》，中国中化集团有限公司官网，http：//www. sinochem. com/Portals/0/pdf/kcxbg/2018SDRsinochemCN. pdf，2019。

创新能力为核心，以产业技术需求为导向，以研发机构的关键核心技术开发为引领，以基层员工创新工作室的生产一线技术攻关为基础，以"双创"示范基地和专业化众创空间为成果孵化主体，以产学研深度融合为支撑，不断构筑完善具有自身特色的自主创新、协同创新、群众性技术创新相结合的技术创新体系。

技术创新能力。企业有 1 个国家能源采掘装备研发实验中心，3 个国家级企业技术中心，2 个国家能源技术装备评定中心，10 个省级企业技术中心，6 个省级工程研究中心，5 个博士后科研工作站，15 家高新技术企业，1 个煤化工研究院，3 个集团级"双创"示范基地，185 个基层创新工作室，8 个国家认可的实验室。获得行业和省级科技进步奖 38 项，其中 3 项成果荣获中国煤炭工业协会科学技术一等奖；新申请专利 347 项，其中发明专利 100 项；获得专利授权 243 项，其中发明专利 71 项。

2017 年，中国中煤依托国家能源采掘装备研发实验中心的研发优势，扎实推进技术领先战略，承担实施国家重点研发计划课题和国家"973 计划"课题 11 项。截至 2018 年，中国煤矿机械装备有限责任公司已先后承担实施了国家"863 计划"、国家"973 计划"、国家重大支撑计划、国家火炬计划等国家级科研项目近 30 项，为企业转型发展、高质量发展提供了强有力的科技支撑。[①] 所属内蒙古中煤蒙大新能源化工有限公司和中煤鄂尔多斯能源化工有限公司被国家主管部门认定为高新技术企业，为企业新型煤化工产业技术创新和新产品开发奠定了坚实的基础。所属中煤张家口煤矿机械有限责任公司的"高端智能矿山装备工程技术研究中心"建设项目通过河北省立项评审，"煤炭行业高端输送机械技术及装备工程研究中心"通过中国煤炭工业协会评审论证，煤机高端化、智能化研发能力实现新的提升。所属中煤北京煤矿机械有限公司获批"北京市设计创新中心"，中国合格评定国家认可委员会认可实验室获得扩项认可，为提升企业设计创新效率与实验能力注入新的动力。

引领行业技术进步。成功研发露井协同开采技术，实现露天矿端帮和不采区压煤资源的高效回收，平朔矿区煤炭资源回收率达到 93%。研制推

---

① 《中煤集团社会责任报告（2018）》，中国中煤能源集团有限公司，http://www.chinacoal.com/art/2019/5/14/art_72_194814.html，2019。

广薄煤层自动化无人工作面成套技术与装备，形成薄煤层开采"矮掘进、低移动、薄回采"低成本技术体系，降低了巷道掘进高度和破岩量，提高了煤炭回采率。试验应用切顶卸压沿空留巷技术，累计留巷1.97万米，少掘巷道2.11万米，多采煤柱104万吨。研究制定《煤矿安全高效现代化技术标准》，创建煤矿低成本技术优化理论体系和方法，形成采掘自动、系统集控、管理智能一体化煤矿开采技术体系。

双创活动。中国中煤坚持发挥企业"双创"主体作用和通过"一企一案"确保差异化"双创"特色，新创建中煤建筑安装工程集团有限公司和中煤张家口煤矿机械有限责任公司2个集团公司级"双创"示范基地。截至2016年，依托平朔工业集团有限责任公司和中煤建筑安装工程集团有限公司建成2个"双创"示范基地，累计建成基层创新工作室85个，其中：国家技能大师工作室1个、煤炭行业技能大师工作室12个。[①] 2017年，累计建成基层创新工作室185个，广泛组织开展生产现场关键技术攻关、"五小"科技攻关和合理化建议共计6000余项，取得经济效益2亿多元。[②] 2018年，为职工创客立足岗位创新搭建平台，累计建成创新工作室215个，形成了一批技术含量高、简单实用、应用效果好、推广价值高的优秀"双创"成果，为生产现场技术攻关奠定了坚实基础。10个创新项目入围2018年中央企业熠星创新创意大赛复赛，创新活力极大释放。[③]

3. 国家能源自主创新活动

2017年，国家能源投资集团有限责任公司（以下简称"国家能源"）的煤化工主要装置实现"安稳长满优"取得积极进展，煤基特种燃料技术攻关和在重点行业领域的试用取得突破，煤制油品销售终端网络开始布局。

科研平台。2017年拥有12个国家级科研平台（国家重点实验室3个、国家工程实验室1个、国家企业技术中心2个、部委级研发中心6个）；拥

---

① 《中煤集团社会责任报告（2016）》，中国中煤能源集团有限公司，http://www. china-coal. com/art/2017/5/17/art_72_23680. html，2017。

② 《中煤集团社会责任报告（2017）》，中国中煤能源集团有限公司，http://www. china-coal. com/art/2018/5/14/art_72_23679. html，2018。

③ 《中煤集团社会责任报告（2018）》，中国中煤能源集团有限公司官网，http://www. china-coal. com/art/2019/5/14/art_72_194814. html，2019。

有直属科研机构 4 个。截至 2018 年底，拥有包括 3 个国家重点实验室在内的 12 个国家级研发平台、4 个直属科研机构。2019 年拥有 12 个国家级科研平台（国家重点实验室 3 个、国家商业技术中心 1 个、国家工程实验室 2 个，国家部委重点实验室 6 个）；拥有直属科研机构 4 个。

科研人才建设。截至 2017 年底，在自主培养 4 位院士的基础上，柔性引进多个院士团队，5 人入选国家百千万人才工程，建成博士后科研工作站 12 个，并选拔潜力人才参加成长培训、赴海外进行专题研修，培养和储备了一批年富力强的科研人才。[①] 2018 年，集团公司聘任 13 位院士，7 位院士担任首席科学家；持续深化"首席师"制度，集团公司级"首席师"35 人，在岗享受政府特殊津贴人员 62 人，中华技能大奖获得者 5 人，全国技术能手 52 人。2019 年，集团签约 7 名院士，进站 6 名院士，建立 5 个院士工作站，有 13 个博士后科研工作站，持续深化"首席师"制度，集团公司级"首席师"35 人，在岗享受政府特殊津贴人员 72 人，形成了梯队合理、覆盖全面、适应发展的科技人才队伍。

科技成果转化。集团公司高度重视创新成果转化应用。截至 2017 年底，累计专利授权 8082 项，累计发明授权 1904 项。2017 年，煤制油品/烯烃大型现代煤化工成套技术、600MW 超临界循环流化床等 2 项技术荣获国家科学技术进步一等奖；一种旋流干煤粉气化炉荣获中国专利金奖。2018 年，集团公司全力推进科技创新 2030 "煤炭清洁高效利用"重大项目，牵头在研国家科技项目 28 个，获得授权专利 1513 件，其中发明专利 324 件 [②]；获得国家级和省部级科技奖励 92 项，获奖数量位居央企前列；获得中国专利金奖 1 项，优秀奖 2 项。2019 年，公司获得授权专利 1575 件，其中发明专利 388 件，同比增长 19.8%；获得国家科学技术进步二等奖 3 项，省部级科技进步一等奖 10 项，中国专利银奖 1 项。[③]

---

① 《2017 年社会责任报告》，国家能源投资集团有限责任公司官网，http://www.ceic.com/gjnyjtww/chnzrbg/201811/7317f4b4bf1f449fa90e9aed0567e0ca.shtml，2018。

② 《2018 年社会责任报告》，国家能源投资集团有限责任公司官网，http://www.ceic.com/gjnyjtww/chnzrbg/201905/9b7e350f25f34187892fbdd8e3f7d5d3.shtml，2019。

③ 《2019 年社会责任报告》，国家能源投资集团有限责任公司官网，http://www.ceic.com/gjnyjtww/chnzrbg/202006/45bf3dcf0c0e4f6b8dd0c8a7150008c2.shtml，2020。

三　能源化工行业中央企业自主创新影响因素

（一）　政府层面

2015 年 5 月 19 日，国务院正式印发了我国实施制造强国战略第一个十年的行动纲领——《中国制造 2025》。《中国制造 2025》的核心是创新驱动发展，主线是"两化"融合，主攻方向是智能制造。《国民经济和社会发展第十三个五年规划纲要》提出把发展基点放在创新上，以科技创新为核心，以人才发展为支撑，推动科技创新与大众创业万众创新有机结合，塑造更多依靠创新驱动、更多发挥先发优势的引领型发展。"十三五"时期是全面建成小康社会的决胜阶段，也是煤炭工业加快转型发展，实现由大到强历史性跨越的重要机遇期。牢固树立创新、协调、绿色、开放、共享的发展理念，适应把握引领经济发展新常态，深入贯彻"四个革命、一个合作"能源发展战略思想，努力建设集约、安全、高效、绿色的现代煤炭工业体系，切实维护国家能源安全，是"十三五"时期煤炭行业肩负的重大历史使命。[①] 中国石油和化学工业联合会组织专业委员会就"十三五"规划开展了一系列调研并编制了《石油和化学工业"十三五"发展指南》，其中就石化产品高端化提出了化工新材料以高端聚烯烃塑料、工程塑料、特种橡胶三大重点领域加以突破，力争带动行业整体自给率 2020 年提高到 80% 以上的战略设想。[②]

（二）　市场层面

1. 市场需求增速下降

随着国家经济结构调整、转型发展和替代能源的研究开发，我国石油化工产品市场需求增速明显放缓。尤其是成品油，2020 年的表观消费量预计仅为 3.57 亿吨，"十三五"期间年均增速为 2.7%，明显低于"十二

---

① 《煤炭工业发展"十三五"规划》，人民网，http://energy. people. com. cn/n1/2016/1231/c71661 – 28991469. html，2016 年 12 月 31 日。

② 韩晓宏：《我国石油化工产业发展现状及应对策略》，《现代企业》2019 年第 1 期，第 34～35 页。

五"期间的 4.8%，而且柴油市场需求已进入平台期，汽油会紧随其后于2025 年前后进入平台期。化工产品情况虽稍好于成品油，但也同样出现了增速减缓，"十二五"期间，国内乙烯年均当量消费量增速还在 4.8%，而到"十三五"期间的年均增速预计仅为 3.5%，2020 年乙烯当量消费量预计为 4480 万吨；"十三五"期间，五大合成树脂、合成纤维和合成橡胶的年均消费量预计增长分别为 4.2%、4.7% 和 6.5%，也均低于"十二五"期间的增速。[①]

2. 煤化工产业促进石油化工产业发展

我国的煤炭资源相对比较丰富，煤化工产业的不断优化与升级对我国石油化工产业具有重要的影响，它不仅可以优化石油化工产业的燃料结构，而且很好地优化了能源配置，提升了能源行业的整体效益，也有利于我国环保政策的全面落实。另外，燃料结构的不断优化，可以在很大程度上缓解我国资源需求压力，也为我国经济发展提供了很大后劲。煤化工产业的不断发展，不仅保证了高质量的石油产品生产，还为经济发展保证了充足的燃料，使我国的石化产业竞争优势逐渐明显，即使油价持续上升也能够保证我国的竞争优势。[②]

3. 石油产品升级，对外依存度提高

我国油品质量升级提速，东部 11 省份从 2016 年 1 月 1 日起实施国 V 车用汽柴油质量标准，全国从 2017 年 1 月 1 日起实施国 V 车用汽油质量标准，2017 年 7 月 1 日起实施国 IV 普通柴油标准，2018 年 1 月 1 日起实施国 V 普通柴油标准，同时，国家第 VI 阶段油品质量标准也已发布，并拟于 2019 年实施。预计未来 10 年，国内原油产量将继续维持在 2 亿吨左右，而依据国家能源局预测，到 2020 年国内石油需求将达到 6.1 亿吨，届时石油对外依存度将高达 68%。

---

① 韩晓宏：《我国石油化工产业发展现状及应对策略》，《现代企业》2019 年第 1 期，第 34～35 页。

② 甘海龙：《中国煤化工发展现状及对石油化工的影响》，《化工管理》2018 年第 14 期，第88 页。

四 能源化工行业中央企业自主
创新模式与特点

（一）"两化"融合

电商的兴起在冲击了传统工业的同时，也带来了改革的动力。国家推动"互联网＋"模式发展，为能源化工行业进行信息化和工业化融合提供了契机。能源化工行业通过"两化"融合进行信息化建设，提高了自身的创新能力。

中国石化紧紧抓住新一轮科技革命和产业变革的历史性机遇，积极落实国家信息化战略要求，加快推进"两化"深度融合，大力推进智能制造，积极培育"互联网＋"新业态，努力打造"两化"融合的国家标杆，为打赢转方式、调结构、提质增效升级攻坚战注入强劲动力。成功研发智能制造工业云平台（ProMACE），开创了"平台＋服务"的工业互联网应用新模式，完成了智能工厂 2.0 版方案设计，推进智能制造，推动生产运营模式创新。推动商业服务模式创新，2017 年 4 月 18 日，中国最大的工业品电子商务平台——"易派客"国际业务平台（英文站）正式启动运行。2018 年易派客市场影响力进一步提升，全年平台交易额突破 2800 亿元。①

中国海油始终坚持"业务驱动、IT 引领"的信息化工作方针，围绕"推动互联共享、加快两化融合、促进数字转型"的总基调，在保障网络信息安全、加强基础能力建设、促进信息化应用、推进"互联网＋"和统筹海外资源布局等方面开展了一系列卓有成效的工作。深入贯彻落实《"十三五"国家信息化规划》，完成北京、天津、上海、迪拜和新加坡 5 个数据中心的基础设施云部署，初步形成"集约化、一体化、全球化"的海油云布局。积极推进信息技术与生产经营管理深度融合，信息化价值日益凸显。中国海油作为首批央企电商联盟成员单位，截至 2017 年底，拥有电商平台

---

① 《"两化"融合》，中国石油化工集团有限公司官网，http://www.sinopecgroup.com/group/kjcx/kejichuangxin/。

商铺 12 家、注册认证用户数 470 家，结算金额 28 亿元。海油一卡通持续推广，完成核心系统整体迁移和网络改造，快速上线海油卡销售业务迫切需要的微信公众号、智能支付终端、客户群组管理等一批新功能。公司统筹布局海外信息化建设，完善和推进海外信息技术共享服务支持体系的实施和落地。①

（二） 协同创新

中国中化坚持共享发展，多次开展与行业组织、同行企业、高等院校、科研机构、地方政府等不同层面利益相关方的科技交流，整合多方优势资源，实现优势互补，提升公司的市场竞争力，促进行业健康、稳定发展。科技交流中组织参观中央企业创新成就展，了解和学习中央企业创新成果与实践；参加国务院组织的中央企业创新成就展总结大会，与参展企业交流分享创新体会；参加国务院国资委中央企业科技创新大讲堂视频会议，学习中国航空工业集团有限公司、青岛海尔股份有限公司等单位的科技创新情况，配合国家安全部完成杭州水处理中心膜技术进展和技术需求调研等。

国家能源积极拓展与科研院所、高等院校、国际平台等的合作，大力倡导内部优势合作，开展技术攻关、成果推广等活动；鼓励以技术入股、参股、混合所有制等形式开展合作，将自主知识产权的核心技术、产品推向市场，为公司发展提供不竭动力。如与清华大学、中国东方电气集团有限公司等单位联合攻关，建成世界首台容量最大的 600MW 超临界 CFB 示范项目；与华北电力大学成立"智能发电协同创新中心"，开展智能发电领域的深入技术合作；与国际能源署、美国劳伦斯伯克力国家实验室、英国 GH 公司等国外科研机构和知名企业合作，不断提升页岩气化工、光伏、风机等的研发水平；国电科学技术研究院与国电驻马店热电有限公司共同开发出锅炉—SCR 脱硝—空预器系统协同优化技术，攻克超低排放火电机组普遍存在的空预器堵塞技术难题；北京低碳清洁能源研究院与神华

---

① 《信息化建设》，中国海洋石油集团有限公司官网，http://www.cnooc.com.cn/col/col1111/index.html。

宁夏煤业集团有限责任公司和福建省鸿山热电有限责任公司合作，完成煤化工废水和烟气脱硫废水的零排放技术开发。

（三） 建立科技创新体系

科技创新能力的提高离不开完善的科技创新体系。中国石油按照支撑引领业务发展、发挥整体优势、明确功能定位的原则，发展形成了以研发组织、科技攻关、条件平台、科技保障"四个体系"为核心的"一个整体、两个层次"的科技创新体系。拥有 86 家科研院所，其中总部直属院所 8 家、企业院所 78 家，拥有科研人员 31922 人。形成一支包括 19 名院士、433 名集团公司高级技术专家、2522 名教授级高工、1395 名享受政府特殊津贴专家在内的，硕博占比达 26.6% 的专业配套、学科齐全、结构合理、实力较强、精干高效的高水平科技队伍。按照"布局合理、方向明确、设施先进、资源共享、高效运行"的建设原则，构筑具有国际先进水平的科技基础条件平台，建设和完善 47 个具有国际先进水平的重点实验室和试验基地。设立了科技委员会，建立了以集团公司主要领导为科委会主任的科技管理决策机制，确保了科技工作与公司发展战略的一致性和快速有效实施。①

中国化工拥有 12 个国家级科研平台（国家重点实验室 3 个、国家工程实验室 1 个、国家企业技术中心 2 个、部委级研发中心 6 个）；拥有直属科研机构 4 个。目前，基本形成科技创新决策、管理、研发和成果应用转化一体化的科技创新体系。

五 能源化工行业中央企业自主创新绩效评价

伴随国家的大力扶持，中国石油、中国石化、中国海油是中国最具规模的国企大型石油企业，规模程度处于世界领先水平，具有强大的国际竞争力。但是，就我国石油行业整体竞争力来说，在国际竞争中处于

---

① 《创新体系》，中国石油天然气集团有限公司官网，http://www.cnpc.com.cn/cnpc/kjtx/kjln_index.shtml。

比较劣势的地位。从资源来看，我国并不属于资源大国，石油开采的难度较大，不具备资源优势；在技术层面，一些先进的、领先的石油开采和加工等技术仍然集中于一些国外大型跨国石油公司，我国只能局限于一般的产品生产链条当中；从资源开采、生产成本、经营效率、产品质量、企业可持续发展和技术创新等层面来说，我国石油化工企业还未处于世界领先水平。我国化工企业在一些领域的技术创新取得一定的成果，但是在成果转化方面存在严重的产业化和市场化滞后的问题。据不完全统计，技术成果转化率达不到三成。中国石油化工企业在炼油技术方面有自己的一套方法，但是与发达国家的炼油技术相比还存在较大差距。①

国内石油化工企业应该有效地进行产品结构调整，研发高端业务，提升我国石油化工行业的整体竞争力；管理创新可以降低企业的交易成本，而技术进步可以降低企业的生产成本；进行行业企业内的顶层设计，科技人员要以开放的思维搞创新，从技术层面和管理层面加强对企业运行规律的研究与探索，站在全局的角度考虑问题。② 推动现代煤化工高端化、差异化发展，以煤化工促进石油化工发展。

推动现代煤化工业发展：一要统筹区域资源供给、环境容量、产业基础等因素，结合全国主体功能区规划以及大型煤炭基地开发，规划布局现代煤化工产业示范区；二要总结前期产业化示范的经验教训，深入开展产业技术升级示范，突破关键技术瓶颈，提升系统集成优化水平，推动产业技术升级；三要遵循循环经济理念，采取煤化电热一体化、多联产方式，大力推动现代煤化工与关联产业融合发展，提高资源转化效率和产业竞争力；四要深入开展行业对标管理，抓好已建成运行重点项目的填平补齐、挖潜改造工作，提高装置的安全环保水平和产业竞争力；五要以"煤头化尾"为抓手，开展煤炭清洁高效转化，努力延伸产业链；六要充分发挥我

---

① 马跃、许佳伟：《浅析我国石油化工技术创新发展趋势》，《化工管理》2018 年第 34 期，第 73～74 页。

② 马跃、许佳伟：《浅析我国石油化工技术创新发展趋势》，《化工管理》2018 年第 34 期，第 73～74 页。

国煤化工的综合优势，深化与"一带一路"沿线煤炭资源国的务实合作，实施"走出去"战略；七要依托骨干完善创新体系，推动煤化工成套技术装备的自主创新，提升技术装备成套能力；八要加强现代煤化工产业发展与二氧化碳减排的协同推进。[①]

[①] 《两部委布局现代煤化工创新发展》，《中国石油和化工》2017年第4期，第80页。

第九章
交通运输行业中央企业自主创新

交通运输业包括航运业、路上运输业。航运业的中央企业有：中国远洋海运集团有限公司（简称"中远海运"）、中国航空集团有限公司（简称"国航集团"）、中国东方航空集团有限公司（简称"东航集团"）、中国南方航空集团有限公司（简称"南航集团"）、中国民航信息集团有限公司（简称"中国航信"）。路上运输业的中央企业有中国第一汽车集团有限公司（简称"中国一汽"）、东风汽车集团有限公司（简称"东风集团"）和中国铁路工程集团有限公司（简称"中国中铁"）、中国铁道建筑集团有限公司（简称"中国铁建"）。

一 交通运输行业中央企业自主创新背景

交通运输业是国民经济在生产过程中连接各部门的链条和纽带，是一个感应度和带动度很高的基础产业，被喻为国民经济"大动脉"和"先行官"。[①]"十二五"以来，交通运输行业深入实施创新驱动发展战略，统筹推进重大科技研发、创新能力建设和成果推广应用等各方面工作，取得了新的进展和成效。五年来，全行业注重发挥财政资金引导作用，依托重大工程，拓展资金渠道，开展科技攻关，在离岸深水港建设、沥青路面新材料、大深度饱和潜水、路网检测修复等领域取得了一批先进适用的重大科技创新成果，部分成果达到国际领先水平，获得国家级科技奖励 20 余项，科技

---

① 《2017 年~2018 年上半年中国交通运输行业发展现状及行业发展趋势分析》，中国产业信息网，http://www. chyxx. com/industry/201808/666467. html，2018 年 8 月 13 日。

创新的支撑引领作用进一步增强。①

交通运输科技发展还存在一些薄弱环节和深层次问题。主要体现为：基础性、前瞻性研究深度不够，前沿性技术储备不足；科技创新全链条设计不足，基础研究、技术研发、成果转化之间通道不够畅通，成果的工程化和产业化程度不高；科技创新能力有待提升，项目、基地、人才的结合不够紧密，领跑科技创新的重点科研平台、科技领军人才和卓越创新团队相对缺少；新技术、新材料、新装备的研究开发与推广应用不足，部分领域关键技术创新缺乏原创性、引领性成果，对标国际先进水平还存在较大差距。②

二　交通运输行业中央企业自主创新活动

（一）航运业自主创新活动

1. 中远海运自主创新活动

中远海运紧盯技术前沿，努力掌握各项关键技术，增强自主研发能力，助推集团向"绿色化、智能化、高端化"目标发展迈进。2019 年研发支出为 949021075 元，比去年增长 137.85%，完成多项任务，科技创新成果获得多项奖励。

中远海运为科技人才发展提供良好环境，在创新实践中发现人才、在创新活动中培育人才、在创新事业中凝聚人才，为集团创新发展提供源源不断的智力支持。和科研机构探讨合作建立研究中心，以提升船型基本设计和研发能力。发挥集团技术专家优势，遴选出船舶驾驶等技术领域的 24 名高级专家，打造航运技术领军团队。组织船公司、研究所等与国外制造业龙头和资深船级社对接，成立集团技术专家委员会，面向船东需求，对接研究与应用，讨论行业前景及前沿技术发展方向。③

---

① 《交通运输科技"十三五"发展规划》，国家铁路局官网，http://www.nra.gov.cn/ztzl/hd/kjcxdh/kj_zcwj/kj_kjgh/201705/t20170509_38126.shtml，2016 年 3 月 16 日。
② 《交通运输科技"十三五"发展规划》，国家铁路局官网，http://www.nra.gov.cn/ztzl/hd/kjcxdh/kj_zcwj/kj_kjgh/201705/t20170509_38126.shtml，2016 年 3 月 16 日。
③ 《2017 社会责任报告》，中国远洋海运集团有限公司官网，http://development.coscoshipping.com/module/download/downfile.jsp?filename=1803300924086051779.pdf&classid=0，2018。

2. 东航集团自主创新活动

互联网技术日益改变着人们的日常生活体验，商务出行和旅行方式也深受其影响。航空公司只有不断通过信息技术等推动产品与服务创新，为乘客和其他消费者提供更快捷、更舒适、更智能的运输服务，才能回应客户多元和个性化的需求和期待，提升客户的认同感和满意度。自提出互联网化发展战略以来，东航集团始终注重以技术创新为起点，为客户提供更智能、高效的出行服务。一是全流程自助服务。公司在官网开通了"座位预留""特殊旅客服务申请""航班信息证明打印""不正常航班自助退改""逾重预付费行李""免费申请机上 WI－FI"、婴儿客票改期业务等一系列便民线上服务；先后上线 App 在线客服智能服务及人工服务。2017 年，公司在官网、手机 App、M 网、海外网站、短信值机、微信公众号值机、CUSS 值机等基础上，推出了微信小程序值机的自助服务方式，不断优化旅客乘机便利性。二是全流程行李管控模式。2017 年，东航集团启用全球行李控制中心行李管控大厅，开启"智能化行李服务"模式，进一步推进行李运输质量的过程监控；同时运用互联网信息技术建立全流程行李管控模式，推出托运行李实时跟踪系统，提升行李运输和管理能力。①

2018 年，东航集团积极探索安全大数据的应用，建立安全分析平台，对海量飞行运行数据进行解析，从运行、训练和行为表现三方面推出"数字化飞行员"管理体系。同时，不断完善安全管理体系，夯实安全能力基础，强化安全文化建设，在机队规模持续壮大、飞行时间不断增加的同时，保障安全形势的总体平稳，全年实现安全飞行 220.6 万小时。

2018 年，东航集团优化新一代运行控制系统，完善全业务环节服务保障及管控模式，提升航班正常性管理水平，航班正点率达 80.55%，较行业平均水平高出 0.49%。同时，持续推进供给侧改革，不断提升供给体系服务质量。2018 年，东航集团获得第四届 CAPSE 航空服务奖（CAPSE Aviation Services Awards）中的客舱设施卓越进步奖和创新服务奖；被胡润研究院评为"最受高净值人员青睐的国内商务头等舱航空公司"。2018 年，东航

---

① 中国东方航空集团有限公司官网（http://www.ceairgroup.com）。

集团发布国内首部《空中医疗急救手册》，为空中急救提供详细的执行规范和操作标准，标志着中国空中急救事业迈入一个新阶段。①

2019 年，东航集团顺利完成了北京大兴国际机场的建设投运、上海浦东国际机场卫星厅的正式投运，建议停飞 B737 - MAX 机型，隆重庆祝新中国成立 70 周年和全力保障第二届进口博览会、第二届"一带一路"高峰论坛、第七届世界军人运动会等"四项重点任务"。东航集团是北京大兴国际机场第一个通过竣工验收的基地航空公司，是国内唯一参与全阶段验证试飞的航空公司；中国联合航空有限公司从南苑整建制搬迁进驻大兴，做到"一夜转场、无缝衔接"，成为在北京大兴国际机场首家正式运营的航空公司。果断建议停飞 B737 - MAX，及时消除了中国民航业乃至全球民航业的重大安全隐患，得到各方一致好评。

根据统计数据，预计 2019 年东航集团全年安全飞行 240.06 万小时、起降 99.65 万架次，同比增长 8.6%、7.1%，保证了飞行安全和空防安全。2019 年，东航集团经营效益稳步增长，预计全年完成运输总周转量 253.22 亿吨公里，旅客运输量 1.304 亿人次，货邮运输量 147.26 万吨，预计实现连续 11 年盈利。深化改革全面发力，东航集团股权多元化改革取得重要进展，完成与上海均瑶（集团）有限公司的交叉持股，AOC 改革有序推进，服务和正常性工作得到有效改进；东方航空物流有限公司进入上市辅导期。此外，事关员工切身利益的"十件实事"全部按计划推进落实。

3. 南航集团自主创新活动

创新是引领发展的第一动力，也是公司长远持续发展的重要保障。2018 年，南航集团继续开展以小发明、小创造、小革新、小设计、小建议为内容的"五小"创新活动，并将活动范围由业务系统扩展到公司全体员工，充分调动广大员工的创新热情，汇聚众智众力，以小切口推动大变革，进一步增强公司持续发展动力。截至 2018 年底，"五小"创新项目共立项 2935 项。1520 项"五小"创新成果已试点推广并择优上报。员工参与率达到 100%，形成了"全员参与，全员创新"的良好氛围。

---

① 中国东方航空集团有限公司官网（http://www.ceair.com/upload/2019/3/608.pdf，2019）。

2019 年 10 月，南航集团向国际航空运输协会正式提交认证申请，经过 2 个多月的初审、现场审查、审计报告评估等各环节，南航集团行李全流程追踪服务在达到国际航空运输协会 753 号决议要求的基础上，覆盖更全面的追踪节点，顺利取得认证。国际航空运输协会认证书表示："南航团队在大型自动化枢纽机场行李处理上，展示了一个清晰且高效的处理方案，在行李追踪数据获取整理的基础上，同时让其行李运行保障和管理团队也能充分利用这些数据提升行李服务。"

4. 中国航信自主创新活动

中国航信以民航信息化建设为己任，始终关注本地航空公司、机场客户的实际需求，不断研究、开发新产品，提供新服务，以中性化、网络化的信息技术服务和结算清算服务，支持中国航空旅游业的高速发展。重点研究新技术、新标准对旅游和交通运输行业发展的影响；以历史数据为基础，分析研究航空公司的经营行为，建立符合国内航空公司情况的收益预测方法和模型；对民航信息和数据进行创新性研究和总结，形成民航数据与信息方面的标准规范，为数据与信息相关的产品开发提供技术或业务原型等方向。建立开放平台如实时交易处理平台、通用网络前端平台，应用订座系统、中国电子商务实时航班订票系统、航空公司服务信息系统等。目前，公司共拥有有效注册商标 100 多项，授权发明专利 10 余项，登记计算机软件著作权 300 多项。

（二）路上运输业自主创新活动

1. 中国铁建自主创新活动

公司实施创新驱动发展，不断健全完善科技创新管理体制机制，大力加强科技创新工作，推动创新团队建设，坚持以重难点项目为依托，突出抓好技术研究和科研能力建设，用高新技术提升竞争力。公司现拥有国家级创新平台 22 个，博士后科研工作站 9 个。2018 年科技投入达 115.718 亿元。

2018 年，公司获国家科学技术进步奖 3 项，获省部级科学技术进步奖 88 项；获中国专利优秀奖 3 项；获中国专利银奖 1 项；获各类省部级以上勘察设计咨询奖 62 项；获菲迪克工程项目奖 2 项；获中国土木工程詹天佑奖 10 项；主持和参与制订国家标准 25 项；获授权专利 3128 件，其中发明专利 462 件；获省部级工法 285 项。

2019 年，中国铁建继续深化改革、强化创新，获国家和省部级科学技术进步奖 86 项，中国土木工程詹天佑奖 9 项；获中国专利奖 9 项，年度授权专利 3349 件；主持和参与国际标准、国家标准、行业标准等 42 项标准的制定工作。施工生产稳中有进，全年获鲁班奖 11 项、国家优质工程奖 40 项。

2. 中国中铁自主创新活动

中国中铁根据国家和建筑行业对科技创新提出的新要求，以及自身发展需要，加快实施科技创新驱动发展，对已有的科技资源进行统筹规划、优化整合，不断完善以市场为导向、以企业为主体、以项目为载体、以国家级实验室为依托、以技术中心为平台、以专业研发中心为骨干，联合搞攻关、开放搞科研的具有自身特色的"两级四层"技术创新体系，实现以集团技术中心为龙头、以各成员企业技术中心为主体、以各专业研发中心为骨干的纵向有层次、横向有分工的技术创新的运作管理模式，为自身科技创新打下坚实基础。2018 年，认真落实国家和国务院国资委关于创新驱动发展的有关要求，统筹规划，突出创新，参加了中央企业创新成就展，受到广泛好评，并荣获多项奖励。

作为中国和世界建筑业发展的重要参与者与推动者，多年来中国中铁不仅追求自我的发展，还担当着引领行业发展的重要责任，努力实现与产业协同共进，主要表现在扩大产业规模、带动行业自律、引领科技创新、与合作者共赢的诸多方面。作为科技部、国务院国资委和中华全国总工会授予的全国首批"创新型企业"，拥有"高速铁路建造技术国家工程实验室""盾构及掘进技术国家重点实验室""桥梁结构健康与安全国家重点实验室"3 个国家实验室及 7 个博士后科研工作站。2018 年新增 2 个国家级企业技术中心、15 个省部级技术中心以及"一带一路"互联互通研究中心、中国单轨交通发展研究中心、路基与地基工程技术研发中心、爆破安全技术研发中心、智慧城市研究中心、气动列车研发中心等 6 个专业研发中心。

2018 年，公司获国家科学技术进步奖一等奖 1 项、二等奖 3 项，国家技术发明奖 1 项；获省级（含国家认可的社会力量设奖）科技进步奖 328 项。截至 2018 年底，公司共荣获国家科学技术进步奖和技术发明奖 115 项，其中特等奖 5 项、一等奖 16 项，稳居国内建筑企业榜首；获省部级科技进步奖 3325 项。目前，公司拥有有效专利 9057 项，其中发明专利 2398 项；国家级工法 166 项，省部级工法 2528 项。①

3. 中国一汽自主创新活动

中国一汽始终坚持提高自主创新能力，全面实施新能源汽车发展战略，深入推进以"极致体验、智能安全、尊享服务"为战略方向的智能网联建设，以"智能交通、智能汽车、智享出行、智享生态"为主线构建"智能出行生态圈"，全力推动国家制造强国战略落地，全心为消费者打造极致体验与美妙出行。随着消费者对汽车安全性、舒适性、智能性等方面的需求日益提升，汽车电子电气技术成为推动汽车产业发展的核心动力。红旗车作为中国的名牌轿车，其性能受到越来越多的国人青睐，中国一汽红旗智能网联开发院电子电气研究所就是在为实现红旗品牌电子电气自主创新及开发的大背景下成立的。

中国一汽自主板块红旗品牌 2019 年在新产品方面持续发力，陆续推出了 HS5、E - HS3 以及 HS7 车型，在短短一年的时间构建起了 SUV 矩阵，并在市场上取得优异的成绩，全年累计销量突破 10 万辆。奔腾品牌在 2019 年同样进一步完善了"T 家族"SUV 矩阵，陆续上市了 T77、T33 以及 T99 车型，截至 11 月份，奔腾品牌累计销量也已突破 10 万辆。一汽解放全年重、中、轻型卡车累计销量 33.57 万辆。

4. 东风集团自主创新活动

东风集团现行的研发机构是总部统一协调指导，以东风汽车集团有限公司技术中心和东风商用车技术中心为核心主体，各子公司研发机构协同运作的复合开放式研究开发体系。可归纳为三层次组织结构，即科技决策（公司科学技术委员会）、科技管理（公司科技工程部）、研发实体（以东风汽车集团有限公司技术中心、东风商用车技术中心为核心主体，包括各控

---

① 《2018 年社会责任报告》，中国铁路工程集团有限公司官网，http://www.crecg.com/chinazt/268/288/355/10061016/index.html，2019。

股子公司和合资子公司的技术中心、专业研究所）。坚持自主创新与开放合作相结合，自主研发能力实现了大幅提升，产品和技术综合实力居国内汽车行业前列，部分处于领先水平。[①]

东风集团的前瞻科技有自动驾驶、燃料电池、轮毂电机。自动驾驶方面，2017年底自动驾驶项目已经实现高速公路多环境条件下的自动驾驶系统验证和长距离道路测试，全自动泊车等部分研发成果已开始向工程化转移，具有自主知识产权的自动驾驶控制器样件在"双创展"展出，性能处于同级别控制器国内领先、世界先进水平。2018年4月，自动驾驶研发团队自动驾驶2.0在重庆获得了自动驾驶L3级别的路试牌照测试，东风集团成为获颁自动驾驶路测牌照的首批汽车企业，成为湖北省范围内获得自动驾驶路测牌照的首家整车厂商。燃料电池方面，2017年相继推出两款燃料电池厢式运输车，并通过国家公告测试，进行商业化推广。2018年，东风集团再次成功开发出了新一代插电式燃料电池轿车，填补了近年来公司在燃料电池乘用车领域的空白；成功牵头申报2018年国家新能源汽车重点专项"全功率燃料电池乘用车动力系统平台及整车开发"项目。[②]

坚持自主创新驱动战略，2018年东风集团在两年一次的国家发改委"国家企业技术中心评价"（2017~2018年）中成绩为优，总排序第11位，位居行业第三名。加强自主品牌建设，自主事业的核心能力持续提升。新旧动能加速转变，新能源汽车电动、混动、氢动齐头并进，2018年实现新能源汽车销量70396辆，同比增长28.5%，市场占有率为5.6%，居行业第7位。

2019年，东风集团在发展自主事业中转变思路，乘用车板块，东风风神、东风风行、东风风光、东风启辰等各自发挥市场竞争优势，加快转型。数据显示，东风风神销量2019年连续5个月正增长，全年销量达7.5万辆，国内销量逆势增长8.5%；东风风行通过对T5产品组合和定价的重新调整，

---

① 东风汽车集团有限公司官网（https://www.dfmc.com.cn/zoujindf/kejichuangxin/yanfajieshao.html）。

② 东风汽车集团有限公司官网（https://www.dfmc.com.cn/zoujindf/kejichuangxin/qianzhankeji.html）。

单月销量突破 5000 辆，势头向好；东风启辰发布启辰星与 VSA 智能模块架构；东风小康提出"3 年 7 成"保值计划以及"先体验后购买"的全渠道创新体验营销模式，进一步提升用户用车体验。

三　交通运输行业中央企业自主创新影响因素

（一）政策因素

"十三五"时期是推进交通运输现代化的重要时期，为推进交通运输建设，提出了全面深化改革，集中力量加快推进综合交通、智慧交通、绿色交通、平安交通发展的"四个交通"战略，深入贯彻落实创新、协调、绿色、开放、共享的发展理念，结合"一带一路"建设推动交通运输企业"走出去"，实施交通运输领域"互联网 +"行动，促进交通运输信息化发展。针对科技资源碎片化、科研经费使用低效、科研仪器设备设施闲置浪费、科技成果转化率不高等突出问题，国家印发了一系列重要的指导性文件，深入实施创新驱动发展战略，全面推进科技体制改革。①

（二）企业因素

1. 重视人才培养

人是企业最重要的资源之一，中国航信非常注重人才的开发和培养，通过建设学习型组织来打造员工实现人生价值的平台。通过建立员工职业发展体系，不断提升职业技能，保障员工面对公司战略调整所应具有的适应性和执行力，继而满足公司长期发展所需人力资源的持续性和完整性需求。中国航信以能力提升为主线、以培养优秀人才为目标，长期关注员工职业生涯发展并谋求员工与企业的共同发展。通过安排系列的主题培训，进一步宣扬公司发展战略，促进企业文化建设，宣传企业文化价值观，统一干部员工的思想，充分发挥学习的导向作用。并通过制度建设，形成组织有体系、工作有安排、要求有指标、结果有评估的培训机制。

---

① 《交通运输科技"十三五"发展规划》，国家铁路局官网，http://www.nra.gov.cn/ztzl/hd/kjcxdh/kj_zcwj/kj_kjgh/201705/t20170509_38126.shtml，2016 年 3 月 16 日。

中国铁建股份有限公司大力实施"人才强企"战略，加大人才培养引进力度，着力培养一批专业知识丰富、业务技能精湛、作风扎实过硬的人才队伍。进一步畅通人才职业化成长通道，优化薪酬分配机制，加强人才教育和培训，不断调动员工的积极性和创造性。现拥有中国工程院院士1人、国家勘察设计大师8人、"百千万人才工程"国家级人选11人，享受国务院政府特殊津贴专家253人。[①]

2. 国际化发展

随着经济全球化程度不断加深，中国市场保持对外开放，全面深化改革、逐步构建开放型经济新体制。航空运输已不仅仅是交通运输方式，更是地区、国家快速融入全球经济的重要通道之一。国际化发展涉及管理国际化、人才国际化、合作国际化。

东航集团将国际化发展作为公司发展重要战略之一，助力国家全面开放新格局；与此同时，国际化发展也成为东航集团主动寻求自身可持续发展，联合更多资源、合作共赢，以回应不断升级的消费市场需求的重要渠道。东航集团积极参与"一带一路"建设，确定了"逐步推进网络国际化、相关多元的国际化以及投资和合作的国际化"这一"三步走"国际化路径以开展深度国际合作，加快国际化步伐。公司持续推进"太平洋计划""欧洲盈利计划"，布局日韩、北美、欧洲、澳洲和东南亚市场等国际航线，大力提升国际远程航线的经营能力，扩大自身国际影响力。

南航集团作为大型骨干国有企业和航空运输企业的"国家队"，积极响应"一带一路"，打造"双枢纽"战略，完善国际航线网络布局，加强与"一带一路"沿线国家的合作，为"引进来"和"走出去"架起一座互联互通的空中丝路。

中国铁建在国家"走出去"战略、"一带一路"倡议引领下，大力开展全球化布局、国际化经营、属地化管理，主动承担企业社会责任，助力企业与全球经济、社会、环境共同可持续发展，为当地提供高品质产品，带动当地经济社会发展，改善社会民生，创造共赢价值。

[①] 《2018年社会责任报告》，中国铁建股份有限公司官网，http://www.crcc.cn/art/2019/9/25/art_1612_2986527.html，2019。

多年来，中国中铁充分利用"一带一路"倡议和"走出去"战略，以项目实施带动工业产品出口。盾构设备、配件、施工技术服务出口地区涵盖新加坡、以色列、黎巴嫩等国家；工业施工机械产品已成功打入阿联酋、老挝、土耳其、泰国等十几个国家的市场；铁路道岔产品出口至美国、俄罗斯、南非、新西兰、菲律宾等二十多个国家和地区，在泰国、印尼和马来西亚市场全部实现自营出口，全年整组道岔出口约 1000 组，销往北美辙叉产品达到 3000 根以上；钢桥梁钢结构出口至北美、欧洲、非洲市场累计达三十多万吨。[①]

随着"一带一路"倡议的深入实施与推进，中国一汽秉持"全球化思维，本地化经营"理念，紧跟倡议实施步伐，强化海外品牌、服务等体系支撑能力，抓住行业出口复苏和"一带一路"机遇，深耕细作沿线国家重点市场，集中优势资源攻坚关键项目，深化落实海外营销、品牌宣传、渠道管理和售后服务等工作，实现出口同比增长、海外生产布局迅速推进，有力保障了全年出口目标的达成。在"一带一路"倡议的支持带动下，目前中国一汽海外业务已遍布东南亚、非洲、中东、拉美等 5 大片区，覆盖 49 个国家，拥有海外一级经销商 60 家、二级经销商 227 家，整车及零部件出口金额超过 56 亿美元，累计出口汽车逾 30 万辆。2017 年，中国一汽还圆满完成了商务部对几内亚 70 台红旗车的援助项目，正在积极推进外交部使馆红旗配车项目，以推动红旗车加快"走出去"。同时，还实现了中重卡出口排名升至行业第四。[②]

四 交通运输行业中央企业自主创新模式与特点

（一）智能化发展模式

随着"一带一路"倡议的深入推进，海内外企业内销和外销物流需求

---

① 《2018 年社会责任报告》，中国铁路工程集团有限公司官网，http://www.crecg.com/chinazt/268/288/355/10061016/index.html，2019。
② 《2017 社会责任报告》，中国第一汽车集团有限公司官网，http://www.faw.com.cn/fawcn/373700/shzrbg59/index.html，2018。

逐渐增长。中远海运紧追市场需求，创新传统的航运经营模式，选择多种路径衔接海洋与陆地，向全程供应链物流转型，为客户提供端到端、多元化、一站式的多式联运物流服务和服务更优质、成本更优化的解决方案，不断提升集团竞争力，实现了客户与集团的双赢。如 2017 年，中远海运集装箱运输有限公司积极适应电商和新零售业务蓬勃发展的趋势，大力推进营销创新，联手阿里巴巴推出拼箱电商服务，力促拼箱业务成功上线"阿里物贸平台"。[①]

南航集团积极响应国家"互联网＋"战略和国际航空运输协会"便捷旅行"的要求，2017 年再次升级"南航 e 行"，围绕旅客出行前、前往机场、机场等待、空中飞行、到达后、当地行程服务六大环节，稳步推进新功能建设，推出全新"行李自助查询"功能，先后增加特殊餐食、无伴老人、行动障碍旅客等服务预定功能，让"南航 e 行"成为连接飞行与旅客的亮丽一环，助力旅客便捷出行，实现"一机在手，全程无忧"。信息互联时代，旅客对飞行中的互联网服务需求越发强烈。2018 年，南航集团已拥有 28 架互联网飞机，累计在 1.73 万班次上提供互联网服务，机上成功上网 53.46 万人次；截至 2018 年 12 月底，已接收 61 架局域网飞机，在近 4.3 万班次上提供局域网服务。

（二）以安全为导向的创新技术

航空安全是国家安全的有机组成部分，也是航空公司实现高质量发展的必要条件。东航集团将创新技术应用于检修、着陆、飞行、运行、训练过程。如进行大数据预测性检修、运用卫星着陆系统、运用平视显示器提高飞行安全性等。中国铁建股份有限公司牢固树立安全生产"红线意识"，弘扬生命至上、安全第一的理念，从安全体制、机制入手，切实夯实企业安全基础。落实全员安全生产责任，加强安全风险管控，按照"提前想到、提前发现、提前消除隐患"的管理要求，加大事故隐患排查治理力度，安

---

① 《2017 年社会责任报告》，中国远洋海运集团有限公司官网，http://development. coscoshipping. com/col/col2004/index. html，2018。

全生产形势稳定。2018 年，公司安全生产费用投入达 96.643 亿元。[①]

（三） 以可持续发展为目标的创新模式

交通运输业是能源消耗较高的行业，交通运输企业积极响应可持续发展理念，通过使用新能源、研发新产品，进行节能减排。

东航集团高度重视节能减排活动，进行技术优化如对飞机机翼的改装，使飞机的飞行阻力（诱导阻力）降低，使飞行中所需的推力降低，最终实现节油、减少碳排放、降低起降噪音等目的；完成了智能发动机清洗设备 EngineCare 的合作研发，有效提升发动机性能，减少发动机油耗及碳排放等。[②]

2018 年，中国中铁积极开展节能减排工作，全面落实公司"十三五"节能减排规划，大力开展节能减排标准化工地建设，推广应用新技术、新工艺和新设备，在提高能源利用效率的同时对污染物排放量进行严格控制，加大技术改造和淘汰落后设备力度，减少废气、废液的排放，充分利用废渣等废弃物。修订发布了《中国中铁绿色施工科技示范工程评选办法》《中国中铁节能低碳技术评选管理办法》。2018 年全公司无环境责任事故及节能减排重大违规违纪事件，排放污染物均达到国家和所在地相应排放标准。2018 年，全公司每季度按时完成节能减排数据统计和总结分析报告，年度万元营业收入综合能耗（可比价）为 0.0553 吨标煤/万元，同比下降 3.2%，圆满完成了节能减排既定年度工作目标。[③]

中国一汽将环境可持续管理纳入整体战略与发展规划框架中，制定《"十三五"期间推进中国一汽绿色制造实施方案》，践行"低碳、节约、循环、均衡、可持续"的新型发展模式，紧紧围绕资源能源利用效率和清洁生产水平提升，以科技创新为支撑，以标准制度建设为保障，加快构建绿色制造体系，推动绿色产品、绿色工厂、绿色供应链和绿色厂区的全面发

[①] 《2018 年社会责任报告》，中国铁建股份有限公司官网，http://www.crcc.cn/art/2019/9/25/art_1612_2986527.html，2019。

[②] 《2018 企业社会责任报告》，中国东方航空集团有限公司官网，http://www.ceair.com/up-load/2019/3/608.pdf，2019。

[③] 《2018 年社会责任报告》，中国铁路工程集团有限公司官网，http://www.crecg.com/chinazt/268/288/355/10061016/index.html，2019。

展，致力于汽车生产与生态文明和谐共融，实现人、车、社会和谐发展，共享生态文明，与企业界一道，为落实《2030 年可持续发展议程》与《巴黎协定》积极贡献力量。[①]

履行社会责任是企业可持续发展的基石，一汽轿车股份有限公司始终以"人·车·社会和谐发展"理念为指引，以可持续发展为核心，强化企业社会责任意识，在大力发展自主品牌的同时，积极推进绿色制造、智能网联，促进汽车产业可持续发展，与利益相关方坦诚交流，强化责任沟通。

五 交通运输行业中央企业自主创新绩效评价

交通运输业在取得许多成就的同时仍然还存在诸如技术转化成果低、整体科技水平低等问题，需要从以下几方面推进交通运输业发展。一是优化交通运行和管理控制，提升装备和载运工具智能化自动化水平。拓展铁路计算机联锁、编组站系统自动化应用，推进全自动集装箱码头系统建设，有序发展无人机自动物流配送。

二是推进应急体系建设，加强交通运输部门与公安、安全监管、气象、海洋、国土资源、水利等部门的信息共享和协调联动，完善突发事件应急救援指挥系统。完善全国交通运输运行监测与应急指挥系统，加快建设省级和中心城市运行监测与应急指挥系统。

三是拓展交通运输新领域新业态，积极引导交通运输新消费，促进通用航空与旅游、文娱等相关产业联动发展，扩大通用航空消费群体，强化与互联网、创意经济融合，拓展通用航空新业态；打造交通物流融合新模式，打通衔接一体的全链条交通物流体系，以互联网为纽带，构筑资源共享的交通物流平台，创新发展模式，实现资源高效利用，推动交通与物流一体化、集装化、网络化、社会化、智能化发展。

四是全面深化交通运输改革，推进交通市场化改革，加快建立统一开放、竞争有序的交通运输市场，营造良好营商环境。加快开放民航、铁路

---

① 《2018 社会责任报告》，中国第一汽车集团有限公司官网，http://www.faw.com.cn/fawcn/373700/shzrbg59/index.html。

等行业的竞争性业务，健全准入与退出机制，促进运输资源跨方式、跨区域优化配置。

五是强化政策支持保障，培育多元人才队伍，加快综合交通运输人才队伍建设，培养急需的高层次、高技能人才，加强重点领域科技领军人才和优秀青年人才培养。加强人才使用与激励机制建设，提升行业教育培训的基础条件和软硬件环境。做好国外智力引进和国际组织人才培养推送工作，促进人才国际交流与合作。[①]

---

① 《国务院关于印发"十三五"现代综合交通运输体系发展规划的通知》，中国企业改革和发展研究会官网，http://www.cerds.cn/site/content/2073.html，2017 年 3 月 1 日。

第十章
电力行业中央企业自主创新

电力行业是国民经济发展中最重要的基础能源产业，是国民经济的第一基础产业和关系国计民生的基础产业，是世界各国经济发展战略中优先发展的重点。电力行业由发电、供电、输电企业，以及电力承装（修、试）企业等多种企业组成，在电力系统中发挥着非常重要的作用。在96家中央企业中，共有14家电力行业中央企业，其中包括两大电网公司、两大建设集团、五大发电集团和其他电力集团。两大电网公司分别是国家电网有限公司（简称"国家电网"）和中国南方电网有限责任公司（简称"南方电网"）。两大建设集团分别是中国能源建设集团有限公司（简称"中国能建"）和中国电力建设集团有限公司（简称"中国电建"）。五大发电集团分别是国家能源投资集团有限责任公司（简称"国家能投"）、国家电力投资集团有限公司（简称"国家电投"）、中国华能集团有限公司（简称"华能集团"）、中国华电集团有限公司（简称"华电集团"）和中国大唐集团有限公司（简称"大唐集团"）。其他电力集团包括中国核工业集团有限公司（简称"中核集团"）、中国长江三峡集团有限公司（简称"三峡集团"）、华润（集团）有限公司（简称"华润"）、中国节能环保集团有限公司（简称"中节能"）和中国广核集团有限公司（简称"中广核"）。

一 电力行业中央企业自主创新背景

（一）电力行业的自主创新体制机制环境日益完善

近年来，国家出台了一系列政策措施促进电力行业的发展。2017年，《推进并网型微电网建设试行办法》《关于全面推进跨省跨区和区域电网输电价格改革工作的通知》《电力需求侧管理办法》《关于开展分布式发电市场化交易试点的通知》等文件陆续发布，国家对电力行业的政策支持力度不断加大，市场化条件也日趋成熟，对新能源的优化布局为电力设备厂商带来了利好机遇。从电力行业的整体布局来看，微电网、能源互联网、多能互补集成优化等示范工程向前推进；中央企业集团层面公司制改制基本完成；电力现货市场建设试点稳步开启；中国国电集团公司与神华集团有限责任公司正式合并重组为国家能投；电网公司转型综合能源服务商；省级输配电价全覆盖全国省级电网输配电价盘点排行；售电侧市场竞争机制初步建立。

在 2018 年两会中，关于电力行业，会议提出，降低输配电价格，减轻一般工商业电价负担；加快构建清洁能源发展体系；加快新能源汽车充电基础设施建设；加强农网建设，助力打好扶贫攻坚战；大力推进电力企业混合所有制改革；加强能源电力领域"一带一路"国际合作以及推进能源消费革命，大力推进电能替代。2019 年上半年，国家能源局正式公布《关于 2019 年风电、光伏发电项目建设有关事项的通知》，明确实行分类管理，需要国家补贴的项目原则上都采取竞争配置，优先建设补贴强度低、退坡力度大的项目。这些观点的提出为电力行业带来了巨大的发展机遇，也为电力行业中央企业自主创新创造了良好的体制机制环境。

（二）电力行业的自主创新能力显著提高

过去，创新不足是中国国有企业做大做强的障碍，特别是对于能源型的国有企业来说，从依靠外来引进和外商投资、消化吸收向自主创新转变尤其重要。近年来，在党中央、国务院的正确领导下，在国家相关政策的大力推动下，经"政、产、学、研、用"各有关方面的协同创新和不懈奋斗，我国电力行业科技创新取得了丰硕成果，为构建清洁低碳、安全高效的能源体系奠定了坚实基础。

1. 燃煤发电技术达到世界领先水平

超超临界机组实现自主开发，投运的百万千瓦级超超临界机组数量和总容量均居世界首位。百万千瓦级超超临界二次再热机组和世界首台 60 万千瓦级超超临界循环流化床机组投入商业运行。世界首台百万千瓦级间接空冷机组开工建设。25 万千瓦整体煤气化联合循环（IGCC）、10 万吨级二氧化碳捕集装置示范项目建成。超低排放燃煤发电技术实现广泛应用，截至 2017 年底，全面启动并累计实施燃煤发电机组超低排放改造 6.4 亿千瓦、节能改造约 5.3 亿千瓦。大气污染物排放指标跃居世界先进水平，成为世界最高效清洁的燃煤发电系统。

2. 水电工程建设技术和装备制造水平显著提高

我国已成为全球最大的水能利用国家，建成了完整配套的水电勘察、设计、施工、维护和技术装备研发制造产业体系。依托骨干企业和科研院所建设了一批现代化的水电技术研发平台。攻克了世界领先的 300 米级特高拱坝、深埋长引水隧洞群等技术，相继建成了世界最高混凝土双曲拱坝（锦屏一级水电站），深埋式长隧洞（锦屏二级水电站）及世界第三、亚洲第一高的土心墙堆石坝（糯扎渡水电站）。大型水电机组成套设计制造能力居世界领先水平，掌握了世界单机容量最大的 100 万千瓦水轮发电机组和 30 万千瓦级抽水蓄能机组设计和制造技术。

3. 核电技术总体步入世界先进行列

已具备百万千瓦级压水堆核电站自主设计和建造能力，工程国产化率显著提升，单位造价持续降低。三代核电技术研发和应用走在世界前列，完成三代 AP1000 技术的引进消化吸收，形成自主品牌 CAP1400 和"华龙一号"三代压水堆技术。四代核电技术、模块化小型堆、海洋核动力平台、先进核燃料与循环技术取得积极进展。建成实验快堆并成功并网发电，开工建设具有四代特征的高温气冷堆示范工程，钍基熔盐堆研发进展顺利，可控核聚变技术得到持续发展。先进核燃料元件已实现国产化制造，建成乏燃料后处理中试厂。

4. 新能源发电技术创新呈现明显的后发优势

风电、光伏等产业化技术和关键设备与世界发展同步，建设成本显著下降。目前，我国已经形成大容量风电机组整机设计体系和较完整的风电装备制造技术体系，3～6 兆瓦海上风电机组实现示范应用，大型风电场运行管理等关键技术开始实际应用。规模化光伏开发利用技术取得重要进展，形成晶体硅太阳能电池产业化技术体系并具备较强的国际竞争力。截至

2017 年底，批量化单晶硅电池效率达到 20%，多晶硅电池效率达到 19.2%。新能源消纳难题得到明显缓解，2019 年 1 至 9 月，弃风率和弃光率分别降至 4.2% 和 1.9%。太阳能热发电以及生物质能、海洋能、干热岩等新兴发电技术正在开展试验示范工作。

2019 年，我国多晶硅产能达到 46.2 万吨，同比增长 19.4%；产量为 34.2 万吨，同比增长 32.0%；硅片产量 134.6GW，同比增长 25.7%，单晶硅片实现大逆转，占比超过 65%。截至 2019 年底，硅片产量超 2GW 的企业有 9 家，产量占比达 85.5%，全球前十大生产企业均位居中国。多晶硅产量 34.2 万吨，同比增长 32.0%；电池片产量 108.6GW，同比增长 27.7%，PERC 单晶电池量产平均效率达 22.3%，较 2018 年提升 0.5 个百分点；组件产量 98.6GW，同比增长 17.0%，并连续 13 年位居世界第一位。

5. 电网技术装备和安全运行水平处于世界前列

国际领先的特高压输电技术开始应用，掌握 1000 千伏特高压交流和 ±800 千伏特高压直流输电关键技术，±1100 千伏直流输电工程开工建设。大电网调度运行能力不断提升，供电安全可靠水平有效提高。电网技术与信息技术的融合不断深化，新能源发电并网、电网灾害预防与治理等关键技术及成套装备取得突破，智能变电站全面推广，多端柔性直流输电示范工程建成投运。主流储能技术总体达到世界先进水平。先进电力电子器件、超导输电技术获得长足进步。

6. 电力技术装备"走出去"成效卓著

近年来，随着我国电力行业不断优化升级，电力技术装备的国际竞争力持续提升。作为国务院确定的国际产能合作的重点行业，在"一带一路"倡议等的带动下，我国电力技术装备"走出去"取得显著成效。火电、水电、风电、光伏、输变电等领域技术装备"走出去"步伐不断加快，国际市场份额持续扩大。核电"走出去"也取得重要成果，采用"华龙一号"技术建设的巴基斯坦卡拉奇项目正式开工，中英法合作建设的英国欣克利角核电项目实质性启动；具有四代核电技术特征的高温气冷堆技术得到全球广泛认可，并签署了多份合作文件，相关核电设备也成功出口海外。

7. 电力领域新技术、新模式、新业态加速兴起

在国家相关试点示范项目的引领和带动下，电力基础设施智能化、电

力大数据、光伏云平台、多能互补、储能和电动汽车应用、智慧用能与增值服务等领域创新十分活跃，各类新技术、新模式、新业态持续涌现，正在推动形成大众创业、万众创新的"聚变效应"，对电力系统发展产生了深远影响。

二 电力行业中央企业自主创新活动

在此以国家电网为例展开分析，国家电网在瞄准科技前沿的基础上，通过在国内大力推动电网智能化和农村电网建设、在国外完善全产业链和价值增长实现自主创新。国家电网坚定不移地推进"两个转变"，加快建设以特高压为骨干网架、各级电网协调发展的坚强智能电网，能源优化配置能力和清洁能源消纳能力大幅提升，有力地促进了经济社会发展。具体来说，主要表现在以下四个方面。

（一）大力实施科技强企战略

国家电网始终坚持创新驱动发展理念，大力实施科技强企战略。全面掌握特高压、大电网安全控制、智能电网、新能源并网等一批具有国际领先水平的核心技术，自主研制特高压交直流成套装备，建成张北风光储输、厦门柔性直流输电、张北虚拟同步机等一批国际领先的重大示范工程，占领了世界电网技术的制高点，实现了"中国创造"和"中国引领"。截至2019年底，公司累计获得国家科学技术进步奖85项，拥有专利超过9万项，主导编制国际标准75项。

（二）特高压建设全面加快

2004年以来，国家电网联合各方力量，在特高压理论、技术、标准、装备及工程建设、运行等方面取得全面创新突破，掌握了具有自主知识产权的特高压输电技术，并将特高压输电技术和设备输出国外。截至2019年6月，特高压方面建成"九交十直"、核准在建"三交一直"工程，已投运特高压工程累计线路长度27570公里、累计变电（换流）容量29620万千伏安（千瓦）。特高压交流和直流分别荣获2012年度、2017年度国家科学技术进步特等奖。特高压输电通道累计送电超过11457.77亿千瓦时，在保障电力供应、促进清洁能源发展、改善环境、提升电网安全水平等方面发挥了重要作用。

2020年，国家电网全年特高压建设项目明确投资规模达1811亿元，年内将核准南阳—荆门—长沙、南昌—长沙、荆门—武汉特高压交流，以及白鹤滩—江苏、白鹤滩—浙江特高压直流等七条特高压工程，并开工建设白鹤滩—江苏特高压直流、华中特高压交流环网等工程。

（三） 电网结构更加合理

2017年9月，国家电网提前三个月完成新一轮农网改造升级"两年攻坚战"，实现了平原地区"井井通电"，6.6万个小城镇（中心村）电网改造升级全覆盖和村村通动力电目标，受益人口达1.56亿人。公司着眼于保障更安全、更经济、更清洁、可持续的电力供应，不断加大电网建设力度，相继建成新疆与西北联网工程第二通道、川藏电力联网工程、川渝第三通道等一批跨区跨省电网工程。各省级电网500千伏电网网络进一步加强。依托500千伏电网，基本实现220千伏电网分区运行，网架结构更加合理，安全保障水平、经济运行效率大幅提升。城乡配电网建设投入力度持续加大，基本消除低电压问题，供电安全性和可靠性明显提升。2018年，国家电网跨区跨省输电能力达到2亿千瓦；189项"煤改电"工程、15项新能源消纳能力提升工程提前投产；藏中联网工程提前建成投运，西藏电网实现从220千伏到500千伏的历史跨越，沿线3070个村镇、156万名群众得到更可靠的电力供应保障；国家电网实现除西藏外的所有自然村动力电全覆盖，成为荣获全国脱贫攻坚"组织创新奖"唯一央企。

（四） 电网智能化发展成绩显著

国家电网高度重视坚强智能电网建设，以坚强网架为基础，全面开展电网智能化研究与实践，涵盖发电、输电、变电、配电、用电、调度及信息通信各领域，在理论创新、标准规范、关键技术、重要装备、工程建设方面取得一系列重大突破，已经成为世界智能电网领导者。

2020年7月，华为联合国家电网、中国电信共同研发5G智能电网项目，目前一期工程已经交付使用。2019年，公司共选取18家省公司开展多站融合数据中心站融合试点建设，120座数据中心站落地运营；建成天津滨海、上海松江、南京溧水、杭州滨江 4 个示范试点区。2019 年 12 月，国家电网与沙特电力公司签署沙特智能电表项目合同，总金额约为 11 亿美元，项目包括在沙特部署安装 500 万只智能电表以及头端系统、配套终端等，计划 2021 年建成投运。

目前，国家电网已建成世界上规模最大的智能电网系统。截至 2018 年底，世界首个具有网络特性的张北柔性直流示范工程开工建设，北京城市副中心等 28 个世界一流配电网先行示范区高质量建成；智能电表累计安装约 4.7 亿只，"多表合一"信息采集新建成 9 个示范区，"网上国网"试点运行，线上缴费率超过 50%；智慧车联网累计接入充电桩 28 万个，占全国公共桩的 88.9%，成为国内覆盖面最广、接入数量最多的开放智能充换电服务平台；世界容量最大基于 IGBT 的静止同步补偿器，全球首台 220 千伏静止同步串联补偿器，世界首个基于柔性变电站的交直流配电网投入运行；建成投运江苏大规模源网荷友好互动系统，海西 50 兆瓦/100 兆瓦时电源侧储能项目，江苏、河南百兆瓦级电网侧储能项目，苏州同里小镇能源互联网等一批智能电网示范工程。截至 2019 年底，公司经营的区域清洁能源机组并网容量达到 6.23 亿千瓦；新能源并网装机容量达到 3.64 亿千瓦，居世界第一；累计建成"十纵十横两环"的高速公路电动汽车快充网络，建成快充站 2080 座、充电桩 8423 个，覆盖高速公路近 5 万千米，连接 19 个省份 171 个城市。

三 电力行业中央企业自主创新影响因素

（一）宏观经济状况和市场需求

2019 年，我国宏观经济继续稳中向好，电力需求总体旺盛，刺激电力行业持续创新。作为提供经济发展和人民生活最重要二次能源的基础产业，电力行业的发展走势和宏观经济形势密切相关。一方面，宏观经济发展要依赖电力行业提供持续、稳定、可靠的能源支持；另一方面，电力行业的发展需要其他经济部门的用电需求来拉动。因此，宏观经济发展对电力行业的持续发展起着至关重要的作用。根据国家统计局数据，2019 年我国国内生产总值为 99.09 万亿元，比上年增长 6.1%。按照年平均汇率折算达到 14.4 万亿美元，稳居世界第二。随着我国供给侧结构性改革的展开，我国用电量持续增长，电力规模继续增大，结构有所改善，质量和技术水平进一步提高，节能减排成效显著。

（二）　国家政策引导和行业协会推动

党的十九大报告指出，加快建设创新型国家。要瞄准世界科技前沿，强化基础研究，实现前瞻性基础研究、引领原创性成果重大突破。为加快推进创新型国家建设，全面落实《国家中长期科学和技术发展规划纲要（2006~2020 年）》，充分发挥科技对经济社会发展的支撑引领作用，中共中央、国务院印发《关于深化科技体制改革加快国家创新体系建设的意见》。这是指导我国科技改革发展和创新型国家建设的又一个纲领性文件，这一文件的出台为我国中央企业自主创新提供了政策指导。国资委、科技部为中央企业的自主创新提供了良好的政策支持，设立中央企业技术创新信息平台，关注中央企业的科技动态，整合中央企业的科技资源，促进中央企业自主创新。开展了创新型企业试点工作，确立了创新型企业测评标准，国家电网、华能集团、南方电网等电力行业中央企业被评为创新型企业，国家电网下属的电网安全与节能实验室被评为中央企业国家重点实验室。

国家及电力企业联合会支持和鼓励电力行业企业自主创新。中国电力企业联合会是经国务院批准成立的全国电力行业企事业单位的联合组织，召开了电力行业新一代信息技术发展研讨会，旨在对新一代信息技术在电力行业实施应用的经验、教训及成果进行总结和交流；探讨新一代信息技术实施的新策略、新方法、新举措；对新一代信息技术在电力行业应用及实施标准进行研讨等。也对全国电力行业职工技术成果进行奖励，它的一系列措施支持鼓励了电力行业中央企业的自主创新。

（三）　企业经营困境带来创新压力和动力

近年来，随着电力需求特别是重化工业用电需求增长放缓，全国火电设备平均利用小时连续下降，电力产能过剩问题突出。2019 年底，全国火电装机容量为 11.9 亿千瓦，占总装机容量的 59.2%；2019 年 1~11 月，全国规模以上电厂火电发电量为 46522 亿千瓦时，同比增长 1.6%，增速比上年同期回落 4.6 个百分点；有 14 个省份发电量同比增速为负，其中青海（-14.1%）、河南（-7.9%）和山东（-5.8%）同比下降超 5%；火电设备平均利用小时为 3856 个小时，比上年同期降低 90 小时；与上年同期相比，有 18 个省份火电设备平均利用小时同比降低，其中，天津、青海、上海、河南、江苏和广东同比降低超过 300 个小时，福建、山东、宁夏和河北同比降低超过 200 个小时。

电力企业业绩下滑、经营困难是多种因素共同影响的结果。随着市场价格的下降和比重的扩大，再加上电煤价格的持续上扬以及电网建设滞后导致清洁可再生能源限电弃电，我国电力企业的生存空间承受了多重压力。电力企业正处于增长速度换档期、结构调整攻坚期和经营发展转折期"三期叠加"的特殊历史阶段，正面临历史性的拐点。这也说明电力行业上中下游的关系还没完全理顺，市场竞争不充分，市场机制有待健全。电力企业的困境一方面使现阶段科技经费的投入紧张，影响现阶段企业的自主创新；另一方面，电力企业穷则思变，转变经济增长模式，积极进行自主创新，以摆脱困境。

四 电力行业中央企业自主创新模式与特点

（一）实施自主创新和科技发展战略

国家电网贯彻落实国家创新驱动发展战略，以"建设世界一流电网、国际一流企业"为目标，以创新体系建设为保障，以重点工程建设为依托，大力推进"大众创业、万众创新"，全面实施"一流四大"科技发展战略，科技创新工作取得显著成效。截至 2019 年底，公司已累计获得国家科学技术进步奖 85 项，其中特等奖 2 项、一等奖 9 项、二等奖 74 项；中国专利奖 134 项，其中金奖 11 项、银奖 4 项；中国标准创新贡献奖 24 项，其中一等奖 9 项；中国电力科学技术奖 817 项，其中一等奖 83 项。累计拥有专利 90712 项，其中发明专利 32527 项，公司专利申请量、授权量和累计拥有量连续 9 年排名央企第一。江苏 500 千伏统一潮流控制器、冀北虚拟同步机示范工程、舟山柔性直流输电工程、厦门柔性直流输电工程、南京统一潮流控制器、舟山直流断路器、国家风光储输、海西多能互补集成优化综合示范工程、张北柔性直流电网试验示范工程等一批重大科技示范工程相继建成投运，张家口、苏州两大创新示范区建设全面启动。公司建立了统一的技术标准体系，截至2019年底，累计制修订国际标准75项、国家标准788项、行业标准1833项。总体上看，国家电网已经实现从技术跟随到技术赶超的转变，正在努力推进从技术赶超向技术引领的跨越。

华能集团高度重视技术创新工作，在"电为核心、煤为基础、金融支持、科技引领、产业协同"的战略定位中，赋予科技工作重要的战略地位；科技创新战略已成为华能集团创建具有国际竞争力的世界一流企业的"七大战略"之一。公司将"自主创新、多方合作、重点突破、引领发展"作为科技工作长期的指导原则，根据多年科技工作实践将坚持"三个服务（服务国家、服务行业、服务华能）、三个面向（面向高精尖、面向生产经营、面向产业化）、三个任务（科技研发、技术服务、产业化发展）"作为适合自身的科技工作指导方针。

（二）构建完善的技术创新体系

围绕构建国际一流科技创新体系这一核心，国家电网优化调整科技资源配置，推动促进管理机制变革，优化科研布局，构建以公司总（分）部和省公司本部为两级管理主体，以公司直属科研单位、直属产业单位、省属科研单位、海外研发机构、外部科技资源为实施主体的科技创新体系，形成了层次清晰、定位科学、分工明确、产研协同、运转高效的组织架构，同时也为电网创新打造技术孵化平台和人才培养基地，使科技人才成长有了顺畅通道。中国电力科学研究院作为国家电网直属科研单位，是中国电力行业多学科、综合性的科研机构。目前，依托中国电力科学研究院、19个国家级实验室（含6个国家重点实验室）、2个国家工程技术研究中心、6个国家能源研发中心等，国家电网构建了目前世界上功能最完整、试验能力最强、技术水平最高的特高压、大电网试验研究体系，在大电网安全稳定经济运行、特高压交直流输电、大规模新能源并网等方面发挥了重大作用。截至2018年底，中国电力科学研究院先后获得国家科学技术进步特等奖2项、一等奖10项，中国专利金奖4项，中国标准创新贡献一等奖7项。

2017年，电网安全与节能国家重点实验室在科技部组织的5年期评估中获评能源领域唯一"优秀实验室"。

在科研人才方面，近年来，国家电网认真贯彻"科技兴企"方针，大力实施"人才强企"战略，紧紧抓住选拔、培养、使用、考核四个环节，在人才队伍建设方面进行了积极的探索和实践。遵循"服务发展、人才优先、以用为本、创新机制、高端引领、整体开发"指导方针，制定了《国家电网公司优秀人才管理手册》，建立四级、四类、四种称号人才选拔培养体系（四级分国家、公司、省公司、地市公司四个层级；四类分经营、管理、技术和技能四个类别；四种称号分科技领军人才、专业领军人才、优秀专家人才和优秀专家人才后备四种称号），明确人才逐级选拔培养原则，构建各级各类人才发展通道。科技领军人才指在公司重点工程建设、核心技术研发、关键设备研制中做出突出贡献，取得重大成就，在行业内有较大影响，具有发展潜力的科技带头人，作为院士后备人选重点培养；专业领军人才指在公司专业领域内精通业务、具有国际视野和战略思维的复合型、权威型专业带头人；优秀专家人才指具有深厚理论知识、丰富实践经验，在专业领域有较高专业水平和知名度的优秀专家；优秀专家人才后备指具有一定工作经验，业绩成果突出，有培养和发展潜质的优秀青年员工。截至2017年底，公司四级四类人才总量已达7.8万名，其中：国家级人才340名，其中两院院士8名、国家有突出贡献的中青年专家14名、享受国务院政府特殊津贴专家145名、百千万人才工程国家级人选25名、创新人才推进计划人选6名、中华技能大奖获得者4名、全国技术能手62名、全国青年岗位能手48名、其他专家28名；公司（省部、行业）级人才7999名；省公司（地市、厅局）级人才30391名；地市公司级人才39272名。

华能集团结合自身发展构建了完善的技术创新体系，其研究机构包括研究院、产业（区域）公司技术研发中心和基层企业三个层面。研究院由西安热工研究院、清洁能源技术研究院和技术经济研究院组成，是落实公司科技发展战略，满足国家和行业技术需求、支持公司战略决策的主体，是前沿共性技术研究主体，也是为基层企业提供技术服务的重要力量。产业（区域）公司技术中心是为了适应公司多领域发展对技术的专业化需求，在产业（区域）公司层面建立的研发机构，以解决建设和生产过程中的技术问题为主。目前主要在澜沧江公司设立了水电技术中心以及在新能源公司设立了风电技术中心。基层企业对建设和生产中的技术需求和体验最为直接，是公司示范和应用新技术的重要载体，也是基层技术革新的主要力量。

南方电网作为西电东送规模最大、社会综合效益最好、发展后劲最强的电网公司，也构建了完善的技术创新体系。其三大主要科研平台分别为国家能源大电网技术研发（实验）中心、中国南方电网有限公司博士后科研工作站和南网科研院研究生工作站。其中，国家能源大电网技术研发（实验）中心是国家能源局首批设立的研发（实验）中心，总投资约为1.2亿元，拥有电网运行决策支持、直流控制保护试验研发、大电网安全稳定控制试验研发、电力系统集成技术试验研发和仿真技术试验研发等功能平台，重点承担了大电网安全运行与控制技术、（特）高压直流工程核心技术自主化、交直流电网实时仿真技术、电力集成新技术仿真研究等重点研发课题，拥有多项自主创新成果和自主知识产权的核心技术，研发成果已在大电网安全运行与控制和（特）高压直流输电建设运行等方面发挥了重要作用，成为世界上电网仿真与控制技术领域最具规模和装备功能水准的大电网研发（实验）中心。

三峡集团为了实现科技创新的目标，建设创新型企业，将进一步构建科技研发平台，实现内外部资源有效整合和高效利用，逐步建立并完善以企业为主体、产学研相结合的科技创新体系。这个创新体系由一个决策咨询机构、三个科技研发机构、四个战略合作的国家重点实验室、企业技术中心、中华鲟研究所以及博士后科研工作站组成。

（三）建立开放的产学研协同攻关机制

国家电网针对特高压、智能电网、大电网安全、清洁能源等世界性课题，依托国家重大科研攻关课题，发挥主导和辐射作用，加强与国内电力科研、设计、规划、设备制造等企业、权威咨询机构以及电力大专院校的合作，有力地促进和带动了国内相关学科的发展和产业制造能力的大幅提升。国家电网注重统筹科研力量，发动产学研各自优势。通过产学研合作全面提升各方自主科技创新能力，通过新技术和科技成果推广应用实现电网技术装备和管理水平的升级和跨越、加大技术创新投入、加强创新人才队伍建设以及提高群众性创新活动效果和水平。

华能集团将科技创新体系作为实现创新要素优化配置的载体，按照"全面协调可持续"的基本要求，集聚整合各种创新要素，建立健全以企业为主体、以市场为导向、产学研相结合的科技创新体系。

五 电力行业中央企业自主创新绩效评价

在过去的几年里，电力行业中央企业的自主创新取得了可喜的成就。无论是从企业申请专利数看还是从重点项目和核心技术取得的突破看，中国电力行业中央企业的自主创新能力都有了显著的增强。特别是企业和政府都把创新发展作为提升自身竞争力的战略。企业不同程度地参与了与高校、科研院所和其他研发机构的合作，企业发挥自身的资金和了解市场的优势，研发机构则高效发挥自身在理论和实验场所的优势。二者有机的结合，形成了优势互补，为一些重大的科研项目的推进和取得成功奠定了技术基础。企业重视人才的培养，依托于大项目、大工程，电力行业培养了一批专业技术人才，人才结构得到了优化。

然而，电力行业中央企业自主创新也存在不足。首先，技术创新能力在行业内参差不齐，技术突破多集中在输电企业如国家电网和南方电网，而发电企业中火电企业取得重大技术突破的较少，核电和风电有所突破。为促进电力行业全行业技术创新能力的整体提高，火电企业应加强企业技术创新能力，国务院、国资委和电力行业应同心协力帮助火电企业走出亏损的困境。其次，电力行业中央企业在实现技术创新和管理创新的同时，并没有开始商业模式创新。相对于传统的产品创新、技术创新、工艺创新或组织创新等类型来说，商业模式创新是一种新型的创新形态，在全球商业界已经引起前所未有的重视。《经济学人》杂志曾进行的一项调查表明，50%以上的企业高管认为企业要获得成功，商业模式创新比单纯的产品创新和服务创新更为重要。随着新能源发电、智能电网等新技术发展，电力企业应高度重视创新发展，在电动汽车、智能家电、能源服务等新兴业务领域，要借鉴先进的商业模式，加大商业模式创新力度，实现技术创新和商业模式创新相结合。

第十一章
钢铁与有色金属行业
中央企业自主创新

钢铁行业是我国国民经济的支柱性产业，是关系国计民生的基础性行业，在我国工业现代化进程中发挥着不可替代的作用。钢铁工业作为一个原材料的生产和加工部门，处于工业产业链的中间位置。它的发展与国家的基础建设以及工业发展速度密切相关。

中国将铁、铬、锰称为黑色金属，将除铁、铬、锰三种金属以外的64种金属列为有色金属。现代有色金属及其合金已成为机械制造业、建筑业、电子工业、航空航天、核能利用等领域不可缺少的结构材料和功能材料。我国有色金属行业在技术装备、品种质量、节能减排等方面不断取得成绩，能够基本满足国民经济和社会发展的需要，为进一步推动产业转型升级、实现由大到强转变奠定了坚实基础。

目前，我国从事钢铁与有色金属行业的中央企业主要有鞍钢集团有限公司（简称"鞍钢集团"）、中国宝武钢铁集团有限公司（简称"宝武钢铁"）、中国中信集团有限公司（简称"中信集团"）、中国五矿集团有限公司（简称"五矿集团"）、中国钢研科技集团有限公司（简称"钢研科技"）、新兴际华集团有限公司（简称"新兴际华"）、中国铝业集团有限公司（简称"中国铝业"）、中国有色矿业集团有限公司（简称"中国有色"）、北京矿冶科技集团有限公司（简称"北京矿科"）、中国冶金地质总局（简称"冶金局"）、中国黄金集团有限公司（简称"中国黄金"）等。

一　钢铁与有色金属行业中央
企业自主创新背景

（一）　钢铁行业中央企业自主创新背景

2020 年上半年，受到新冠肺炎疫情等外部因素影响，我国钢铁行业的发展速度放缓，但随着复工复产的有序推进，生产经营状态逐渐恢复平稳。然而，仍存在进口铁矿石价格急剧上涨、行业利润明显下滑和大量库存堆积等情况。在产量方面，2020 年上半年全国生铁、粗钢和钢材产量分别为 4.33 亿吨、4.99 亿吨和 6.06 亿吨，同比分别增长 2.2%、1.4% 和 2.7%。受疫情影响，第一季度的产量同比增长率出现负值，累计增长率也出现大幅度下降，其中，钢材的累计增长率持续为负。4～5 月，钢铁行业生产情况逐渐恢复正常。2020 年 5 月，全国生铁、粗钢、钢材产量分别为 7732 万吨、9227 万吨、11453 万吨，同比分别增长 2.4%、4.2%、6.2%。6 月，我国钢铁行业已基本摆脱疫情影响，粗钢日均产量 305.3 万吨，环比增长 2.6%，而生铁和钢材的日均产量分别为 255.5 万吨和 386.2 万吨。在销售价格方面，2020 年上半年钢材价格指数平均为 101.0 点，同比下降 7.7%。其中，长板价格较板材下降更为剧烈，平均下降 8.2%，而板材价格平均下降 7.5%。在库存数量方面，我国主要钢材市场五种主要钢材[1]的社会库存量为 1216 万吨，同比增幅 6.2%。与此同时，进口铁矿石价格大幅上涨，6 月进口铁矿石均价为 100.8 美元/吨，环比增长 10.0%。[2]

近年来，随着我国钢铁企业的不断发展，其主体装备总体达到国际先进水平，拥有了 3000 立方米以上高炉、5 米级宽厚板轧机、2 米级热连轧机和冷连轧机等现代化冶金装备。以高效低成本冶炼技术、新一代控轧控冷技术、一贯制生产管理技术为代表的一批关键技术被广泛应用于生产，新一代可循环钢铁流程在新建成企业中得到应用。干熄焦、干法除尘、烧结

---

[1]　五种主要钢材包括中板、冷轧薄板、热轧薄板、线材和螺纹钢。

[2]　《2020 年上半年钢铁行业运行情况》，工业和信息化部官网，http://www.miit.gov.cn/n1146312/n1146904/n1648356/n1648357/c8037621/content.html，2020 年 7 月 30 日。

脱硫等技术的广泛使用，使我国钢铁产业在节能减排方面成果显著。这些新技术的推广促进了我国钢铁工业资源与能源的节约，有效提高了生产效率，降低生产成本。

长期以来，我国钢铁工业一直呈现"北重南轻"的特点，产业布局不协调。国家一直在努力寻找解决方法，通过综合考虑能源资源、环境容量、市场空间等因素，推动产业有序转移。随着宝武钢铁湛江一期、武钢防城港等重大沿海基地项目建成并投入使用，产业布局失衡问题从根本上得到了改善。2018年工信部发布了《产业发展与转移指导目录（2018年本）》，对各地区产业转移和升级进行了方向性指导，并针对各省份的比较优势列出了需要优先承接和优先调整的产业目录。

我国钢材质量也得到了大幅提高，达到国外先进实物质量水平的钢材产品有497项，产量占全部品种的40%。并且，我国在关键钢材产品的生产上取得了重大突破。百万千瓦级核电用钢、超超临界火电机组用钢、高磁感取向硅钢、第三代高强汽车板、高性能海洋平台用钢等高端装备用钢实现产业化。[1] 与此同时，"两化"融合的不断深入推动了产业链现代化进程，如宝武钢铁围绕"智慧制造＋智慧服务"，以物联网、云计算等新一代网络信息技术为基础，以大数据为核心助力钢铁生产及服务的各个环节，以期在钢铁领域建立一个以智能化生产、网络化协同、服务化延伸、个性化定制为主要特点的创新生产模式。中国钢铁产业在取得这些成果的同时，也面临着一系列问题，如产能过剩矛盾加剧、自主创新水平不高、资源环境约束增强等。尤其是在疫情和复杂的国际形势下，虽然中国钢铁企业已基本恢复生产，但市场持续低迷，再加上进口铁矿石价格大幅上涨，使得企业经营面临困境。

（二）有色金属行业中央企业自主创新背景

2020年上半年，我国有色金属行业在生产方面总体运行平稳，但由于受到疫情影响，行业效益和投资同比下降，虽在第二季度有所回升，但程

---

① 《钢铁工业调整升级规划（2016～2020年）》，工业和信息化部官网，http://www.miit.gov.cn/n1146285/n1146352/n3054355/n3057569/n3057573/c5353862/content.html，2016年11月14日。

度有限。总体而言，该行业呈现以下几个特点。

一是生产总体平稳。第一季度，我国有色金属产量同比增长速度放缓，甚至出现下降趋势，10 种有色金属产量共计 1417 万吨，同比增长 2.1%。其中，铜、铝、铅、锌产量分别为 229 万吨、884 万吨、119 万吨、150 万吨，同比分别增长 0.4%、2.7%、-6.4%、11%。铜材、铝材产量为 367 万吨、1052 万吨，同比下降 5.9% 和 6.3%。第二季度的生产量、原材料采购量等分项指标均超过临界点 50，较第一季度有较大改善。总体而言，2020 年上半年，我国有色金属行业生产总体平稳，10 种有色金属产量共计 2928 万吨，同比增长 2.9%，工业增加值同比增长 0.6%，高于工业行业平均值 1.9 个百分点。

二是经济效益大幅下降。第一季度，有色金属行业实现利润 155 亿元，同比下降 31.5%。其中，矿山、加工行业实现利润分别为 50 亿元和 49 亿元，同比分别下降 34.4%、42.4%；冶炼行业实现利润 56 亿元，同比增长 2.2%。第二季度，效益降幅有所收窄，尤其是 6 月有色金属行业利润为 166.5 亿元，同比增长 18.3%，拉动上半年效益降幅较 1～5 月收窄 11.6 个百分点。但从总体上来看，上半年有色金属行业效益仍是大幅下滑。1～6 月，有色金属行业共计实现利润 500.8 亿元，同比下降 25.4%。

三是有色金属价格阶段性回升。受到疫情和复杂的国际政治经济形势影响，我国有色金属价格在第一季度大幅卜降。铜、铝、铅、锌现货均价分别为 45316 元/吨、13438 元/吨、14504 元/吨和 17142 元/吨，同比下跌 7%、0.9%、16.6%、22.6%。第二季度价格持续回暖。截至 7 月上旬，铜、铝现货均价基本恢复到疫情前水平。

四是有色金属产品进出口贸易总额同比下降。1～5 月，我国有色金属贸易总额为 580 为亿美元，同比下降 24.5%，其中，进口额为 459.7 亿美元，同比下降 28.7%；出口额为 120.3 亿美元，同比下降 3%。

五是有色金属行业投资总体下滑。第一季度，有色金属行业投资同比下降 11.4%，其中，矿山采选投资同比下降 10.8%，冶炼及压延加工投资同比下降 11.6%。第二季度虽有所回升，但总体仍呈下降趋势。总体而言，2020 年上半年，有色金属行业投资同比下降 8.5%，其中，矿山采选、冶炼及压延加工投资分别同比下降 2.5%、9.6%。①

二　钢铁与有色金属行业中央企业自主创新活动

（一）加大科技研发投入力度

我国钢铁行业中央企业一直十分重视技术研发，代表企业如宝山钢铁股份有限公司和鞍钢股份有限公司的研发资金和人员投入虽有一定波动，但在总体上呈现增长态势（见表 11-1 和表 11-2）。

表 11-1　宝山钢铁股份有限公司创新研发投入情况（2015～2019 年）

指标	2015 年	2016 年	2017 年	2018 年	2019 年
研发投入（百万元）	3449	3662	5350	7031	8864
研发投入占营业收入比例（%）	2.11	2.0	1.85	2.3	3.04
研发人员人数（人）	1105	1060	1430	1386	1332
研发人员占公司总人数比例（%）	2.90	2.8	2.11	2.2	2.22

资料来源：宝山钢铁股份有限公司官网（http://www.baosteel.com/invest/temporary）。

表 11-2　鞍钢股份有限公司创新研发投入情况（2015～2019 年）

	2015 年	2016 年	2017 年	2018 年	2019 年
研发投入（百万元）	1331	1002	1366	1500	1558
研发投入占营业收入比例（%）	2.52	1.73	1.62	1.43	1.48
研发人员人数（人）	1898	1789	1555	1638	1630
研发人员占公司总人数比例（%）	5.02	5.86	5.39	5.47	5.56

资料来源：鞍钢股份有限公司官网（http://www.ansteel.com.cn/shehuizeren/157-2019）。

2019 年，宝山钢铁股份有限公司 R&D 投入率为 3.04%，发明专利申请占比为 92.89%。其中，"极低铁损取向硅钢 B18R060" "电动汽车电机用无取向硅钢 B27AHV1300M" 等八项产品实现全球首发，"热轧热处理高强

---

① 《2020 年上半年有色金属行业运行情况》，工业和信息化部官网，http://www.miit.gov.cn/n1146312/n1146904/n1648356/n1648358/c8039232/content.html，2020 年 7 月 30 日。

钢全流程板形控制技术"等20项标志性技术实现突破。①

鞍钢集团的技术中心主要由1个国家重点实验室、2个研发中心、3个管理部室和10个研究所构成，其研发能力位居国内钢铁行业前列。鞍钢集团坚持走差异化、特色化、专业化的精品路线，推动新产品开发向高效益、高技术的钢种发展；以加快新工艺与新技术开发应用、优化产品结构、加强产品"全覆盖"为目标，全面推进科技研发工作；围绕重点质量问题，设立十大质量攻关项目，全面提升重点质量指标及产品实物质量；优化完善三级点检及设备挂牌体系，流动更新各单位可视化看板，持续推进六西格玛质量管理培训，不断筑牢质量管理基础。2019年，鞍钢集团的国家受理专利有579件，其中发明专利325件，发明专利申请比例达到56%；获得国家授权专利442件，其中发明专利214件；在第23届全国发明展览会中获得优秀展团奖，职工参展项目共获金奖20项、银奖33项、铜奖36项。鞍钢集团钢铁研究院的"铁水脱硫——扒渣系统革新"项目获得2019年中国创新方法大赛一等奖，这项技术可以有效降低资源消耗及脱硫渣排放，大幅减轻钢铁企业的环境压力。鞍钢股份有限公司鲅鱼圈钢铁分公司突破极限，一次性成功试制出1毫米厚极薄热轧带钢，创下行业新纪录。2020年2月，鞍钢集团成功实现了四代核电600MW示范快堆项目316H奥氏体不锈钢产品的开发，成为全球唯一全部依靠自身装备生产该产品的企业。鞍钢集团子公司——攀钢集团有限公司在创新方面也取得了不俗的成绩，12个项目获得2019年度四川省科技进步奖，1项创新成果获得中国专利优秀奖。②

（二）　组建优秀的技术人才队伍

人才是科技创新的决定性因素，自主创新的实现最终要落实到人的创新活动之中，钢铁与有色金属行业中央企业把创新人才培养摆在科技工作的突出位置，着力建设创新型科技人才队伍。

---

① 《2019年度宝山钢铁股份有限公司可持续发展报告》，搜狐网，https://q. stock. sohu. com/newpdf/202039659746. pdf，2020。

② 《鞍钢集团有限公司2019年年度报告》，上海清算所官网，https://www. shclearing. com/xx-pl/cwbg/nb/202006/t20200610_695626. html，2020年6月10日。

近年来，鞍钢集团高度重视专业技术人员培训，以抓项目、抓经验、抓成果为工作思路，以关键技术精湛管理和行业领军人才培养为重点，不断推进关键技术领军人才研发攻坚项目，按照差异化、服务化方向，进一步提升战略产品、独有领先产品和新产品的研发比例，加速产品结构调整，迅速抢占市场。按照增品种、提品质、创品牌的要求，围绕全面质量管理、科研项目研发以及生产工艺提升，针对专业技术岗位人员实施创新能力培训工程；以鞍钢集团钢铁研究院为依托，重点规划博士专家团队建设，落实工程等级序列人才成长计划，细化导师带徒活动；采取邀请国内外专家和内部专家共同授课的方式，先后与多所国外高校以及知名钢铁企业建立了良好的合作关系，组织技术人员和管理人员到国外高校及先进企业进行培训。鞍钢集团围绕汽车用钢、铁路用钢、造船用钢等新材料、新技术研发，举办钢铁研发前沿技术专题论坛，通过学习、研讨与交流，了解国内外前沿技术。为推动企业与区块链的深度融合，鞍钢集团于2019年11月开展了以"区块链技术与应用"为主题的专题培训。2019年，完成了公司委托类培训14049人次；公司自主专项培训4420人次；基层单位岗位知识和技能培训25095人次；特种作业持证上岗人员安全资质培训7880人次。[①]

2020年6月，鞍钢集团党委发布了加强技能人才队伍建设的"十项措施"，其中包括加大技能人才激励力度、加大技能人才引进力度、深入推进实践培养平台建设等多方面内容。为了深入贯彻落实"十项措施"，鞍钢集团出台了《技能人才培养五年方案》，针对各项措施进行具体规划。方案指出，企业将利用五年时间，面向重点发展产业培养技能领军人才10名、技能拔尖人才20名、技能骨干人才300名。在创新激励方面，大力实施精准激励，对获得省级及以上技能荣誉的技能人才，在原有奖励基础上给予额外奖励；"导师带徒"中徒弟取得成果，导师也可获得津贴奖励。在人才引进方面，加大技能人才等级序列聘任实施力度，聘任比例可在原有基础上提高5个百分点，做到应聘尽聘。在人才培养平台上，加大资金支持力度，

[①] 《鞍钢集团有限公司2019年年度报告》，上海清算所官网，https://www.shclearing.com/xx-pl/cwbg/nb/202006/t20200610_695626.html，2020年6月10日。

力争两年内建立集团公司级技能大师工作站 10 家，三年内实现一级技师及以上高技能人才建站全覆盖；深入开展升级版"导师带徒"——"名师传帮带"培养工作，全力打造创新型、专家型技能大师团队。

（三） 深化科技体制机制改革

鞍钢集团先后组建了鞍钢集团钢铁研究院、鞍钢集团钒钛（钢铁）研究院、鞍钢集团矿业设计研究院，加强鞍钢未来钢铁研究院建设，形成了钢铁产业、钒钛资源、采选矿技术以及先进钢铁技术创新研发体系。自2016 年鞍钢集团出台《关于完善科研设计机构管理体制和运行机制的指导意见》以来，"五大院"发挥高端引领作用，科研合同明显增加，技术贸易收入稳步提高；科研人员积极性得到充分调动，科技研发呈现良好发展态势。截至 2020 年 6 月，鞍钢集团钢铁研究院实现了 6 个钢种的全球首发，3个钢种的国内首发，攻克多项卡脖子难题；承担课题 2304 项，课题数年均增长 22%，合同额年均增长 16%，科研创效 4.5 亿元。①

（四） 构建完善的技术创新体系

中国铝业股份有限公司以"创建世界一流企业、打造中铝百年老店"为目标，以市场为导向，突出自主研发和创新，积极开展核心技术和关键技术的研发和产业化，着力提高军工配套科研和建设工作水平，增强企业核心竞争力，加强人才的培养，提升自主创新能力，建立世界级科技研发中心，为企业的可持续发展提供不竭动力。随着科技创新资源的不断优化整合，科技研发平台建设速度明显加快以及产学研的结合持续加强，中国铝业股份有限公司逐渐形成了以核心专业研究机构、企业所属各成员单位技术中心以及产学研联合开发等研发机构组成的多层次技术创新研发体系。与此同时，中国铝业股份有限公司拥有国内轻金属专业领域唯一的大型科研机构——中国铝业郑州轻金属材料研究院，并建有国家铝冶炼工程技术研究中心，拥有 4 个国家级研发平台、17 个省部级研发平台、12 个国家和行业认定的实验室与检测中心和 13 家国家高新技术企业。截至 2019 年底，企业共提交专利申请 3051 件，其中发明专利 1648 件；拥有授权专利 1352

---

① 鞍钢集团有限公司官网（http://www.ansteel.cn/news/xinwenzixun/）。

件，其中发明专利 708 件。并在 2019 年成为有色金属行业中央企业内首家实施企业标准自我声明公开的企业。①

三 钢铁与有色金属行业中央企业自主创新影响因素

（一） 政府方面

1. 环保督查力度加大

生态环境部提出，2019 年要将钢铁行业超低排放改造作为关键任务重点推进。同年 4 月，生态环境部等五部委发布了《关于推进实施钢铁行业超低排放的意见》，对具体的指标要求、政策措施和实施保障进行了明确。目前，很多钢铁企业积极响应蓝天保卫战和建设"绿水常在"美丽中国的要求，开展超低排放改造。鞍钢集团共计投入近 1.5 亿元对综合污水处理厂进行升级改造，增建处理规模为 2000m³/h 的废水深度处理项目，采用"高效混凝 + 曝气生物滤池 + 反硝化滤池 + V 型滤池"工艺，使北大沟污水排放口实现了处理后工业用水全部回用，西大沟污水排放口实现了非雨期"零排放"。自 2015 年至今，中国铝业股份有限公司累计淘汰电解铝落后产能 123 万吨，淘汰电厂落后产能 42 兆瓦，淘汰炭素落后产能 43.7 万吨；在污染治理和提标改造方面累计投入超过 80 亿元，先后完成了包括 47 台火电锅炉、16 台熟料烧成窑和 24 台氢氧化铝焙烧炉在内的设备设施污染物超低排放改造。

2. 供给侧结构性改革深入推进

随着供给侧结构性改革的深入推进，钢铁与有色金属行业转型升级不断加快。2019 年，有色金属行业严控电解铝新增产能、优化产业布局，全国电解铝产能跨省置换 300 多万吨，其中 246 万吨置换至云南等清洁能源富集地区；去杠杆化进程出现波动，2020 年第一季度有色金属行业整体资产负债率为 57.39%，较 2019 年末提高了 1.47 个百分点；智能化及高端材料

---

① 中国铝业股份有限公司官网（http://www.chalco.com.cn/chalco/kjcx/A1210web_1.htm）。

加快发展，中铝萨帕特种铝材（重庆）有限公司高端铝合金智能制造生产线投产，深圳中金岭南有色金属股份有限公司凡口铅锌矿机械化无人采矿率达到 83%，7055 板材、2026 型材等民机铝材获得装机许可，集成电路超高纯稀有金属靶材进入验证或小批量供货。

近年来，钢铁行业加速推动产能置换和技术装备升级。自 2019 年至今，新增跨省钢铁产能置换转移项目的主要承接地为川渝、福建等区域，以此来改善我国南北区域供需错配的产业布局。

（二）市场环境

从国际看，国际贸易形势复杂，发展环境日趋严峻。随着全球经济走势不确定性因素增多，贸易摩擦的实质性影响显现，铝材出口持续增长难以为继，机电、汽车等钢铁与有色金属终端消费品出口受阻也将加剧行业运行压力。此外，由于有色金属金融属性很强，贸易摩擦对有色金属行业的间接影响甚至大于直接影响，冲击市场信心、价格及投资，影响有色金属行业发展。

从国内发展环境看，2016 年 2 月，国务院发布了《关于钢铁行业化解过剩产能实现脱困发展的意见》，提出了用五年时间化解 1.5 亿吨以上过剩产能的目标。在国家大力推动下，钢铁行业于 2018 年提前完成目标任务，并彻底取缔"地条钢"产能，行业运行状况得以明显改善。但是，巩固去产能成果任务依然艰巨。随着钢铁企业创新能力的不断提高，企业装置配备、生产技术和生产效率都在不断进步，钢铁行业已经出现了产能降低、产量增长的矛盾现象。据中国钢铁工业协会统计，截至 2019 年底，全国新建炼钢产能 2.76 亿吨、炼铁产能 2.46 亿吨；累计减少炼铁产能 3498 万吨、炼钢产能 2879 万吨；中国前十大钢企的粗钢产量约占总产量的 36.8%，比"十二五"末提高了 2.6 个百分点。在国民经济对钢铁需求强度不断下降的情况下，可能会引发新一轮产能过剩。我国有色金属行业整体保持平稳运行。2019 年，我国规模以上有色金属工业企业主营业务收入超过 4.5 万亿元。在营业收入排名前 50 的企业中，国有企业占 50%，其中包括中国铝业、中国有色、五矿有色金属股份有限公司和国家电力投资集团有限公司

（铝板块）四家中央企业。① 2020 年第一季度，我国有色金属行业成绩有所下滑，规模以上有色金属工业企业（包括独立黄金企业）实现营业收入 11252.7 亿元，同比下降 10.2%，降幅比全国规模以上工业企业低 4.9 个百分点；实现利润总额 153.3 亿元，同比下降 31.4%。但目前已逐步恢复平稳。

四 钢铁与有色金属行业中央企业 自主创新模式与特点

（一）企业管理规范化

管理是企业永恒的主题，创新管理是企业提质增效的重要举措。面对市场的新形势和发展的新要求，鞍钢集团坚持向管理要效益，紧扣企业管理中的重点、热点和难点问题，将管理新理念、新机制、新方法融入生产运营全过程，在集团管控、市场化运营、产品研发、品牌营销、廉洁风险、安全生产等领域进行创新实践，不断提升管理效能，助力企业高质量发展。"特大型钢铁企业集团基于战略管控的成员企业差异化管理体系建设"是鞍钢集团按照"简化、瘦身、放权、搞活"的改革思维，为突出多元化企业集团差异化管控特征而进行的管理体系建设，主要包括在完善法人治理结构建设、完善成员企业分类体系、进一步落实各级企业市场主体地位、优化集团职能体系建设、完善差异化授权体系建设、完善监督评价体系建设、完善规章制度体系建设等方面进行的创新实践。"钢铁企业以关键工艺节点管控为核心的质量精细化管理"要求鞍钢股份炼钢总厂以识别用户个性化质量需求为基础，通过建立关键工艺节点及控制目标体系、责任体系、评价体系，使质量控制结果一目了然，使管理责任的落实更加具体明确，形成层层传导压力、层层抓落实、上下联动共同做好质量工作的长效运行机制，使过程质量管理更加精细化，满足用户产品质量个性化需求。"钢铁企

---

① 《2019 年有色金属工业营业收入前 50 家企业排序发布》，中国有色金属工业协会官网，http://www.chinania.org.cn/html/yaowendongtai/guoneixinwen/2020/0722/38748.html，2020 年 7 月 22 日。

业激发生产单元活力的市场化机制构建"要求鞍钢股份大型厂通过模拟自主经营体，坚持以组织变革为先导，将责权利贯彻始终，构建适应产线市场化经营的生产组织模式，构建科学合理的产线市场化运营指标体系，构建责权利相统一的产线自主经营体系，完善配套政策措施的创新实践，充分激活"微型"市场主体活力，提高全要素运行质量和效益。

（二）　人才培养团队化

人才是企业科学发展的第一资源。鞍钢集团坚持"能者上、平者让、庸者下"的原则，以竞争择优任用为重点，逐步建立和健全人才任用机制、激励机制、监督和考评机制，畅通各类人才晋升通道，积极营造"人尽其才、才尽其用、用尽其能"的良好环境。通过实施领导人员公开选拔、岗位竞聘、人才交流、挂职锻炼等，为各类人才搭建舞台、为人才提供施展才华的空间。以建立健全研发岗位、采购销售岗位、工程技术岗位及高技能人才等级序列为重点，完善各类人才晋升奖励制度，积极探索有效的人才管理办法，让优秀人才脱颖而出。

宝山钢铁股份有限公司基于二次创业需要，面向未来，为发现、牵引、培养一批更具企业家精神、更具创业者素养的经营管理人才而开展"点善军团——未来创业者修炼营"培养项目。在培训过程中，学员扩展视野，心智模式更为成熟，同时，更获得了充分的岗位历练，并在岗位上以创业思维开展工作，收获了更大的进步。积极举办职工技能大赛，将技能竞赛的着眼点放在提高职工实际动手能力、分析解决问题能力和应急应变能力上，实现从学历的提高向能力的提高转变、从经验的积累向知识的共享转变、从创新成果向生产力提高转变，为公司新一轮发展做好技能储备。创造"尊重劳动、尊重知识、尊重人才、尊重创造"的氛围，引导广大员工自觉投身学习知识、钻研技能的热潮中，形成"比学赶帮超"的向上氛围。

（三）　产学研用体系化

在国家有关科技计划的支持下，钢铁与有色金属行业依托优势企业、院校和科研院所的优势资源，展开联合研发，搭建产学研合作平台。构建了不同模式的产学研用研发联盟，建立企业技术创新体系。充分发挥企业研发资金的引导作用，支持合作高校、科研机构面向产业需求开展研究，搭建钢铁与有色金属企业完备的自主创新体系。与相关高校的关联专业建立合作伙伴关系，鼓励并扶持它们提高创新研发层次和水平。建立多元化人才培养体系，联合培养复合型人才。同时，企业、科研院所和高校各方应积极整合相关资源，建立起多方参与的创新战略联盟，共同承担重大研发任务。通过多年的发展，鞍钢集团形成了产、学、研、销一体的自主创新体系，即以研发机构为主导，以主体厂矿为依托，以市场为导向，以国家级院校所为协作，以知名专家为支撑，能充分调动科技人员积极性的自主创新体系。成立了由两院院士和国内钢铁行业著名专家组成的技术咨询委员会，使之参与企业重大自主创新项目和中长期发展规划的咨询工作。对科技重大项目实行分层目标管理，明确技术开发和产业转化的目标，确定投入产出目标责任，将新产品开发、技术指标、自主知识产权及科技成果等内容纳入考核评价体系。通过加强与国内外科研机构、知名学府和先进企业开展高水平、深层次的合作与交流，强化从源头到终端、从局部到整体的全员、全方位、全过程的闭合科技管理工作，完善科技人员工作业绩评价办法，实现了科研资源共享，最大限度地发挥了科研资源的协同效用，推进了科技创新体系建设和前沿技术研究工作。在技术创新方面，鞍钢集团成立未来钢铁研究院为研究提供方向和进行深度研究；根据课题情况成立项目组来推进课题，项目组内部包括生产流程的各个环节，并由项目组与相应的科研院所合作。

五　钢铁与有色金属行业中央企业
自主创新绩效评价

总体来说，近年来，钢铁与有色金属行业中央企业的自主创新能力相比之前有了很大突破。钢铁与有色金属行业不断开展自主创新活动，取得了众多创新成果。重大课题项目顺利验收，主要品种冶炼工艺技术及装备水平提高较快，积极推进合同能源管理，加大运营转型管理创新；中央企业与地方政府建立了长期战略合作伙伴关系，并建立了行业战略联盟，实现共同发展；建设创新型科技人才队伍，积极举办人才培训；大力建设研发平台，推进产学研联动，形成了完整的自主研发体系。钢铁与有色金属行业通过协同创新，将产学研更大范围地结合起来，在发挥创新驱动作用的同时，鼓励原始创新，行业自主创新能力不断提高。

与此同时，钢铁与有色金属行业中央企业的自主创新也存在一些问题，主要表现在以下几个方面。首先，从产品结构来看，钢铁与有色金属产业仍处于低端市场，高附加值、高技术含量产品比重较低。其次，钢铁与有色金属行业人才队伍的整体素质依然相对较低，科技创新能力和消化吸收能力不强，生产所需的关键设备和技术大多数还需要从美、德、日等发达国家引进。最后，企业间协作程度不高，造成技术力量分散、研究内容重复，无法适应产业技术创新的要求。钢铁与有色金属行业中央企业间以及企业与科研机构间进行技术、产品开发的合作相对较少，特别是大型企业在自发合作进行新技术、新工艺和新产品研发方面，与国外先进钢铁企业相比还有不小的差距。

第三篇

中央企业自主创新典型案例

第十二章
中国联通：混合所有制改革下的
全面创新

中国联合网络通信有限公司（以下简称中国联通）成立于 1994 年，是国内三大电信运营商之一，于 2009 年 1 月 6 日在原中国网通和原中国联通的基础上合并组建而成。目前在国内 31 个省（自治区、直辖市）及境外多个国家和地区设有分支机构，是我国唯一在纽约、香港、上海三地同时上市的电信运营企业，曾连续多年入选"世界 500 强企业"。中国联通下属有中国联通 BVI 公司（简称联通 BVI 公司），总资产为 1450.2 亿元，控股比例为 82.1%，联通 BVI 公司是针对国际税法为了合理避税所成立的公司。中国联通集团（简称联通集团）内部设有中国联合网络通信股份有限公司（简称联通红筹公司），2000 年于香港注册成立，同年在香港和美国上市。

在发展战略及目标方面。2004～2007 年，公司主要以移动业务为主，协调注重品牌、营销、客服、资费等经营环节，快速抢占市场做大做强。2008～2013 年，公司借助 WCDMA 牌照优势，扩大用户群体，优化用户结构，推动固网和移动网络融合发展。2014 年，公司深化"移动宽带领先与一体化创新"战略转型，加快打造 3G + 4G 一体化发展。2015 年，战略聚焦 4G 发展，创新驱动和深化合作；完善员工晋升激励体系，激发内生活力。2016 年，与中国电信集团公司签订"资源共建共享、客户服务提质"战略合作协议。实现网络渠道升级，业务反转，收入反转。2017 年，中国联通近 800 亿混改方案出炉，引入民营战略投资者。2018 年，参加联合国旗下国际电信联盟通讯标准化组织（ITU－T）SG17 安全工作组会议，提交了 2 项关于区块链技术安全的国际标准提案，并首次开通国内专业级 5G +8K 超高清应用。2019 年，中国联通实现了 5G 全方位服务。此前，中国联通已在新媒体、工业互联网、智慧医疗、智慧交通等多领域展开 5G 创新应用实践，中国联通获 5G 商用牌照。随着 5G 时代的到来，在 2020 年中国联通 5G 赋能下的 XR、AI、云计算等技术不断成熟，5G 终端与应用紧密结合，推出 5G 直播类、行业类、娱乐类三大板块九大重点产品。

近几年来，中国联通面临着竞争乏力、市场占有率低、资金缺乏以及内部治理结构不完善、权力过于集中而缺乏完善的监督约束等一系列的问题，经营状况日益变差。2014 年以来业绩下滑明显，特别是 2016 年达到最低点。中国联通年报数据显示，在市场占有份额方面，2016 年末，中国移动、中国电信和中国联通 4G 用户数量所占有的市场份额依次为 70%、17% 和 13%。中国联通大幅落后中国移动和中国电信，竞争呈劣势。在这种情况下，国家发改委会同国务院国资委于 2016 年将中国联通列入第一批混改试点。2017 年 8 月 20 日，中国联通集团正式公布了混合所有制改革方案，通过实施引入战略投资者、组建多元董事会、精简机构人员、重构业务单元、创新产品服务、实施股权激励等一系列"组合拳"破除固有弊病，在激烈的市场竞争中闯出了一条富有特色的改革之路。

一　体制创新：混合所有制改革，破解垄断领域央企发展难题

2017 年 8 月 20 日，中国联通集团下属的 A 股上市公司中国联合网络通

信股份有限公司混合所有制改革方案正式发布，确定中国联通的混改方案主要分为三步：一是转让老股，二是非公开发行股票，三是内部的股权激励形式筹资。首先中国联通向结构调整基金转让其持有的大约19亿股股份，总价款近129.75亿元。联通集团还通过非公开发行股票的方式，向战略股东发行90.37亿股股票，由此所筹集的资金约为617.25亿元。同时，中国联通积极引入多元化的战略投资者，8月20日其子公司联通运营公司在北京分别与腾讯、百度、阿里巴巴、京东等知名互联网企业以书面形式签署战略合作框架协议，其民营战略投资者中腾讯出资110亿元，占比5.21%；百度出资70亿元，占比3.31%；阿里巴巴出资43.3亿元，占比2.05%；京东出资50亿元，占比2.36%。此外还引入金融企业和产业基金方面的战略投资者。国有企业中国人寿、中国国有企业结构调整基金分别出资217亿元、129.75亿元，占混改完成后总股本的10.51%、6.28%（见图12-1）。交易全部完成后，按照发行上限计算，混改后联通集团对中国联通的持股比例从原来的62.7%降到36.7%，新引入战略投资者合计持有公司约35.2%的股份。

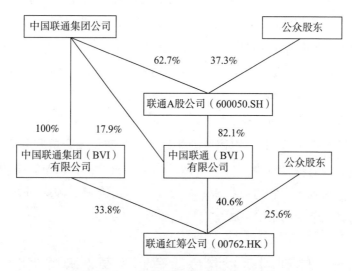

图 12-1　中国联通混改前的股权架构
资料来源：中国联通的年报、Wind 数据库网址。

由图12-1可知，"中国联通"这个称谓实际上可以指四家公司，其中两家分别在沪港两地挂牌，其股份形式分别是中国联通（600050.SH，联通A股）和中国联通（00762.HK，联通红筹股）。混合所有制改革前，中国联通集团公司持其股份62.7%，即联通A股公司的上层母公司持股62.7%，国务院国资委是中国联通的实际控制人。而一般的公众小股东、散户或法人股东等持股37.3%，持股比例大约为2∶1。

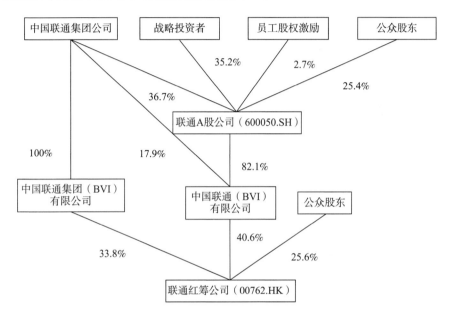

图 12-2　中国联通混改后的股权架构

资料来源：中国联通年报、Wind数据库。

图12-2显示，中国联通混改创新股权架构后，总公司中国联通集团公司依然是最大的股东。在保证国有资本控股的前提下，中国联通集团公司持有A股公司股份降至36.7%，引入的14家战略投资者合计持有股份约35.2%，公众股东持有股份占比25.4%，员工限制性股票激励计划占2.7%，实现了不同资本相互融合和股权有效制衡。而后又对股权结构进行进一步优化，截至2019年12月31日，中国联通股权结构如图12-3所示。

混改后中国联通与新的战略投资者在云计算、大数据、物联网、人工智能、家庭互联网、数字内容、零售体系、支付金融等领域均开展深度战略合作。例如，在大数据方面，中国联通与腾讯明确共同合作；物联网方

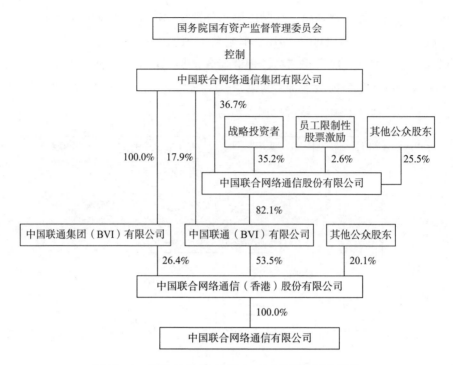

图 12 – 3　截至 2019 年 12 月 31 日中国联通股权结构

资料来源：中国联通官网，http://www.chinaunicom.com.cn/。

面，中国联通与阿里巴巴合作，阿里新增物联网端口全部由中国联通来实施；在公有云方面，中国联通已和腾讯、阿里打通，底层由中国联通提供，中间层和应用层则由合作伙伴提供；中国联通与百度的合作主要面向家庭、内容、智能、家庭网关等方向。这些大型互联网公司、垂直行业领先公司、具备雄厚实力的产业集团和金融企业与中国联通主业关联度高、互补性强，具有协同效应。新引入这些战略投资者，有利于将中国联通在网络、客户、数据、营销服务及产业链影响力等方面的资源和优势与战略投资者的机制优势相结合，推动重点业务和产业链融合发展，扩大中国联通在创新业务领域的中高端供给，实现互利共赢。据统计，混合所有制改革使中国联通获得大约 750 亿元的资金，实现了财务实力和投资运营能力的显著提升。中国联通发布的 2017 年财务报告数据显示，2017 年中国联通营业收入 2748亿元，同比增长 0.2%；净利润为 4.3 亿元，同比增长 176.4%。自由现金流达到人民币 492.1 亿元，同比提升 5.6 倍。公司资本实力大幅增强，财务状况更加稳健，资产负债率由上年同期的 62.6% 下降至 46.5%，用户数达到 2.84 亿户。中国联通 2018 年全年净利润 40.8 亿元人民币，同比增长 858%，市场估值 36.2 亿元人民币。全年实现主营业务收入 2637 亿元人民币，同比增长 5.9%。2019 年，中国联通资本开支总额为 564 亿元人民币，自由现金流保持强劲，达到 264 亿元人民币。截至 2019 年底，公司资产负债率为 39.3%，同比下降 2.5 个百分点，财务状况更趋稳健，财务实力显著增强，为未来可持续发展奠定坚实基础。

总之，此次中国联通混改除打破了国有投资为主体的股权结构，也形成了一个真正的运行市场化、投资主体多元化、产业链协同化的信息通信产业市场新格局。

二　管理创新：完善公司治理结构，深化发展人才体制机制建设

此次中国联通混改在形成混合所有制多元化股权结构的同时，也为进一步健全和完善公司治理结构创造了条件。在公司治理结构设计上，中国联通坚持在党的领导下，以董事会治理为核心，市场化运营为原则，通过本次混改精简了机构内部架构，形成了多元化董事会和经理层以及权责对等、协调运转、有效制衡的混合所有制公司治理机制，优化了人才发展体制机制，激发了企业的活力，具体有以下几个方面的转变。

（一）精简机构内部架构

机构臃肿、人浮于事曾是制约中国联通发展的重要因素。在本次改革之前，中国联通在三大运营商的内部架构最为冗余，相比于中国移动和中国电信总部分别只有 17 个和 22 个部门，中国联通总部共有 27 个部门，这主要是当时网通和联通合并留下的后遗症。除了部门数量多之外，各部门内部之间没有明确清晰的工作划分，也没有形成很好的协同效应。例如，改革前的战略部门、企业发展部门和计划管理部门这三个部门都是对中国联通未来的发展方向和方案进行研究，存在着职能重叠的问题，耗费公司

时间成本和人力成本，运行效率低下。本次中国联通改革进行了机构精简，总部的部门数量从之前的 27 个减少为 20 个，缩减了 33.3%；处室数量从 238 个减少到 127 个，其中净减少 56 个，生产分离了 55 个；人员编制从 1787 人减少到 891 人，管理人员也减少了 342 人，下降比例 15.5%。省级公司方面，管理人员大约减少了 10%，员工减少大约 400 人。地级市方面，机构也大大减少，减少了大约 26.7%，地级市的公司班子减少了 4.2%。这大大解决了机构冗余，效率低下的问题。

中国联通作为央企混改的先行者，在"混"的任务完成后，"改"的探索始终没有停歇。在 2020 年，中国联通在深化改革方面又有"大动作"，集团公司党组织坚持新冠肺炎疫情防控与改革发展"两手抓"，在 2 月下旬党组织召开的"应对疫情转危为机、蓄势提能转型发展"专题研讨会的基础上，公司党组织于 3 月 3 日审议通过了《大市场统筹运营组织体系改革方案》。以期在企业治理模式、治理结构与治理能力的现代化等方面进一步有所突破。

全面落实"去机关化、去行政化、去层级化"的实际行动，顺应防控新冠肺炎疫情助力全社会数字化转型变革、打造数字化服务能力。按照"统筹""产品""运营"三大板块，整合市场线资源，让生产关系适应生产力发展。

在总部层面，建立以"1 部 2 中心"为核心的运营组织体系。"1 部"，即将市场部作为大市场体系的规划者和资源协调者，负责市场前后端的统筹协调组织。"2 中心"，即建立大市场统筹下的"产品中心""渠道运营中心"。在省公司层面，实现"管""办"分离。市场营销部负责规则与策略制定、统筹资源等，可设置独立的产品、运营板块；地市公司设营销部，负责客户运营与末梢支撑；区县以末梢生产组织为载体，负责落地执行。在改革节奏上，实行分阶段推进。由于大市场统筹对现有组织的承载能力、团队的支撑能力、人员的专业能力都提出了新要求，公司将根据现实情况分为两个阶段有序推进。

（二）优化董事会组成结构，落实董事会职权

2018 年 1 月 24 日，中国联通公告了董事会换届选举结果，引入新的国

有股东和非国有股东代表担任公司董事或监事，进一步优化多元董事会组成结构。公司新董事会的成员由 7 名扩大至 13 名，其中独立董事 5 名，分别是冯士栋、吴晓根、吕廷杰、陈建新、熊晓鸽，这成为董事会的最大力量。非独立董事 8 名，分别是王晓初、陆益民、李福申、中国人寿的尹兆君、腾讯的卢山、百度的李彦宏、京东的廖建文、阿里巴巴的胡晓明。值得一提的是，改革后的董事会中有 4 人来自民营互联网企业。互联网企业的核心管理人员正式参与到中国联通的决策层中，其中释放的信号很明显，表明了中国联通未来将向互联网方向靠近。

与此同时，中国联通明确了董事会在公司的核心地位，落实了董事会重大决策、选人用人、薪酬分配等权力，认真履行决策把关、内部管理、防范风险、深化改革等职责。董事会接受股东大会、监事会监督。实际运行中，在混改后的董事会中来自战略合作伙伴派出的多名董事在发展战略、体制改革、业务合作等重大事项上履职尽责，建言献策，使治理结构得到进一步优化，对中国联通未来的长期发展起到了重要作用。

（三）创新深化人才发展体制机制建设，探索市场化管理

人是企业中战略和执行的连接点，是战略成败的决定性因素。人才工作一直在党和国家的各项工作中占有十分重要的位置，党的十九大报告指出："人才是实现民族振兴、赢得国际竞争主动的战略资源"，"要着力建设高素质专业化干部队伍"。中国联通一直以来都贯彻树立"人才强、基因优、企业兴"的理念，抓住此次混改契机，围绕贯彻落实十九大会议精神、习近平总书记围绕人才工作重大战略思想和全国组织工作会议精神，确立人才引领发展的战略定位，实施更加积极、更加开放、更加有效的人才政策，深化人才发展体制机制改革，探索市场化管理方式，激发和释放了人的活力。

首先是建立了公司市场化人才发展体系，对核心队伍实施从人才规划、人才遴选、人才培养、人才使用到人才激励的全生命周期闭环管理，分业务分层分级建成一支涉及各专业领域的核心人才梯队。目前已覆盖大 IT、网络运维、产业互联网等十余个专业，总数接近 10000 人。通过实施对人才梯队的差异化激励，打破专业技术人员晋升"瓶颈"，实现专业技术人员双

通道发展。同步建设人才社区及人才管理平台，实施"互联网＋人才"使用及管理形式。

其次是建立创新领域与基础领域相区隔的人才管理机制，面向创新领域提供人才政策、人才数量、人才能力硬供给。以 5G、产业互联网、云计算、物联网、大数据等为代表的创新型业务有着广阔的市场空间，是电信运营商未来实现可持续和更高质量发展的关键。中国联通把创新摆在发展全局的核心位置，抓住混改契机，布局重点创新业务，持续打造差异化优势。创新型业务需要创新型人才。中国联通积极适应产业互联网、工业互联网、物联网等快速发展的需要，充分发挥联通混改的独特政策优势，加大跨界复合型人才的引进力度。同时，加大存量向创新调整力度，加大人才保留力度。

中国联通制定并推动实施创新领域"418"人才工程，围绕"新机制、增数量、提能力、强使用"四个工作目标，实施 8 项行动计划，通过专项激励资源推动落地。人才新机制建设以 6 个"打破"为主要标志，包括打破现有职级体系、打破部门功能式运营方式、打破岗位绩效考核模式、打破传统聘用方式、打破"铁饭碗"、打破统一薪酬管理模式，建设人才特区，切实推进"三能"改革落地见效，激发人才队伍活力。中国联通通过强化人才体系化培养实现人才内生，组织实施"U 成长计划""引擎计划""加速器计划"等专项培训计划，投入专门资源，分层次加强应届毕业生、基础领域人员、创新领域人员 IT 技术能力培训。制定小 CEO、智慧家庭工程师等岗位能力模型，开发课程体系，培养实战能力。并且中国联通校园招聘致力于打造青春活力的新型雇主品牌，开辟全新的"U 才生"校园招聘品牌、搭建校园招聘平台，打造校园招聘雇主形象，全方位升级搭建"中国联通招聘"微信公众号。在此基础上，中国联通还积极开展人才合作，以开放共赢的心态加强与产业链领先方的合作，在合作中锻炼队伍、提升己能。在 2017～2018 年，中国联通包揽了中国年度最佳雇主、最受大学生关注雇主、HR 管理团队典范等多项中国雇主品牌大奖。2019 年荣获"校招案例奖"。

与此同时，中国联通根据业务发展方向优化人才资源配置，提升队伍能力。在基础领域以提升效率为目标提升人员效率，扎实推进"瘦身健体"，将更多人力资源向市场一线倾斜，满足前端业务发展需要。例如山东联通将瘦身健体和"划小承包"改革有机结合同步推进，省、市、县公司本部机构改革精简比例为42.15%，搭建起员工利益和企业利益高度一致的运营机制，有效激发了企业内生动力和基层创业活力。山西联通的党委于2018年1月颁发《山西联通县域振兴行动计划》，号召全公司"同心砥砺、振兴县域"，从2018年至2021年将分四批、共组织1000人赴基层工作。2018年山西省、市两级首批281名干部员工走出本部，走进生产经营的第一线，聚焦短板、破解难题、提升效率、共促发展，激发出县域发展的强大活力。

中国联通多措并举，坚定不移地推进人才体制机制改革，最大限度激发和释放人才创新创造创业活力。在公司内积极构建人人渴望成才、人人努力成才、人人皆可成才、人人尽展其才的良好生态。

（四）积极建立健全员工激励及相应约束和退出机制

首先，中国联通集团在混改中积极探索建立员工中长期激励机制，激励对象包括公司董事、高级管理人员以及对经营业绩和持续发展有直接影响的管理人员和技术骨干等。在组织维度方面，中国联通以市场化为方向，实现人工成本与效益协调增长，在全集团建立健全同劳动力市场基本适应、同企业经济效益和劳动生产率挂钩的工资决定和正常增长机制，建立集团、省公司、本地网、划小单元一脉相承的增量收益分享机制，实现价值创造引领下的正向激励，探索基于业务规划期的创新子公司人工成本总量管理模式。

在个人维度方面，中国联通以差异化分配为方向，实施不同类型员工的薪酬组合及薪酬水平差异化管理，创新建立包括晋升、绩效、福利、认可、荣誉、长期、培训七个子体系的全面激励体系；实施人员分类管理与差异化薪酬，各级管理人员激励与经营业绩和考核评价结果紧密挂钩、与任职岗位和承担责任相匹配，年度激励与长期激励相结合；员工激励以业绩贡献为绩效薪酬的分配依据，针对不同岗位实施差异化激励方式和手段，实现员工薪酬多劳多得。对于一线员工，中国联通积极竞争性选拔"小CEO"进行承包，搞活激励分配，打破平均主义"大锅饭"，把"要我干"

变成了"我要干"，为"想干事、能干事"的人提供广阔平台，使中国联通从大公司回归到创业公司，同时让基层员工率先拥有更多获得感，从而大大提升了工作效率。

在股权激励方面，中国联通实施了我国迄今为止A股上市公司授予人员最多、激励规模最大的股权激励计划。通过定向增发新股、转让旧股以及员工激励的方式来进行国资转让，向核心员工授予约8.5亿股限制性股票，价格约为市价的一半，为每股3.79元。限制性股票激励计划突破按职级授予的通行做法，可授予包括中高级管理人员以及管理骨干、技术骨干等高价值创造群体，并设置严格的解锁条件，强化激励与约束的统一。基于对混改后发展前景的信心，公司对未来三年设定了很高的业绩增长目标，突出刚性约束，并与限制性股票解锁挂钩。若想拿到股权，要靠业绩说话。业绩目标的实现具有巨大挑战性，对于公司和员工而言，既是压力，更是动力，风险利益共担。本次股权激励计划相应设置了预留股权，拟用于授予本次混改后公司引入的在IP、IT、创新业务等领域具有专长的新员工，有助于公司吸引外部高素质人才，实现人才结构与业务结构相互匹配、同步转型，助力公司主营业务发展，实现跨越式增长。

此外，中国联通扎实推进员工退出机制，统建了内部人力资源市场IT系统，退出"不能干事"和"干不成事"的人，近两年因绩效考核不胜任而退出的员工均达到1%。

三 产品和服务创新：进一步推进中国联通全面转型升级

（一）创新推出新型产品，转变经营模式

中国联通从前采用的是粗放型的营销模式，给予用户许多补贴而导致费用成本增高，经营和运行压力巨大。而在此次混改之后，中国联通不断进行产品和服务模式的创新，首先表现在全方面推进与互联网企业合作并推出相关产品。近几年，随着5G技术的发展，中国联通也加快了推进全面数字化转型的步伐。例如2020年，中国联通集团公司党组织召开"应对疫

情转危为机、蓄势提能转型发展"专题研讨会提出，中国联通加快从过去只重投资、重人工等资源向更多依靠知识、技术、数据、智能等新生产要素的投入转变；作为电信运营商的公众市场不能局限在过去的产品上，要加快推进客户价值经营的互联网化转型；要加快满足数字政府、新型智慧城市、公共安全与应急处理、智慧医疗、智慧教育、智慧交通等众多领域"5G＋AI＋大数据"行业化、个性化、全云化解决方案与平台需求。

改革后，联通全公司上下都将进一步按照互联网化的方式运作，推进整体性的数字化转型，实现线上线下的一体化融合。

（二）与互联网企业合作开展"互联网＋线下门店"零售新模式

中国联通产品与服务创新不止与互联网企业简单的业务合作，还有在战略层面的探讨，即如何将共同的资源进行融合，实现未来业务的改革创新。当前我国各种零售业形态层出不穷，而最贴近用户的便利店已经成为实践零售变革的新战场。中国联通拥有超过2万家的线下门店资源，且门店一般设置在生活便利区，面积适中，群众熟悉度高，这非常好地契合了互联网厂商对于线下零售体验店的新要求。

2016年11月，中国联通与阿里巴巴集团在杭州签署战略合作框架协议，在基础通信服务、移动互联网及产业互联网等领域展开深入合作，加快面向移动互联网的供给侧结构性改革。同月，支付宝就与中国联通达成战略合作。次年10月，中国联通与阿里巴巴集团宣布相互开放云计算资源，在政务云、行业客户市场等专有云领域进行联合拓展。12月15日，中国联通与阿里巴巴联合打造的"中国联通智慧生活体验店"在上海正式开业。顾客可以在店内体验到包括AR购物、云货架、天猫精灵等在内的新零售领域的最新技术产品。这意味着中国联通和阿里巴巴在新零售战略的合作正式开启，通过线上线下结合，集场景化与数字化于一体，全面升级消费体验。

2018年，中国联通与京东集团举办了"京东便利店"项目战略合作签约仪式，共同开启了"深层次合作、多方赋能"的创新零售合作新模式。根据战略协议，中国联通将成为入驻"京东便利店"的首家电信运营商合作伙伴，并在"掌柜宝"App线上提供通信服务。中国联通的号卡、宽带等各项业务均将以商品形式全面进入京东便利店供应链体系，并获得场景化营销专区，有助于提升自身通信业务的发展及用户市场份额的扩展，而京东便利店也借助中国联通提供的实体店进行运营能力、权益资源、大数据分析与引流的合作，全面提升商户的市场份额。中国联通积极探索"互联网＋线下门店"模式，联合"线上"与"线下"，通过释放电子券资源、全品类供应链输出、大数据运营和线上线下交叉引流等手段，为门店赋能，这与京东提出的"无界零售"新思路高度契合。同时满足了人们日益增长的对信息时代更高、更美好的需求，为消费者带来更多权益、更好的消费体验，以及更优惠优质的产品和服务，体现了"创新＋共赢"的核心逻辑和真正价值。

再如，中国联通与苏宁集团也于 2018 年开展更深层次业务合作，计划在全国选择一批联通营业厅，由苏宁输出供应链能力、门店运营管理能力、用户服务能力等零售综合能力，将其转型升级为全新的智慧零售门店。在大数据合作方面，双方将重点围绕征信产品和精准营销展开合作；在金融领域，加快第三方支付的相互打通，且在涉及供应链金融、对公存款和延保业务等方面，双方在下一阶段都将有具体的合作动作落地。而针对目前市场上的最新技术和领域，中国联通与苏宁集团也将携手入场。此外，双方还将共同筹划成立联合技术实验室，共同研究 5G 技术在智能家居、车联网等方面的应用。

在 2020 年，中国联通与中交智运有限公司在天津签署了合作框架协议。双方将在通信服务、大数据、互联网增值服务等领域开展深入合作，共同打造"线上线下一体化"的智慧运输服务及通信网络，双方将探索建立"用数据决策、用数据管理、用数据创新"的数据驱动机制，促进产业生态构建与集群，共同助力"交通强国"战略落地，提升行业数字化服务水平和监管能力，助力行业降本增效。

（三）大力推进 5G 产业新发展

中国联通与众多合作伙伴积极营造 5G 产业合作新生态。与腾讯成立 5G 联合创新实验室，在核心网新商业模式、边缘计算、网络切片、高精度定位等领域开展研究、试验和应用孵化；与百度成立 5G ＋ AI 联合实验室，致力于车联网、AI、大数据等领域的创新产品、商业模式研究；与中国科学院共同成立 5G 技术联合实验室，在 5G 的核心技术领域开展深度合作研究，建立 5G 技术在野外科学台站及科学考察等领域的应用示范。同时，携手互联网公司、设备及芯片厂商等启动 5G 网络切片合作伙伴计划，共同探索网络切片如何为人和社会提供更大的价值，并与中国科学院、珠海格力电器股份有限公司（简称格力电器）、北汽福田、富士康等四十余家单位共同成立中国联通 5G 工业互联网产业联盟，推动供需对接、知识共享和优势互补，促进 5G 工业互联网产业发展。

可见，中国联通在过去的时间里，始终致力于积极展开 5G 行业应用探索，构建开放共赢的生态和融合创新模式，推动 5G 技术与行业应用的创新与融合，促进各行各业数字化、网络化、智能化发展。2019 年 6 月 6 日，工业和信息化部按照法定程序，向中国联合网络通信集团有限公司颁发了基础电信业务经营许可证，批准中国联通经营"第五代数字蜂窝移动通信业务"。10 月 31 日，中国联通宣布 5G 正式商用。至此之后，中国联通将会加快推进各行业应用落地，打造灯塔项目，加强自主研发能力，推动 5G 产品孵化。依托中国联通 5G 应用创新联盟，与合作伙伴共建 5G 产业新生态，共同打造"新蓝海的试验场，独角兽的孵化器"。2020 年，中国联通与华为运营商咨询部合作识别重点行业和通用场景，积极布局 5G 行业发展，加快推动 5G 产业的发展，赋能企业的数字化转型。

（四）创新打造"云网一体化"新生态

当今世界已经进入由数据主导的时代，创新是引领发展的第一动力。党的十九大对建设网络强国、数字中国、智慧社会做出战略部署。在此背景下，中国联通以习近平新时代中国特色社会主义思想为指引，全面贯彻新发展理念，始终坚持把创新摆在公司发展全局的核心位置，全面落实"互联网 +"行动计划，在云计算、大数据、物联网等创新领域寻求突破，聚焦八大热点行业推进产业互联网发展，积极推进网络演进与重构，提升集团政企客户通信信息服务感知。

在云计算方面，中国联通积极顺应云计算的融合趋势，不断加大资源投入和发展力度，云数据/IDC 资源能力和平台建设不断完善，研发和创新合作等基础核心能力不断提升，业务实现规模倍增。中国联通在全国实施

"M＋1＋N" 资源布局（M代表国家级、国际核心节点，1代表一个省级核心节点，N代表本地边缘节点），已部署线上公有云资源池4个，虚拟私有云资源池37个，专享私有云资源池45个，目前沃云资源池能力超12万VCPU，41万G内存，1万T存储；沃云平台研发迭代至4.0版本，全面构建了更加丰富的产品体系，包含计算、存储、网络、安全、应用五大类全系列200＋项功能，开发了云联网、多云管理平台、专享私有云等多项重点产品及行业云等专属解决方案。

在大数据领域方面，中国联通大数据经过多年在数据领域的积累，形成了跨行业数据采集整合能力、大数据治理能力、平台集成能力、多行业解决方案能力、产品交付能力和大数据运营能力。联通自主研发的UBD大数据平台是国内领先的云架构大数据平台，在中国信息通信研究院举办的大数据平台测试中表现优异。以UBD平台为基础，联通大数据形成了贯穿基础设施、平台及应用的系统服务能力，面向政府、交通、旅游、金融保险、公安、教育、互联网等行业，提供以标签体系和能力开放平台为代表的基础能力产品，以联通—数赢洞察—沃指数、联通—数盾风控、联通—数达营销、联通—数言舆情、智慧足迹为代表的标准化应用产品，以及政务、旅游行业大数据解决方案。联通大数据秉承开放合作的理念，在数据资源、数据建模和数据运营等方面与各界合作伙伴开放共享、共同成长，不仅致力于技术创新和服务升级，同时也积极探索运营商数据与各行各业的数据融合，为实体经济的发展赋能。

在物联网领域，中国联通将物联网作为创新战略的重点发展方向，大力发展物联网技术和应用，加快构建具有国际竞争力的产业体系，深化物联网与经济社会的融合发展，支撑国家发展数字经济，建设现代化强国。中国联通围绕客户需求，采用国际先进技术，建设领先的物联网专用网元和专用平台，构建标准化、开放的集约化物联网运营和支撑体系。通过联合国际主流运营商，采取先进的远程签约管理技术，面向汽车、运输、消费电子、工程设备等领域为跨国客户提供物联网全球解决方案，真正实现"一点接入，全球部署"。中国联通物联网持续保持高速发展，并且荣获工信部2016年物联网解决方案、中国通信工业协会2017年中国物联网优秀解决方案、2017 年物联网博览会新技术新产品成果金奖等诸多荣誉。2018 年，中国联通物联网产业联盟第一届理事单位在京召开，介绍了以互联化转型为契机，紧紧围绕"物联网平台＋"战略，培育创新发展新动能，打造共赢发展的物联网产业生态圈。并表示，中国联通物联网产业联盟将着力聚焦产业生态各方力量，携手联盟成员共同探索物联网产业链发展新模式，打造开放、普惠、共赢的物联网产业生态圈，为中国数字经济的创新发展做出更大的贡献。2019 年，在以"新 G 元，共精彩"为主题的"5G＋物联网（IoT）"论坛上，中国联通副总经理梁宝俊致欢迎辞，并表示，物联网作为数字经济的重要支撑，将推动经济社会迎来前所未有的发展；"五新"联通秉承"合作共赢、协同发展"的理念，全面发力 5G 物联网，与众多合作伙伴携手为产业创造更多价值。2019 年底，工信部同意中国联通开展物联网等领域 eSIM 技术服务。

在产业互联网领域，中国联通在全国 31 个省、自治区、直辖市均设立了系统集成分公司。中国联通聚焦政务、医疗、教育、旅游、双创、制造等热点领域，设立 12 个产业互联网子公司，并继续打造 16 个产业互联网产品基地，截至 2017 年底，联通产业互联网基地共完成创新产品研发 60 个，建设各类应用平台 21 个，在全国范围内推广项目超过 300 个。签约合同金额超过 19 亿元，获得国家级奖项 3 项，专利、著作权、发明等共计 14 项，基地合作伙伴超过 110 个，逐步建立起以联通产业互联网基地为主的产业联盟。

第十三章
华能集团：加强创新体系建设
提高自主创新能力

中国华能集团有限公司（以下简称"华能集团"）是经国务院批准成立的国有重要骨干企业。公司注册资本为 349 亿元人民币，主营业务为电源开发、投资、建设、经营和管理，电力（热力）生产和销售，金融、煤炭、交通运输、新能源、环保相关产业及产品的开发、投资、建设、生产、销售，实业投资经营及管理。

华能集团多年来坚决贯彻党中央决策部署，以国家能源战略为主导，坚持科学发展，加快转变发展方式，认真履行央企肩负的经济责任、政治责任和社会责任。秉承华能集团"三色公司"的企业使命，即为中国特色社会主义服务的"红色"公司，注重科技、保护环境的"绿色"公司，坚持与时俱进、学习创新、面向世界的"蓝色"公司，逐步形成了"电为核心、煤为基础、金融支持、科技引领、产业协同"的战略定位和"建设实力雄厚、管理一流、服务国家、走向世界，具有国际竞争力的大企业集团"的战略目标。为保障国家能源安全、促进国民经济发展做出了积极贡献。

目前，华能集团拥有 51 家二级单位、460 余家三级企业，6 家上市公司（分别为华能国际电力股份有限公司、内蒙古蒙电华能热电股份有限公司、山东新能泰山发电股份有限公司、华能澜沧江水电股份有限公司、华能新能源股份有限公司、长城证券股份有限公司），员工 13 万人。到 2019 年底，全资及控股电厂装机 18278 万千瓦，煤炭产能 7760 万吨/年。资产总额和金融管理资产规模均超过 1 万亿元，主要生产经营指标保持行业领先。在国内发电企业中率先进入世界 500 强，19 次获得国资委业绩考核 A 级和央企负责人任期考核 A 级，在国内同类发电企业中次数最多。[①]

2019 年，华能集团实现营业收入 1734.85 亿元，比上年同期上升 2.13%；营业成本 1481.72 亿元，比上年同期下降 1.65%；营业利润 46.39 亿元，比上年同期上升 27.15%；净利润 23.78 亿元，比上年同期下降 1.23%。

2019 年度公司保持合理的研发投入，技术创新与管理创新并举，围绕公司主营业务，涉及安全生产、节能降耗、环境保护、新能源等方面的研究。继续做好由中国政府投资的高碱煤液态排渣锅炉关键技术示范与运行优化等三个重点科研项目的管理协调工作；完成了新一代高参数、大热电比、高灵活性热电联产机组预可研等四个重点科研项目的立项审定；与西安热工院等科研机构深化合作，实施了 650℃高效超超临界机组高温蒸汽管道焊接技术等 17 个重点科研项目；完成了储能技术与产业发展对电力生产转型的影响分析等两项软科学研究工作。今后公司将进一步增强研发投入，使公司在传统能源高效清洁利用、高性能发电装置运行维护，以及信息化与网络安全技术方面取得新的更大的突破。

一 创新产业布局，推进产业结构多元化发展

中国华能集团有限公司坚持电为核心、煤为基础、金融支持、科技引领、产业协同的发展战略。围绕做强做优电力核心产业，优化煤炭项目、资源开发建设，拓展金融业务领域、深化产融结合，加快科技产业发展，进一步发挥了产业多元化和协同效应。新的时代，华能集团加快建设"三色三强三优"世界一流能源企业，以"两线""两化"战略布局锚定高质量发展的战略目标，上半年各战略支点建设全面提速。

（一）电力产业

华能集团一直以来坚持以电力产业为核心，贯彻落实绿色发展理念，

---

① 中国华能集团有限公司，http://www.chng.com.cn/n31529/n31551/index.html。

不断加快结构调整步伐，调整电源结构、产业结构和区域分布。优化发展煤电、天然气发电，持续提高传统能源高效清洁利用水平，同时着力发展水电、风电、太阳能、核电及其他清洁型新能源发电。截至2019年底，公司可控发电装机容量达到106924兆瓦。境内电厂全年发电量4050.06亿千瓦时，居国内行业可比公司第一。华能集团火电机组中，超过50%是60万千瓦以上的大型机组，包括14台已投产的百万千瓦等级超超临界机组、高效超超临界燃煤机组和国内首次采用的超超临界二次再热燃煤发电机组。天然气发电装机容量达到10419兆瓦，风电装机容量达到5903兆瓦，其中海上风电600兆瓦，光伏发电机组装机容量达到1381兆瓦，清洁能源比例不断提高。2019年华能集团中国境内各运行电厂按合并报表口径累计完成发电量4050.06亿千瓦时，同比下降5.91%；供热量累计完成2.40亿吉焦，同比增加10.69%。华能集团全年完成境内售电量3881.82亿千瓦时，同比下降4.38%。其中，华能集团所属能源销售公司售电量1128亿千瓦时，占发电背景售电公司的20.7%，超容量份额7.5个百分点，电量内部协同率78.8%。[①]

2020年上半年，华能集团中国境内各运行电厂按合并报表口径累计完成发电量1796.50亿千瓦时，同比下降8.05%；完成售电量1721.25亿千瓦时，同比下降6.98%；2020年上半年华能集团中国境内各运行电厂平均上网结算电价为416.65元/兆瓦时，同比下降0.68%。2020年上半年，华能集团结算市场化交易电量840.6亿千瓦时，交易电量比例为49.89%，比去年同期提高2.84个百分点。[②] 在水电方面，华能集团稳妥有序推进大型水电项目，将市场消纳作为澜沧江上游水电开发的前提；雅江下游水电不断巩固开发领先优势，林芝梯级规划及环评、米林和玉松水库规划加深研究总报告编制水电完成。2017年，民治水电站、苗尾水电培全部投产，水电项目核准规模在可比企业中排名第一。2019年，华能集团黄登水电站荣获

---

① 《华能国际电力股份有限公司2019年年度报告》，http://news.10jqka.com.cn/field/sn/20200401/24189223.shtml。

② 《华能国际电力股份有限公司2020年上半年发电量完成情况公告》，http://news.10jqka.com.cn/field/sn/20200715/26083759.shtml（网站上标题有误）。

"碾压混凝土坝国际里程碑工程奖"和"中国大坝工程学会科技进步一等奖"两项大奖。

在风电方面，2019 年在中国国际进口博览会上 GE 可再生能源与中国华能集团签署协议，在中国河南省濮阳市建设 713 兆瓦的风电场，这将是通用电气与中国华能集团签署的亚洲最大规模的风电订单协议，也是有史以来授予中国一家非中国风力漩涡发电机 OME 的最大的陆上风电交易。2017 年华能集团共有 120 万千瓦风电项目纳入国家风电年度开发方案，核准规模在可比企业中排名第一，创造了国内海上风电建设领域多个第一。2015 年，华能集团首个亚洲装机容量最大海上风电项目——江苏如东海上风电 30 万千瓦顺利投产运营，证明华能集团积极推进产业结构优化升级、转变发展方式。在东线方面，华能集团大力推进海上风电发展，助力东部能源转型。国内首个旋转流潮汐海域风电、连云港地区第一个海上风电项目——华能集团灌云海上风电项目和国内离岸最远的海上风电场——华能集团大丰二期 10 万千瓦海上风电相继并网发电；江苏启东 80 万千瓦、辽宁庄河 30 万千瓦海上风电项目开工建设。至此，华能集团的海上风电已累计获得核准 545 万千瓦，在建 160 万千瓦，建成 90 万千瓦。在太阳能光伏发电方面，华能集团深入推进光伏产业发展，全面完成"6·30"光伏投产任务，为能源结构调整，提质增效做出积极贡献；公司成功打造的沾化清风光伏扶贫电站，成为国家能源局、国务院扶贫办批准的第一批光伏扶贫项目，实现"因地制宜，精准扶贫。"

在核电方面，华能集团稳步推进核电项目开发，建立覆盖 24 个管理领域的核电产业三级管理制度体系架，加强核电专业化管理。积极参与"世界核电运营者协会双年会"等国际、国内交流会议，2017 年承办核能行业质量保证体系有效性研讨会议，塑造了良好的外部形象。2019 年，华能集团与中国核工业集团有限公司（简称中核集团）签署在海南昌江核电项目建设开展合作的战略协议。全面开展多维度交流，进一步实现核电全产业链合作，联手为我国能源安全和可持续发展做出新的更大贡献。重点项目"提速扩面"，响应国家扩大有效投资，加快"两新一重"建设的号召，华能集团通过自身创新发展带动产业链上下游共同发展。石岛湾高温气冷堆示范工程按期完成里程碑计划，两个反应堆全部完成"三壳组对"，核岛主回路基本形成；承载了 DCS 国产化科技攻关任务的瑞金电厂二期工程里程碑节点计划和投资计划有序推进，朝着 2021 年两台百万发电机组投产的目标迈进；石岛湾、霞浦压水堆、昌江二期进展顺利，三大沿海核电基地逐步形成。[①]

（二）煤炭产业

公司坚持以效益为中心，发挥煤炭产业协同效应，进一步优化发展布局，积极做好内部资源整合，稳步推进煤炭产业专业化管理。围绕输电、输煤外送通道建设，开发优质煤炭资源，重点推进大型煤炭基地建设步伐，统筹就地利用转化和外运煤炭，着力提高资源利用率和电煤自供保障能力。2018 年，公司煤炭产量 7086 万吨，同比减少 20 万吨，煤炭产业利润额 15.01 亿元，同比降低 1.89 亿元。公司积极争取国家政策支持，获得产能置换指标 561.75 万吨/年，节约资金约 6.7 亿元；核增优质产能 490 万吨/年，创造边际利润约 5 亿元。

公司煤炭产业在保障内部效益提升的同时，也积极为主营电力板块提供有力的支持。2018 年，煤炭产业完成内部供煤 4791 万吨，同比增长 151.51 万吨，占煤炭总产量的 67.61%，煤电协同率同比提高 2.4 个百分点。在北线方面，华能集团风光煤电输用一体化大型清洁能源基地的建设依次按下启动键。依托特高压输送通道起点，变输煤为输电，实现规模化开发、智能化运维、集约化经营。这对行业而言是加快"再电气化"的必然选择，对企业而言是实现质量变革、效率变革、动力变革的必由之路。落实"陇电入鲁"，甘肃陇东能源基地建设进入"发力提速"的关键阶段；打造满足生态保护与经济发展双重需要的北疆风景线，内蒙古上都 160 万千瓦风电基地项目、达拉特 100 万千瓦煤电联营项目获得核准。

煤电领域的技术创新，提升了煤电的清洁高效利用水平和灵活性，将有利于发挥煤电"压舱石"作用，也将为能源绿色发展贡献华能智慧。在污染物治理方面，华能集团在国际上首次提出"燃煤烟气多污染物一体化近零排放"技术，并启动现场中试验证和工程示范，该技术有望实现我国

---

① 《中国华能 2020 上半年发展形势述评》，搜狐新闻，https://www.sohu.com/a/410087142_436794。

常规燃煤电站从"单一污染物"控制向"多污染物一体化"控制、从"超低排放"向"近零排放"的技术跨越。在碳捕集利用与封存技术方面，华能集团自主开发的二氧化碳捕集技术在澳大利亚煤电项目中得到应用，并受邀正式加入碳捕集国际测试中心网络平台并开始运行，成为我国首个加入该国际平台的机构。在新材料新工艺方面，700℃关键部件验证试验运行超过3万小时，高温合金材料、管道内壁高温涂层技术在瑞金二期应用。上半年获授权专利514件，同比增长32%。

（三）金融产业

作为国内产业集团办金融的先行者之一，华能集团围绕"实现产业领域一流金融控股公司"目标，全面推进"金融华能"战略布局。公司金融产业以华能资本服务有限公司为控管母公司，旗下控股和管理10余家金融或类金融企业，业务涵盖证券、保险、信托、基金、期货、租赁等传统金融领域以及碳资产、私募股权管理、互联网金融等新兴金融领域（见图13-1）。华能

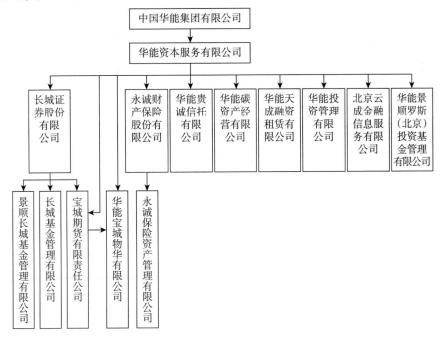

图13-1 华能金融产业架构

资料来源：中国华能集团有限公司，http://www.chng.com.cn/。

资本公司依托华能集团强大实业背景所提供的声誉优势和业务资源优势，坚持走专业化、特色化道路，在金融业务门类、经营业绩、综合管理、服务创新等方面居于国内产业集团办金融的领先地位，成为一家门类齐全的金融控股类公司。2018年，金融产业全年实现合并营业收入 136.34 亿元，合并利润 63.83 亿元，经济附加值 24.09 亿元，管理资产规模达到 13855 亿元，公司资产负债率在同行业中保持最低，同比下降了 0.2 个百分点。

（四）交通运输产业

华能集团加快推进煤、路、港、运一体化物流体系建设，以发挥专业化管理优势为主线，整合产业链资源，推进大物流体系建设，优化实时调运，拓展陆运直达跨区供应，有力促进了内部产业协同。

首先，公司组建燃料公司港航管理部，强化集团所属港口、航运的行业职能管理；相继开通珞璜、沁北、井冈山等 12 家电厂陆运直达煤炭供应业务；发挥进口煤运作优势，合理调配资源、运力及电厂需求，保障内部产业协同。

其次，公司港航管理体系不断理顺，积极外拓市场，内强管理，经营状况明显改善。2018 年 4 家航运企业完成货运量 8301 万吨，同比增长 3.6%，其中系统内运量 5321 万吨，同比增长 4.4%，占公司下水煤炭总量的 67.6%，占四家航运公司总运输量的 64.1%。2018 年，公司全力打造曹妃甸北方下水煤枢纽港，该港全年完成煤炭调出量 2264 万吨，其中 1249 万吨为系统内调出量，完成进港量 2409 万吨，远远高于曹妃甸地区其他煤炭港口运营初年的运营水平，曹妃甸港成为公司燃料供应链的重要战略支点。

二 以科技创新促进节能减排，引领绿色发展

习近平在十九大所做的报告全面阐述了加快生态文明体制改革、推进绿色发展、建设美丽中国的战略部署。华能集团始终坚持以科学发展观为指导，贯彻落实党和国家的各项方针政策，将绿色发展列入新发展理念。深入开展节约环保型企业建设和能耗指标创优活动，不断提高化石能源的清洁高效利用水平，加快清洁能源开发步伐，推进先进能源技术创新，逐

步降低单位发电量污染物及温室气体排放强度，实现了公司的全面协调可持续发展，彰显了华能集团的眼界与担当。

截至 2019 年底，公司可控发电装机容量为 106924 兆瓦，其中天然气发电机组装机容量为 10419 兆瓦，占比 9.74%，风电发电机组装机容量为 5903 兆瓦，占比 5.52%，光伏发电机组装机容量为 1381 兆瓦，占比 1.29%，燃油发电机组装机容量为 600 兆瓦，占比 0.56%，水力发电装机容量 368 兆瓦，占比 0.34%，生物质发电机组装机容量为 25 兆瓦，占比 0.02%。其余的 82.52% 为燃煤发电机组，装机容量为 88229 兆瓦，其中包括 14 台百万千瓦超超临界机组，以及高参数高效超超临界机组和国内首次采用的超超临界二次再热机组，公司现有的燃煤发电装置技术性能先进、维护保养精良、能耗指标优异、污染排放达标，具有行业领先的能效水平、持久的环境保护价值和市场竞争优势。2019 年公司新投产发电容量共 1286 兆瓦，全部为清洁能源，其中新增风力发电容量为 864 兆瓦，新增光伏发电容量为 422 兆瓦。[①]

（一）积极探索先进绿色低碳发电技术，推进先进能源技术创新和示范工程建设

近年来，华能集团组织研发和探索太阳能光热发电、波浪能发电、页岩气煤层气开采等一批新能源和可再生能源前沿技术，拓展科技对清洁能源发电产业的服务能力，为公司电源结构调整提供技术储备。集团发布几十项水电、风电专业技术监督标准和导则，依靠自己的技术队伍，并结合风电产业选址、基建需求、核电培训、建设与安全生产，部署了一批与生产紧密结合的科研项目，为风电场、水电站开展设备监造提供了有力支持，推动了先进技术和新型能源发电的安全高效发展。

1. 线性菲涅尔太阳能混合热发电装置

海南南山电厂 1.5 兆瓦项目是华能集团自主研发的我国首个超 400 摄氏度太阳能热发电科技示范项目，自 2012 年投运以来，清洁能源研究院（简称清能院）持续运行测试该装置并开展新技术的研发测试。2015 年 4 月清

[①] 《华能国际电力股份有限公司 2019 年年度报告》，http://news.10jqka.com.cn/field/sn/20200401/24189223.shtml。

能院建成了导热油集热、储热系统，该集热、储热、换热系统不仅能在多云阴天运行时产生稳定的蒸汽参数，在阴天或晚间也可正常稳定产汽运行。试验完成了集热、储热和换热等全流程测试，并对自主研发的新型反射镜框架、镜场闭环跟踪控制技术及 DCS 系统进行了测试，整套导热油试验系统和技术在国内处于先进水平。2015 年 5 月，清能院建成熔盐储热系统，开始了包括熔盐熔化、系统预热、熔盐换热及熔盐吹扫等在内的全流程测试，达到系统设计目标。储热系统可补偿太阳能自身的不稳定性，实现对太阳能的可调度利用，并进一步降低度电成本。

2. 华恒海惠波浪能发电设备出坞

2017 年 1 月 6 日，由华能清能源研发的华恒海惠波浪能发电设备出坞，该发电装置是国内首台 200KW 筏式波浪能发电装置。清能院课题组克服了技术资料少，设计条件复杂、研制难度大等困难，历时 4 年完成了装置结构、密封、系泊、偏航、液压、电气、控制、通信等系统及设备的设计和研制，于 2016 年 11 月开始船坞组装，2017 年 1 月 5 日全部组装完成。这标志着我国已经完全掌握了筏式波浪能发电的核心关键技术，为我国海洋能发电的技术研发和开发奠定了坚实的基础。这也是华能积极创新，探索先进绿色低碳发电技术的一大案例。

3. 石岛湾高温气冷堆核电站示范工程

2018 年，国家重大科技专项——世界首台高温气冷堆示范工程获核准并在山东荣成石岛湾开工建设，这是我国具有自主知识产权的新型核电站，其在堆芯物理设计、反应性控制、堆芯过渡等方面具有众多的创新性，具有固有安全性、发电效率高、系统简单、用途广泛等特点，是全球首座具有第四代核能系统安全特性的球床模块式高温气冷堆核电站。以关键设备制造为例，高温气冷堆反应堆压力容器下筒体、蒸汽发生器换热单元组件、主氦风机电磁轴承等关键设备制造突破了众多技术瓶颈，标志着我国核岛关键设备的设计、制造装配水平通过独立研发、自主创新实现了新的跨越。

（二）进一步加强高效清洁煤电技术研发提高传统能源的清洁高效利用水平

提高火电机组热效率和单机容量，是发电技术进步的方向，也是我国发电企业谋求可持续发展、发电设备制造企业走向国际市场、提升我国装备制造业国际竞争力的突破口。华能集团始终围绕绿色发展目标，以科技创新驱动绿色发展，研发攻关超超临界发电和二次再热发电技术，引领了发电行业的技术进步。该技术是《国家能源技术"十二五"规划》重点攻关技术，也是国家《2014—2020 年煤电节能减排升级及改造行动计划》推进示范技术，主要是通过增加热力循环次数提高机组运行效率，实现环保指标超净排放。

华能安源电厂由中国华能集团公司全资建设，规划总装机为 332 万千瓦，总投资 132 亿元，分二期建设。一期投资 54 亿元，建设两台 66 万千瓦超超临界二次再热机组。2013 年 6 月 28 日，华能安源电厂一期工程开工建设。2015 年 8 月 8 日首次并网发电成功，8 月 24 日完成 168 小时连续满负荷试运行，并正式投产发电。该项目采用世界最先进的二次中间再热技术，机组技术经济和节能环保指标达到 66 万等级一流水平，具有效率高、能耗低、排放低的优势，大大提高了我国高端大型燃煤机组装备设计制造和运行水平，实现火力发电重大技术进步，为我国燃煤发电技术发展奠定了坚实基础。

此外，华能集团在存量燃煤机组实施超低排放改造上下功夫，研发近零排放燃煤发电技术，大幅度降低污染物排放量，清洁化水平逐年提高。具体地，华能集团按照燃气发电机组的排放标准对燃煤机组进行技术改造，同步建设烟气脱硫设备，加快现役机组脱硫改造，在重点地区有计划地实施新建燃煤电厂烟气脱硝设备的同步建设和现役燃煤电厂的氮氧化物治理。并针对不同煤种、不同地区机组实施不同的改造方案，坚持一厂一议、一炉一策。如华能长兴电厂率先采用烟气协同治理、脱硫废水"零排放"等先进技术，实现了煤电污染物超低排放和废水近零排放。华能秦岭电厂在国内首次采用间冷塔、吸收塔、湿式电除尘、烟囱"三塔合一"创新技术完成超低排放改造；华能铜川电厂超低排放改造，充分应用了自主知识产权的多污染物一体化协同脱除技术，脱硫、脱硝、除尘实现预期指标，达到燃气排放标准。2020 年 6 月 25 日，在重庆珞璜电厂，我国西南地区首个污泥耦合发电项目一期工程正式投运。这是一个国家级技改试点项目，将城市生活污泥在热干化、粉碎后送入锅炉燃烧发电，并对臭气、废水等污染物进行全封闭无害化处理，年处置能力占重庆市生活污泥生成总量近1/3。

三 加强创新体系建设，为科技创新保驾护航

中国华能集团一系列重大创新成果和示范工程项目建立的背后，正是特别重视加强深层次的机制体制创新带来的结果，华能集团创新体系的建设能够为技术进步和创新保驾护航，从而推进公司持续发展。

第一，中国华能在"自主创新、多方合作、重点突破、引领发展"的指导原则下，坚持"三个三"定位，即坚持"三个服务（服务国家、服务行业、服务华能）、三个面向（面向高精尖、面向生产经营、面向产业化）、三个任务（科技研发、技术服务、产业化发展）"。制定发布了《创建具有国际竞争力的世界一流企业科技创新战略实施方案》《"十二五"重大科技项目规划》《实验室规划（2012－2020）》，修订了《中长期科学技术发展规划（2015～2030)》等一批重要文件，将"科技投入"等四个指标纳入公司考核体系，推动下属企业完善技术创新体系建设。

第二，中国华能完善科技管理制度，实施华能技术创新管理，实行公司、产业（区域）公司、基层企业的三级管理，构成公司科技创新的管理和决策主体。集团公司设立科技工作领导小组，作为公司科技工作的最高决策组织；在集团总部设立科技环保部，同时作为科技工作领导小组办公室，统筹管理公司的科技创新工作；在集团公司总部设立专家委员会及科技评审专家组，作为公司科技创新战略和科技项目实施等的咨询机构，同时建立健全科技项目评审制度；在产业（区域）公司明确了分管领导的责任和科技管理责任部门，完善了产业（区域）公司的科技管理机构、建制和职能。在基层企业建立了以生产厂长（总工程师）为核心的基层企业生产技术保障体系和员工岗位创新机制。

第三，中国华能建成三级技术创新体系，充分发挥各级科技机构的作用，努力提升华能集团科技创新能力。制订科技创新战略实施方案，建成

2 个科研基地、6 个国家级研发机构和 22 个实验室，形成分工明确、密切协作与支持，具有较强研究开发、技术应用和产业化能力的多层次创新力量。

第四，中国华能重视创新成果转化，将科技产业化作为促进企业科技创新健康发展的内在动力，制定发布了《关于加快推进科技产业发展的实施办法》《先进技术推广应用目录》《科技成果转化激励暂行办法》，充分利用自身市场需求，建立科技产业化项目的技术评估体系，并逐步形成一套研发、管理、应用体系，有力推进了科技成果转化和产业化。2018 年，公司科技产业稳步发展，营业收入总额达到 25.88 亿元，实现利润 5 亿元。

第五，进一步加强开放式创新体系建设，与国内外高校、研究机构和企业开展广泛的科技交流和产学研上下游合作，承担了多项政府间国际科技合作项目；参加了中美清洁能源联合研发中心，并担任清洁煤技术联盟联席主席；公司在行业和世界科技创新、绿色发展的形象得到进一步提升。

第六，在人才队伍建设方面，华能集团引进"千人计划"专家 8 人，入选国家"百千万人才工程"8 人；产生了首批首席专家 13 名、首席技师 16 名，国家级和集团公司级科技人才占科技人才比例达到 10%，在科研机构开展分红和股权激励试点，充分调动科研人员创新积极性。

第七，在科研环境方面，加强创新文化建设，掀起人人崇尚创新、人人争当创客的新浪潮。"大众创业、万众创新"工作进一步向基层转移，先后发布了《创新创业工作指导意见》《基层企业技术创新工作室管理办法》等，构建"华创空间"科创平台，组织开展并认定了在创新创效方面具有突出成绩的首批 15 个基层企业技术创新工作室；2017 年，重点实验室建设取得最新突破，西安阎良科研实验及产业基地实验楼和厂房基本具备实验和办公条件，700℃试验验证平台累计运行时间达到 15000 小时，顺利完成第一次大修检查工作；"水处理及节水技术实验室"等 6 个实验室新建工作有序开展。此外，公司形成鼓励创新、宽容失败，尊重知识、尊重人才的良好风尚，最大限度解放和激发了科技作为第一生产力所蕴藏的巨大潜能。

四 从"引进来"到"走出去"，
加快推进国际化步伐

中国华能集团是我国电力工业改革的先行者，也是电力工业"走出去"的探索者，广义上讲，华能"走出去"主要分三个阶段。第一阶段是20世纪80年代中期到90年代中期，主要是带着市场"走出去"，利用国外的资金、设备在国内建设运营电厂，解决当时国内电力紧缺的问题；第二阶段是90年代中期到2000年，华能集团是带着信誉"走出去"，所属单位重组设立了股份有限公司，实现了在美国、香港、上海三地上市，解决了公司发展的资金需求，强化了现代企业制度下的规范管理。第三阶段是从2003年至今，带着技术、人才、资金"走出去"，实现了在境外收购、建设和运营电厂。近年来，华能集团从"引进来"到"走出去"，从放眼全球市场到聚焦"一带一路"，国际化步履愈发从容。截至目前，华能集团境外资产总额已累计超过410亿元，装机近1000万千瓦，分布在澳大利亚、新加坡、缅甸、英国、柬埔寨和巴基斯坦六个国家，境外电力技术服务拓展到20多个国家，境外金融服务有序开展，有力支持了境外电力项目的发展，也为公司国际化提供了新的空间和活力。

（一）境外投资建厂典型案例

1. 萨希瓦尔电站

萨希瓦尔电站是中巴经济走廊框架下首个建成投产的大型火电项目，已成为推动"一带一路"建设的典范。该项目位于巴基斯坦旁遮普省萨希瓦尔市，处于"一带一路"核心区，是中巴经济走廊优先实施的重点能源项目，萨希瓦尔电站也是巴基斯坦目前装机容量最大、技术最先进、环保指标最优、第一个投入商业运营的大型绿色燃煤电站。该项目采用中国设计、制造、施工，三十年运维管控模式，实现了经济效益最大化，在打造国企与民企境外合作成功典范的同时推动了中国标准、中国设备走向世界。

巴基斯坦是个严重缺电的国家，全国大部分地区面临8小时以上的断电问题。2018年巴基斯坦全国日均电力缺口为400万千瓦时，夏季用电高峰时期日均电力缺口高达 750 万千瓦时。电力短缺已成为制约该国经济发展的瓶颈。2015 年 4 月 20 日，在中国国家主席习近平和巴基斯坦总理纳瓦兹·谢里夫的共同见证下，华能集团公司总经理曹培玺与巴基斯坦旁遮普省能源部长杰汗泽布在伊斯兰堡签署能源战略合作框架协议。华能山东如意（巴基斯坦）能源有限公司分别与巴基斯坦国家输配电公司（NTDC）签订了购电协议（PPA），与巴基斯坦电力管理委员会（PPIB）签订了执行协议（IA）。两个协议的签订，标志着萨希瓦尔煤电项目开发的相关政策措施落实到具体合同文本中，获得国家主权担保，具有了法律保护效力。根据协议，双方将充分发挥各自优势，在巴基斯坦电源、煤炭、港口、交通运输等能源及相关领域开展合作，共同推动中巴经济走廊建设，进一步促进发展中巴两国战略合作伙伴关系。

巴基斯坦萨希瓦尔燃煤电站在 2017 年 7 月 3 日正式投运，这是目前我国企业在海外投资建成的最大规模燃煤电站。萨希瓦尔燃煤电站工程总投资约 18 亿美元。工程建设历时 22 个月，比合同工期提前 200 天投产发电。萨希瓦尔电站位于巴基斯坦旁遮普省，建设规模为 2 台 66 万千瓦超临界燃煤发电机组，是中巴经济走廊优先实施项目，也是华能集团响应"一带一路"倡议，在海外建设的第一个大型高效清洁煤电项目。作为巴基斯坦容量最大、技术最先进、环保指标最优的绿色环保型电站，萨希瓦尔电站可满足当地 1000 万人口用电需求，有望填补巴基斯坦 1/4 的用电缺口。[①]

从实际运行情况来看，萨希瓦尔煤电项目于 2015 年 7 月 31 日正式开工建设，华能集团在巴基斯坦旁遮普省萨希瓦尔市建成一座装机两台 66 万千瓦超临界燃煤机组的萨希瓦尔电站，并正式投产发电。2017 年 5~6 月，萨希瓦尔电站 1 号、2 号机组先后完成 168 小时满负荷试运行，实现了 9 个"一次成功"。机组安装了先进的除尘、脱硫等环保设施，供电煤耗、厂用电率、烟尘、二氧化硫、氮氧化物等能耗指标和排放指标均达到国际先进水平，更远远优于巴基斯坦国家排放标准。截至 2018 年 8 月 1 日，萨希瓦尔电站年发电量累计达到 60 亿千瓦时，机组平均负荷率达到 95.5%，为当

---

① 《巴基斯坦萨希瓦尔燃煤电站项目竣工》，中国发展网，http://www.chinadevelopment.com.cn/fgw/2017/07/1157291.shtml。

地经济社会发展提供了强大的能源支撑，成为点亮"一带一路走廊"的第一盏灯。截至 2019 年 9 月 14 日 11 时，巴基斯坦萨希瓦尔燃煤电站累计发电量达到 200 亿千瓦时，给电力短缺的巴基斯坦人民送去了清凉和爱意，在"一带一路"上向新中国成立 70 周年献上了一份厚礼。

华能集团仅用了 22 个月零 8 天的时间就投产发电，比计划工期提前了 200 天，创造了"萨希瓦尔速度"，被巴基斯坦政府誉为"巴基斯坦电力建设史上的奇迹"，荣获巴基斯坦总理颁发的"杰出贡献奖"。2019 年 7 月 9 日，第 16 届巴基斯坦国家环境与健康论坛（NFEH）"年度环境卓越奖"颁奖仪式在卡拉奇举行。经专家委员会评审，萨希瓦尔燃煤电站荣获电力和能源类"年度环境卓越奖"。

2. 桑河二级水电站

除了燃煤发电项目，华能集团在"一带一路"上的水电项目也硕果累累。位于柬埔寨桑河干流上的桑河二级水电工程施工总工期 4 年 9 个月，共 57 个月。大坝长 6.5 千米，是亚洲第一长坝、柬埔寨境内和史上最大的水电工程，被誉为柬埔寨的"三峡工程"。作为"一带一路"建设和柬埔寨能源建设的重点项目，该工程从酝酿设计到建设启用，各个环节都充分体现了"共商、共建、共享"的"一带一路"建设理念。工程促进了上丁省各领域的发展、改善了当地百姓生活，将为柬埔寨经济发展提供强大动力支撑，被视为中柬能源合作的典范。

柬埔寨水利资源丰富，但由于开发能力有限，常年面临电力供应不足、用电依赖进口的问题。桑河水电站项目的构想最早可追溯到 2006 年。2006 年至 2011 年间，越柬两国企业就该项目开展了一些合作，但进展不大。2010 年 12 月份，华能集团旗下澜沧江水电有限公司与柬埔寨皇家集团就共同开发柬埔寨电力市场签订了战略合作框架协议。次年 6 月，双方再次确认合作意愿。在中柬越三方紧密合作和当地政府的大力支持下，项目快速推进。由于前期准备充分，2013 年 10 月份桑河二级水电站建设正式启动。2013 年 11 月 26 日，中国云南澜沧江国际能源有限公司董事长黄光明与柬埔寨皇家集团董事长 Kith Meng 在柬埔寨首府金边市签订购电协议和投资交易。云南澜沧江国际能源有限公司正是华能集团为投资开发缅甸等东南亚诸国的水电、电网、煤炭等资源设立的全资子公司。

2017年9月25日，柬埔寨装机容量最大水电站桑河二级水电站下闸蓄水仪式举行，柬埔寨首相洪森参加仪式，高度赞扬中国政府为柬埔寨电力事业和经济发展做出的贡献，并对投建水电站的中资企业表示感谢。随着首相洪森按下溢洪道闸门启动按钮，电站启动下闸蓄水。

2018年12月17日，由中国华能集团建设的桑河二级水电站在上丁省正式举行竣工投产仪式。桑河二级水电站坐落在上丁省西山区境内的桑河干流上，枢纽主要由左岸均质土坝、河床式厂房、河床泄洪闸坝、混凝土挡水连接坝段、混凝土侧墙式接头、右岸均质土坝等建筑物组成，坝顶高79.0~80.0米，坝轴线长6543.2米，其中混凝土坝段长483米。长长的大坝将自东向西流淌的桑河拦腰隔断，形成一个面积达330平方公里的巨大水面。桑河二级水电站总库容27.2亿立方米，总装机容量40万千瓦，占柬埔寨全国总装机容量的近20%，由8台中国制造的5万千瓦机组合力供能，其额定水头、单机容量在同类型水电机组中均处于世界前列。利用湍急的河水产生电能，年发电量可达19.7亿千瓦时，按照柬埔寨全国1400万人口、全年社会用电量88亿千瓦时来计算，一个桑河二级水电站就能解决约300万柬埔寨人一年的用电问题。2019年1月，"一带一路"重点工程、柬埔寨最洪流力发电工程——桑河二级水电站竣工，正式全面投产。

生态保护和移民安置是水电站建设中两个重要环节。为满足洄游鱼类对通道的需求，保持区域鱼类多样性，减轻对河流生态的影响，公司听取了柬埔寨矿产能源部、环保部及自然遗产协会等各方意见，投入超过100万美元精心设计建造了长约2900米、最大水位差达26.5米的仿自然型鱼道。2017年11月建成投运以来，效果良好，可以观测到大量鱼类在鱼道中顺利洄游。

由于需要筑坝蓄水，淹没地区的村民需要迁出库区。桑河水电公司于2017年10月22日前，完成了全部840户3690名移民的搬迁工作，这也是柬埔寨规模最大的移民安置。同时，公司还从当地移民利益出发，主动提高补偿标准：将每户耕地面积从原来的不到3公顷提高到5公顷，移民安置房标准由此前的3个标准统一上调为80平方米。不仅如此，还为3个移民村修建了学校、医院、警察局和寺庙等公共服务设施，配套建设了排水系统、电网、公路等基础设施，当地居民生活条件比以前有了明显改善。

总之，在克服了施工资源紧缺、交通运输不便、工作环境艰苦等多重困难的背景下，桑河二级水电工程仅用了近5年时间，就完成了项目建设，实现了全部机组投产发电。带动了金边、磅湛、桔井等周边地区电力基础设施建设，保障了柬埔寨在供电方面的独立性和安全性，对加快湄公河流域水电资源开发、改善柬埔寨能源结构、促进柬埔寨经济社会发展具有重大意义。

（二）加强国际化人才培养

人才资源是国际竞争中的重要潜在力量和后发优势。近年来，中国华能集团根据海外业务发展的实际需要，高度重视对国际化人才的培养。创新培养方法，进行周密组织。打破了单位、部门界限，从上到下形成了党组统一领导，人力资源部牵头推进，相关部门和单位密切配合的工作格局；通力协作，形成整体合力，有计划、有步骤、有重点、分级分类推进公司国际化后备人才的选拔培养工作。根据国际化经营战略实施方案和海外项目布局，研究制定了国际化人才培养规划，为国际化人才的选拔培养绘制了蓝图；切实做好国际化人才的选拔、培养和使用，为集团公司全球化发展战略的实施提供强有力的人才保障，开启了国际化人才队伍建设培养的新篇章。

第一，建章立制，规范管理。先后出台了人才选拔培养、绩效考核、激励约束及退出等方面的一系列制度和办法，进一步规范了驻外人员薪酬福利管理，完善激励约束机制，调动驻外人员工作积极性。经过实践探索，中国华能集团逐步构建起"选得出""派得动""用得好""回得来"的国际化人才管理机制。

第二，创新模式，分层选拔。为提高国际化人才培养的针对性和有效性，划分了两类人员、三个层级、五大专业（注：两类人员，即公司总部部门国际化业务专员和派往境外企业任职的人员；其中，派往境外企业任职的人员分为境外企业总经理级、职能负责人级和高级经理级三个层级；职能负责人级和高级经理级两个类别设置战略规划、财务、营销、法律、人力资源五大专业），并组织进行了分类考试考核，有针对性地选拔出了一批符合要求、有培养潜力的国际化后备人才。

第三，搭建舞台，优中选优。2014 年，中国华能集团面向全系统开展了首轮国际化后备人才公开选拔工作。共有 124 家单位 400 余人报名参选，经笔试、面试、性格测试等选拔程序，党组研究确定了 63 名后备人才和 9 名总部国际化专员入选公司国际化后备人才库。

第四，多措并举，提升内功。为提升国际化后备人才的综合素质，先后组织开展了为期 6 周的语言能力培训和为期 2 周的业务能力培训，提高了学员们的跨文化沟通技能、国际业务开拓能力和创新能力。

第五，实践锻炼，真学真干。中国华能集团有计划有步骤地选派国际化人才赴外进行实践锻炼。一是注重高级管理人员和法律、财务等经营管理人员的外派培养，截至目前共有 200 余人在海外项目从事经营管理工作，既拓宽了国际视野，提升了管理能力，又有效促进了海外项目的管理；二是在国内电力市场改革伊始，分批派员赴所属的新加坡大士能源公司进行电力市场专题培训，学习发达国家电力市场营销先进理念和做法，为适应国内电力市场改革提前储备了人才；三是干一个项目、带一支队伍，在海外项目建设初期，由中国华能集团员工进行项目全过程建设，特别注重对具有全球化的视野、敏锐的市场意识、丰富的国际商务谈判经验的国际化人才队伍的建设，加强海外项目的管控力度。

下面给出两个中国华能集团在"一带一路"沿线项目进行的人才培养的具体案例。

第一，萨希瓦尔发电厂是中国华能集团从筹建到运营全程参与的海外煤电项目，在萨希瓦尔电站建设过程中，本着"人才属地化"的目标，为当地培养大量的企业管理人才和电厂运维专业人才，带动了当地经济发展。如：萨希瓦尔电站先后招聘了 200 名巴基斯坦籍员工，派出 164 人到中国培训半年，学习电力技术和企业管理知识；中国华能集团与德勤等国际咨询公司合作，加强对员工国际管理和经营管理的培训，学习海外企业先进管理经验；与山东大学开展校企合作，对 30 名萨希瓦尔项目的运行人员进行了英语培训，电厂的文件、新闻、网站全部实现中英文双语化。同时，为强化巴基斯坦籍员工的专业知识和工作能力，公司组织巴基斯坦籍员工在拉合尔大学和黄台电厂进行多批次专业理论培训，聘请国内外知名大学教授集中授课，并在德州、威海、日照和上海等华能集团培训点，安排巴基斯坦籍员工进入现场进行同类型机组生产倒班实习，提高他们的实践能力。

第二，柬埔寨桑河二级水电项目人才培养。柬埔寨桑河二级水电是中国华能在"一带一路"沿线国家开发的水电项目，在项目建设过程中，中国华能公司为当地提供了大量工作机会，施工高峰时，曾雇用超过2000名当地员工。而且加强对柬埔寨项目人员的培训，更加注重锻炼提升跨文化沟通能力和技巧。公司将两国员工混编成组，采用"师傅带徒弟"的方法，让当地员工在工作中学习技术、积累经验，学员们迅速学习适应如何在重要会议、商务会谈、非正式磋商等不同场合与对方进行有效沟通，传达并获取重要信息。在日常工作中与当地同事以诚相待，深入交流，积极合作，结下了深厚的友谊，极大地锻炼提升了跨文化沟通能力。

当然，虽然华能集团现阶段国际化人才选拔培养工作取得了一定成绩，但也存在很多不足。如国际化人才来源比较单一，人才结构不尽合理；国际化人才培养的基础还比较薄弱，培养和使用未能紧密结合；海外人才选聘机制仍需完善，国际化人才选拔培养平台需进一步拓宽；国际化人才成长的配套政策和环境需要继续完善。下一步将重点从以下几方面入手。

一是坚持全球化视野，进一步扩大国际化人才队伍来源。进一步扩大后备人才库，将国内外所属企业中具备一定条件、有外派意愿的优秀人员纳入人才库管理。进一步拓宽选才渠道，突出"高精尖缺"引才导向，将海外留学生、外国留学生纳入选才视野。创新柔性引才，不求所有、但求所用，不求所在、但求所为，全方位汇聚优秀人才。

二是坚持立足使用，进一步增强国际化人才队伍素质。对境内国际化人才队伍，更加注重岗位实践和经验积累，以使用促培训，靠岗位练本领。对新设境外企业进行市场化选聘人才，实行聘期制和契约化管理。对境外国际化人才队伍，注重促进与国内的业务和文化融合，增强归属感和认同感。

三是坚持动态调整，进一步规范国际化人才队伍管理。对国际化后备人才库建立退出机制，对派出人员实行动态调整机制，对引进人才建立监督机制，始终保持国际化人才队伍的活力。

第十四章
中国商飞：奋进新时代，追梦大飞机

　　中国商用飞机有限责任公司（简称"中国商飞公司"）于 2008 年 5 月 11 日在中国上海成立，是中央管理的我国大飞机产业核心企业和骨干中央企业，经国务院批准成立，由国务院国有资产监督管理委员会、上海国盛（集团）有限公司、中国航空工业集团公司、中国铝业集团有限公司、中国宝武钢铁集团有限公司、中国中化股份有限公司、中国建材集团有限公司、中国电子科技集团有限公司、中国国新控股有限责任公司共同出资组建。

　　中国商飞公司是实施国家大型飞机重大专项中大型客机项目的主体，也是统筹干线飞机和支线飞机发展、实现我国大飞机产业化的主要载体，主要从事大飞机及相关产品的科研、生产、试验、试飞，从事大飞机销售及服务、租赁和运营等相关业务。中国商飞公司下辖中国商飞设计研发中心（上海飞机设计研究院）、中国商飞总装制造中心（上海飞机制造有限公司）、中国商飞客户服务中心（上海飞机客户服务有限公司）、中国商飞北京研究中心（北京民用飞机技术研究中心）、中国商飞民用飞机试飞中心、中国商飞基础能力中心［上海航空工业（集团）有限公司］、中国商飞新闻中心（上海《大飞机》杂志社有限公司）、中国商飞四川分公司、中国商飞美国有限公司、商飞资本有限公司、商飞集团财务有限责任公司等成员单位，在美国洛杉矶、法国巴黎设有美国办事处、欧洲办事处等办事机构，在上海设立金融服务中心。中国商飞公司参股中俄国际商用飞机有限责任公司、成都航空有限公司和浦银金融租赁股份有限公司。

　　中国商飞公司按照现代企业制度组建和运营，实行"主制造商—供应商"发展模式，重点加强飞机设计研发、总装制造、市场营销、客户服务、适航取证和供应商管理等能力，坚持中国特色，体现技术进步，走市场化、集成化、产业化、国际化的发展道路，将全力打造更加安全、经济、舒适、环保的大型客机，立志让中国人自主研制的大型客机翱翔蓝天。中国商飞公司的目标是到 2035 年，把商用飞机项目建设成为新时代改革开放的标志性工程、创新型国家和制造强国的标志性工程，把公司建设成为世界一流的航空企业；到 21 世纪中叶，把商用飞机项目建设成为社会主义现代化强国的标志性工程，把公司建设成为"四个世界级"航空强企。[①]

一 创新驱动领航中国商飞

中国商飞自 2008 年成立以来，短短十余年时间，作为我国实施国家大型飞机重大专项中大型客机项目的主体，也是统筹干线飞机和支线飞机发展、实现我国民用飞机产业化的主要载体，中国商飞充分发挥科技创新的引领作用，不断提升核心竞争力，成功构建了"以中国商飞为主体，市场为导向，产学研相结合"的商用飞机技术创新体系。国内 47 所高校参与型号技术攻关，建立了多专业融合、多团队协同、多技术集成的协同创新平台。攻克了全时全权限电传飞控系统控制律设计、模块集成化的航电软件架构和设计验证技术等 108 项关键技术，攻克了柔性制孔、大部件自动对接等一系列数字化装配技术，突破了大型客机超临界机翼设计与分析验证、钛合金 3D 打印、蒙皮镜像铣等核心技术，积累了 5 类 4 级 617 项专业技术、6744 项标准规范，累计申请专利 1125 项，授权专利 610 项，获得国家技术发明奖 1 项，上海市科学技术奖 31 项，圆满完成"国家十二五科技创新成就展"等十四次国家、地方重大科技展览。其中近年来令人瞩目的主要有 CR929 远程宽体客机和国产大飞机 C919。CR929 远程宽体客机是在中俄全面战略协作伙伴关系深入发展背景下，两国企业在高科技领域开展务实合作的重大战略性合作项目。2019 年 8 月 27 日，在第十四届莫斯科国际航空航天展览会上，CR929 远程宽体客机的 1:1 展示样机首次在海外展出，标志着 CR929 飞机的设计不断推进，有了巨大突破。C919 大型客机是我国按

---

① 中国商飞官网，http://www.comac.cc/gywm/gsjj/

照国际民航规章自行研制、具有自主知识产权的大型喷气式民用飞机，座级 158～168 座，航程 4075～5555 公里，于 2017 年 5 月 5 日成功首飞，2019 年，C919 大型客机的各项验证试验全面铺开。自主研制的正常控制律取得突破并开展试飞验证；国内首次完成基于 FAR25‐121 修正案的临界冰型确定；首次在国内完成机翼防冰冰风洞试验，填补了国内模拟结冰防冰试验的空白；全机静力试验机 01 架机试验大纲规定的最后一个项目在 2019 年 11 月 30 日完成。C919 大型客机无疑成为中国商飞的筑梦之翼。①

C919 大型客机，全称 COMAC‐C919，是中国首款按照最新国际适航标准，具有自主知识产权的干线民用飞机，于 2008 年开始研制。C 是 China 的首字母，也是中国商飞公司英文缩写 COMAC 的首字母，第一个"9"的寓意是天长地久，"19"代表的是中国首型中型客机最大载客量为 190 座。C919 实际总长 38 米，翼展 35.8 米，高度 12 米，其基本型布局为 168 座。标准航程为 4075 公里，最大航程为 5555 公里，经济寿命达 9 万飞行小时。

国产大型客机 C919 的诞生，实现了中国多年来的飞行梦，中国商飞的创新之处体现在以下几个方面。②

（一）发明组合模式和进化模式的创新

发明就是已有技术的不断组合累积的过程，发明既包含大的或基础的发明，也包含一些微小的或改进型的发明。几乎所有的重大发明，都不是仅仅出自一位发明家之手，相反，发明往往是成千上万个细小的部件添加到一个发明中去，重大发明总是凝聚大量微小的发明。飞机的发明也不例外，在近一百年中，无数的细小部件添加到飞机上来，这中间的每一个步骤都是飞机发展进程中不可或缺的。中国科研人员完成了飞机的整体设计，在三个方面体现了自主创新：中国自己的研发团队，拥有飞机的知识产权，所有设计、研发和组装都由中国独立完成。C919 气动特性这一关键技术属于中国自主创新，设计出既能适应高速巡航飞行又能保持较高气动效率的"超临界机翼"，同时中国研发人员突破了飞机发动机一体化设计、电传飞

---

① 《中国商飞 2019 社会责任报告》，http://www.comac.cc/shzr/zrbg/。

② 吴红：《技术发明的组合模式探析——兼论大飞机 C919 属于中国创新》，《武汉科技大学学报》2018 年第 7 期，第 456～460 页。

控系统控制律、主动控制技术、全机精细化有限元模型分析等在内的 100 多项核心技术，即便是争议颇多的机身外壳，也是首次采用了第三代铝锂合金材料等。由此可见，C919 是一项中国做出了部分改进的发明，改进的过程中保留了已有的大部分技术，即许多供应商提供的功能部件，中国科研人员在飞机发明的链条上添加了一些重要环节，我国飞机的发展史又矗立一座新的里程碑。

（二）创新内涵和创新发展模式的拓展

C919 在已有飞机技术的基础上，改进了部分关键技术，更新了飞机的部分特性，比如外部材料损伤容限性能和抗腐蚀性能更强，让飞机结构更轻。当前的发明实质上是技术原理、技术功能、技术部件和技术模块的组合，技术部件和模块通常由专业的机构来生产提供，这也是目前全球很多大型机器制造行业如汽车、飞机等普遍采用的一种运作模式，即"主制造商－供应商"模式，中国大飞机的研发制造采用了这样一种通用模式。罗斯维尔（Roy Rothwell）认为，从二战结束以后至 20 世纪 90 年代早期，创新经历了四代发展模式，90 年代中期以后，创新模式进入第五代，第五代创新模式中有一个特点就是企业和供应商之间关系拉近，这样有利于减少发展成本和提升发展速度。有专家预测，在未来，供应商将要承担起主要部件的研发责任，而制造商则专注于其核心竞争力。C919 的研制顺应了第五代创新潮流，采用中国自主整体设计、全球供应商提供部件、中国系统集成的方式，不仅可以从各个行业领头企业中得到高品质的部件，还可以降低技术风险，加快创新速度。

（三）技术系统的整体性推进

C919 可谓一个巨大而复杂的系统，包含数以万计的零部件，但是每一个零部件都不具有自由在空气中飞行的特性，如果把这些数以万计的零部件堆积在一起，放进一个金属箱子里，这没有任何意义，因为这些零部件在堆积物中和不在堆积物中的行为都是一样的。C919 的整体性特征不是孤立状态下组成部件性质的总和，而是中国科研人员花了 9 年的时间研究这些数目庞大的零部件如何在一个有机的组合中达到预期的性能。这个研究过程需要注入科研人员的技术创造力，而非漫不经心的组装。

技术变迁通常要经历"发明—创新—扩散"这三个阶段，C919 的产生一方面符合技术发明的组合模式，另一方面采用了当前技术创新惯用的发展模式，这注定了 C919 是大飞机技术变迁过程中的一个重要环节。

C919 大型客机集众多高科技于一身，体现在以下几点。[①]

1. "超临界机翼"让飞机更省油

由于民用飞机更强调经济性和安全性，科研人员除了考虑大飞机的先进性和科学性，也在努力提升飞机的经济性能。飞机的耗油量与飞机的升阻比（升力和阻力的比值）有直接的关系，升阻比越高，飞机的气动效率越高，耗油量就越少。而飞机的升力主要来源于机翼，全机 70% 左右的阻力也来源于机翼。因此，为了保证飞机的座级，避免"油老虎"的出现，在飞机机翼上动脑筋，便成了提高飞机气动效率的关键。喷气式民航客机通常以略低于音速的高亚音速飞行。当飞行速度接近音速时，机翼上表面某些区域的气流速度可能已经达到音速，令飞行阻力急剧增加。这一时刻飞机飞行速度与音速的比值，被称为飞机的"临界马赫数"。第一代、第二代喷气式客机采用的多是传统的古典翼型，古典翼型适合于低速及亚音速飞行，在这种速度范围内，它们具有较高的气动效率。但是，随着飞行速度的进一步提高，古典翼型的设计已不可能适应高速巡航飞行的要求，因此，只能寻求一种既能适应高速巡航飞行，又能保持较高气动效率的翼型，这就是超临界翼型。C919 的机翼设计就是运用了这一超临界翼型。相对于古典翼型，超临界翼型可使巡航气动效率提高 20% 以上，巡航速度提高将近 100 千米/小时；如果用同一厚度的标准来设计古典翼型和超临界翼型，超临界翼型的整体阻力比古典翼型要小 8% 左右，因而，超临界翼型具有较大的机翼相对厚度，而这可以减轻飞机的结构重量，增大结构空间及燃油容积。

2. 局部融合设计提高经济性和安全性

在 C919 飞机的设计上，超临界机翼与发动机、机身和吊挂之间还采用了性能更为优化的局部融合设计，这些设计进一步提高了 C919 飞机的经济

---

① 王思磊：《大飞机 C919 有哪些高科技》，《北京日报》2016 年 11 月 16 日，第 17 版。

性和安全性。通常飞机发动机的安装位置与机翼较近，两者之间难免产生阻力干扰。设计人员经过反复论证研究，采取了局部融合设计，使发动机与机翼之间达到了有利干扰，也就是"1+1<2"的设计效果，让两者一起的阻力小于两者的阻力之和。对于机翼和机身之间过渡区的局部设计，不仅没有带来机翼的升力损失，还提高了一部分机翼升力系数，也让两台全新的 LEAP-1C 高涵道比发动机能发挥出更佳的性能。吊挂是发动机和机翼之间的一个狭窄通道，C919 飞机采用的是 IPS 吊挂设计。在吊挂设计的过程中，既不能让它破坏机翼下表面的压力分布，又不能破坏发动机短舱上的压力分布。设计人员利用 IPS 吊挂宽度较大的特点，在机翼前缘进行了融合设计，在不破坏压力分布的情况下，能让机翼晚些到达失速安全边界，提高了飞机的安全性。

3. 国内首次应用第三代铝锂合金材料

在中国武术界，有着"内练一身气，外练筋骨皮"的说法。C919 大型客机的研发，也诠释了这一思想。它的结构设计完全由中国商飞自主完成，并实现生产制造全国产化。在机体主结构上，设计人员大量使用了世界先进的第三代铝锂合金材料，这在国内尚属首次，大大带动了国内航空材料和制造的发展。

铝锂合金材料被认为是目前航空航天业首选的理想型轻质高耐损伤金属材料。相比于普通铝合金，铝锂合金在同等重量下强度更大，在同等强度下重量更轻，这一性能对飞机而言非常重要。同时，铝锂合金的损伤容限性能和抗腐蚀性能也更强，使用铝锂合金可以实现结构减重并大大提高飞机寿命。

由于第三代铝锂合金此前没有在国内民用飞机上使用过，因此拉伸性能、疲劳性能和断裂性能等关系到飞机设计的重要参数在国内基本没有，需要进行大量试验，方能获得其各项性能指标。为此，攻关团队先后进行了三大块试验，获得了大量设计用有效数据，建立了第三代铝锂合金的材料规范体系、设计许用值体系和制造工艺规范体系，为将来铝锂合金在国内民机产业的广泛使用奠定了坚实的基础。

不仅在材料设计参数验证方面，在材料生产加工过程中，攻关团队又先后攻克了多项关键技术难题，在生产工艺上取得了重大突破，解决了第三代铝锂合金的生产制造问题。

4. 航电核心处理系统达到国际先进水平

如武学人才内外兼修一样，C919在"内功"上狠下功夫。在民用飞机产业有个形象的说法：航电系统是"大脑"，飞控系统是"四肢"，电器导线互联系统（EWIS）是"经络"。就像人一样，一架先进的飞机应该拥有聪敏的大脑、灵活的四肢、通畅的经络。

C919航电系统的核心——IMA，使用的是目前最先进的高度集成数据处理和网络传输技术。飞机搭载的IMA，由两台核心处理计算机柜负责处理全机各系统的数据，承担全机信息交换中心的职能。遍布全机的多个远程数据接口装置（RDIU）和远程交换机，为全机各系统数据传输、交换提供了通路，形成了强大的数据传输网络。

这种网络化数据处理方式，相较之前一对一的数据传输处理方式，是巨大的变革，因为它不仅提高了数据传输的处理效率，也大大减少了全机电缆的长度，从而实现了有效的减重。比如说，飞行速度、高度这些数据，以前要由大气数据计算机分别建立通路，传输给显示系统、发动机、环境控制等系统；现在，只需"把工作都交给网络"。

这些优点，要归功于C919使用的目前最先进的ARINC664网络集成技术。简单来说，ARINC664网络是一种航空总线通信协议。相比于之前被广泛应用但带宽有限的老版本网络，ARINC664最大的好处就是带宽高且资源共享，这意味着，原来需要通过若干根线缆传输的信号，现在可以由一根线缆传输。这就好比我们从A地到B地，需要开行10列火车，但并不需要修筑10条铁路，只需要一组双轨铁路，再配上可靠的信号系统便可完成，而且这样做，显然比修10条铁路更节约资源。

系统更先进了，带来的技术难点也不少。以ARINC664总线为数据主干道的航电核心处理系统，是应用在飞机航电系统中的先进信息处理系统。目前，国际上只有B787、A380等较新机型采用这种技术。由于ARINC664网络的高度共享性和逻辑复杂性，提高了设计难度，也给中国商飞提出了很高的设计集成能力要求。

如今，大型客机对数据传输的需求，以及未来在客机上搭载娱乐系统等商业化的需求正不断增多，而 C919 直接攻关新版本航空数据交换网络的策略，已经让它在数字化和扩展潜力方面，达到了目前民航国际先进机型的水平。

二 创新文化体系提供强劲创新动力①

中国商用飞机有限责任公司作为我国民机产业的核心企业和骨干央企，肩负着自主发展我国民用航空产业、参与世界市场竞争和整体拉动我国科技水平提升的重要使命，确立了"把大型客机项目建设成为新时期改革开放的标志性工程和创新型国家的标志性工程，把中国商飞公司建设成为国际一流航空企业"的战略目标。创新是中国商飞公司与生俱来的基因，它在探索与实践中形成了具有时代特点与民机特色的创新文化体系。

（一）构建具有民机特色的创新文化体系

航空工业不仅是现代社会最具影响力的创新之源，更是将这些创新成果转化为市场竞争力的典范。民用航空领域一直是创新活动最为活跃的行业之一，多年来体制机制的创新、技术的创新和管理方法的创新在推动民机产业升级和技术进步、提高社会生产力的同时，也为企业创造了大量财富。对民机主制造商而言，创新文化植根于民机研发制造的全价值链活动，又流溢于公司的一切活动之上，尽快建立健全创新文化体系已刻不容缓。中国商飞公司在发展实践中，继承"两弹一星""载人航天""航空报国"精神的同时，融入时代特征和民机特色，建设形成激励公司勇于开拓创新、履行神圣使命、实现科学发展而建设的文化体系。中国商飞公司的创新文化建设，紧紧围绕创建国际一流航空企业的目标而开展，以公司中长期发展战略为统领，深入贯彻落实企业文化战略，围绕公司核心理念体系和管理理念体系建设，不断推进完善，形成保障创新的行为准则与环境。在路径选择上，通过体制机制创新、科技创新和管理创新，不断完善民机产业体系、科技创新体系和管理制度体系，最终形成具有市场竞争力的产品与

---

① 俞彬彬：《中国商飞的创新文化体系建设》，《企业管理》2016 年第 10 期，第 19~22 页。

服务，为中国商飞公司创建国际一流航空企业提供文化动力保障（见图
14 - 1、表 14 - 1）。

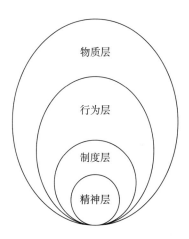

图 14 - 1　企业创新文化的内涵

资料来源：俞彬彬：《中国商飞的创新文化体系建设》，《企业管理》2016 年第 10 期。

表 14 - 1　创新文化培育的不同阶段

	第一阶段	第二阶段	第三阶段
精神层	关注创新：开始意识到创新的重要性	认同创新：创新意识已经出现，创新价值观逐步形成，自觉维护创新成果	实践创新：创新思想深入人心，并不断付诸实践
制度层	尚未形成或有零星的制度呼吁	保障创新：创新的环境正全面形成，相关的政策和制度也不断完善	强化创新：成熟的创新环境形成，资源朝着有利于创新的方向配置
行为层	零星：创新活动稀少，创新滞后	全面：创新活动频繁，规模化创新活动出现	立体：全面创新，创新活动深入到社会的各个角落
物质层	较少的创新设施和条件	有一定的创新条件，但尚未得到有效利用	设施条件能够满足创新行为需求，且得到高效使用

资料来源：俞彬彬：《中国商飞的创新文化体系建设》，《企业管理》2016 年第 10 期。

（二）树立旗帜鲜明的创新理念

1. 倡导善于学习、勇于探索、精于集成、敢于超越的创新观

探索树立符合中国商飞公司发展实际、遵循民机产业规律、体现民机特色的创新观，是培养创新文化、提高创新能力的重要举措。善于学习，

就是要转变思维观念、拓展国际视野，主动向竞争对手和供应商学习，向国内外成功企业学习，向优秀的传统学习，学思结合、学实结合，注重在引进的基础上消化和吸收。勇于探索，就是要凭借巨大的胆识，勇于打破固有的结论，勇于突破墨守成规的态度和习惯，勇于尝试前人没有走过的道路。精于集成，就是要在注重原始创新的基础上，善于集成国内外先进技术、成熟产品和优势资源，打造公司的设计集成、总装集成等创新能力。敢于超越，就是要充分利用后发优势，研制出更加安全经济、舒适、环保的民用飞机，为客户创造更大的价值，为股东创造更丰厚的回报，为员工创造更广阔的发展平台，为商业伙伴创造更多的拓展机会。

2. 科学客观地树立创新活动的评判标准

不同的工作性质对应不同的创新要求，创新本身也不一定"以大为美"，从公司管理到各层级业务的创新标准也是各不相同。中国商飞在经营管理方面，提倡依法治企、遵循规律，在管理的理论、制度、方法等方面勇于探索实践，确保不断提高效率、降低成本。在预先研究方面，提倡大胆尝试、宽容失败，鼓励提出新的科学命题、思想和理论，倡导创新为荣、模仿为庸、剽窃为耻，充分体现科学研究的原创性、求异性和崭新性。在型号研制方面，提倡勇于转化、精于集成，紧密跟踪最新技术与民机产品的契合点，以市场来评判技术创新的结果。在生产制造方面，提倡精益管理、不断优化，生产效率、成本控制和产品质量是评判创新效果的指标。在服务支援方面，提倡事无巨细、全心全意，以客户为中心创造价值，服务对象满意度是评判创新实效的依据。

3. 遵循科学求实、理性质疑、勇于挑战、螺旋渐进的创新行为准则

创新不仅限于科技领域，而且要拓展至中国商飞公司发展的每一个层面。在公司内，每一位员工都是创新的积极参与者，每一个团队都是创新的主力军。坚持科学求实，不搞形式主义，避免单纯为了创新而创新、否定一切的创新误区，追求稳扎稳打、务求实效。坚持理性质疑，立足理性精神，必须以"求真"为宗旨，站在全局发展和长远发展的高度，运用系统思维的理念实现突破。坚持勇于挑战，丢掉思想包袱，敢于解放思想，勇于突破旧说，善于提出新的问题和假设。坚持螺旋渐进，创新的过程需

经过长期的沉淀、凝练和提升，不能急功近利、操之过急，要特别注重继承传统与开拓创新相结合，重在创新，不断实践总结并衍生出新的前进动力。

（三）探索建立促进公司跨越发展的创新路径[①]

1. 持续推进体制机制创新

体制机制具有系统性、根本性，是对产业发展模式和公司运行方式的规定。组建中国商飞公司本身就是民用航空工业体制机制创新的内在要求。确定体制机制创新方向，按照《公司法》探索建立符合我国民机产业特点的法人治理结构，深化战略研究，坚持多元投资主体方向，充分发挥党组织政治核心作用，探索母子公司制管理体制下"统一经营、两级管理"模式。创新公司发展思路，根据项目研制的根本任务和产业带动的神圣使命的要求，坚持"实现一个目标、发展二类产品、建立三大体系、实施四项支撑、统筹五大关系、强化六种能力"的发展思路，加快体制机制创新步伐。深化实践"主制造商—供应商"模式，遵循航空发展规律，按照"中国设计、系统集成、全球招标、逐步提升国产化"的思路，举全国之力、聚全球之智，培育本土供应商能力，打通民用飞机产业链，加快建设"以中国商飞公司为核心，联合中航工业，辐射全国，面向全球"的民机产业体系。积极与国内外供应商、航空公司、金融机构、高校、科研院所等开展广泛、多元、深远的合作，形成协同研制、风险共担、利益共享的战略联盟。

2. 重点关注科技创新

科技创新是原创性科学研究、技术进步和应用创新的综合。中国商飞发挥重大专项创新主体作用，加快构建"以中国商飞公司为主体，以市场为导向，产学研用相结合"的民机技术创新体系；统筹公司技术发展管理，促进技术成果的型号应用，构建公司三级专业总师队伍，形成完整清晰的技术管理组织体系；建立多专业融合、多团队协同、多技术集成的协同科研平台，打造国家大型民用飞机科技创新能力建设平台。

[①] 俞彬彬：《中国商飞的创新文化体系建设》，《企业管理》2016年第10期，第19～22页。

坚持自主创新战略基点不动摇，坚持走具有中国特色、体现技术进步的民机发展道路，以集成创新为重点，加大原始创新力度，加快引进消化吸收再创新，着力破解影响和制约公司科学发展的技术瓶颈，形成一批满足项目研制需求的专利技术和自主知识产权，促进型号研制和技术能力的提升，通过设立公司科技创新专项项目，鼓励所属各单位开展自主创新，增强科技发展自主性、灵活性和前瞻性。鼓励科技工作者的创新实践，体现创新鲜明的开放性，鼓励建立创新主体的合作机制，使科技工作者不断获得前沿知识和信息，通过开放性、创造性的实践，不断提升专业水平和创新能力。

3. 大力实施管理创新

坚持科学管理，优化管理流程，提高管理效率，始终把客户利益放在第一位，不断提高产品的安全性和可靠性。通过管理创新，构建完善的公司制度文化体系。中国商飞坚持突出主业，加快改革调整，在战略管控、计划预算管理、经营分析控制、流程优化、适航/质量/成本/供应商管理等专项职能管理、财会/人力资源等基础职能管理、研发/采购/制造/销售/客服等产品价值链管理及信息化建设等领域持续推进管理创新，保证发展所需的人、财、物等各类资源合理匹配和高效运转，确保公司的增长能力、盈利能力和抗风险能力得到显著提高，推进公司从项目研制为主向全面经营转变。鼓励各领域管理创新实践，根据民机产业的发展规律，公司提出构建"以客户为中心，围绕产品实现过程，坚持自主创新，整合全球资源，协同高效运行，持续为利益相关方创造价值"的 COMAC 管理体系，大力推进管理创新。创新项目管理体系，深化项目组织变革，实施"强矩阵"的项目组织，建立多型号并举的项目管理体系。实施 ERP 管理，推进管理流程和信息化深度融合。不断完善治理体系和组织体系，建立"一体化"的公司组织机构。推进过程管理，围绕 8 大过程、186 个子过程，制定过程定义方案，形成一级过程 KPI 及考核细则。建立公司管理创新课题的常态机制，每年公司内部安排 500 万元左右的专项经费用于管理改进研究，并将每年的 11 月第一周作为公司的管理创新周，组织开展管理创新成果交流学习，宣传管理创新思想方法（见图 14 - 2）。

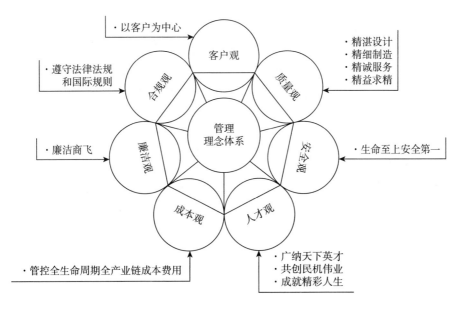

图 14－2　中国商飞管理体系

资料来源：《中国商飞 2019 社会责任报告》，http://www.comac.cc/shzr/zrbg/。

三　努力打造低碳循环"绿色商飞"①

中国商飞结合当前行业内外生态技术发展前沿，积极探索实施"绿色商飞"行动计划，在产品全生命周期中贯彻"绿色发展"理念，以应对环境挑战，最终实现环境友好。

"绿色商飞"就是立足中国商飞公司自身发展现状和规划目标的基础上，积极融合行业生态技术研究和应用实践，通过在产品全生命周期贯彻"绿色发展"理念，研制"绿色飞机"，建设"绿色家园"，构建"绿色产业链"，实现环境改善。其中，"绿色飞机"是产品输出，"绿色家园"是生存环境，"绿色产业链"是生存保障。

---

① 中国商飞：《中国商飞努力打造低碳循环绿色商飞》，《上海节能》2018 年第 6 期，第416 页。

（一） 研制绿色飞机

中国商飞大力推动技术创新，优化飞机气动布局、减重减阻、节油降噪。推广应用可持续生物燃油技术，大幅降低传统燃油消耗以及排气排出物，优先选用环保及可循环利用材料，积极参与未来电动和混合动力推进系统飞机的研究，为下一代"绿色飞机"研制提供技术储备，致力环境改善。

中国商飞的主要产品 C919 大型客机采用了先进气动布局结构材料和机载系统，设计性能比同类现役机型减阻 5%，外场噪声比国际民用航空组织（ICAO）第四阶段要求低 10 分贝以上，二氧化碳排放降到 12% ~15%，氮氧化物比 ICAO CAEP6 规定的排放水平低 50% 以上，直接运营成本降低 10%。

（二） 建设绿色家园

中国商飞积极探索太阳能、风能等洁净能源利用方案，在制造环节大力推进精细管理，采用先进的智能化制造技术，提升工艺水平，淘汰污染环境的落后生产方式，严格控制"三废"排放，致力环境改良。

根据有关排放标准要求，中国商飞在 pH 酸碱度、六价铬、总铬、SS（固体悬浮物）、COD（化学需氧量）、氨氮、硝酸雾、铬酸雾、HF（氢氟酸）、粉尘、苯、甲苯、二甲苯、非甲烷总烃、烟尘、二氧化硫、氮氧化物等指标均 100% 达标。危废物也全部按要求合规处理（见表 14 - 2）。

表 14 - 2　中国商飞处理污染物办法

种类	指标	对应标准规范	当前状态	今后目标
废水	pH 酸碱度、六价铬、总铬、SS、COD、氨氮等	电镀污染物排放标准（GB21900）上海市污水排放标准（DB31199）上海市大气污染物综合排放标准（DB31/933）	100% 达标	实施改造项目，确保持续 100% 达标排放
废气	硝酸雾、铬酸雾、HF、粉尘、苯、甲苯、二甲苯、非甲烷总烃、烟尘、二氧化硫、氮氧化物等			
危废	要求合规处置			100% 规范存储，合规处置

资料来源：《中国商飞 2019 年社会责任报告》，http://www.comac.cc/shzr/zrbg/。

今后，中国商飞将持续实施改造项目，确保持续100%达到排放标准，危废物持续100%规范储存，合规处置。

（三）　构建绿色产业链

加强与客户及全球合作，在产品全生命周期贯彻"生态循环"理念，构建"绿色产业链"，并研究"老旧飞机回收计划"，逐步提高"老旧飞机"零部件循环利用率，实现环境友好（见图14-3）。

图14-3　中国商飞绿色产业链

资料来源：中国商飞：《中国商飞努力打造低碳循环绿色商飞》，《上海节能》2018年第6期。

四　对标国际，开创我国自主研发民用飞机新时代[①]

创造出具有国际标准、拥有自主知识产权的民机研发平台和民机自主品牌，是党和国家赋予中国商飞公司的历史使命。公司始终跟踪研究国际民机产业发展趋势和前沿技术，把突破大型客机关键核心技术作为实施创新驱动发展战略、提高企业竞争力的出发点与落脚点，引导多学科、多技术领域的高度交叉与深度融合，加快我国民机研制步伐。

一是积极构建"以中国商飞公司为主体，市场为导向，产学研相结合"的民机技术科研体系。建立多专业融合、多团队协同、多技术集成的协同科研平台。科技部与公司签署合作框架协议，打造国家大型民机科技创新能力建设平台，并批准公司为高新技术企业和创新型试点企业。公司不断加强国内外合作，与国内12所高等院校签署战略合作协议，与美国、法国

[①] 中国商飞：《创新驱动　创业引领　创造品牌——我国大型客机项目五年实践与探索》，《大飞机》2013年第2期，第10～13页。

等 8 个国家的 16 家国际知名院校、供应商建立了长期的人才联合培养机制，开展学历教育和中短期专题培训。公司成立以来，中国商飞公司累计选派 182 名技术骨干赴海外留学和开展访问学者研究，选派 483 名技术和管理骨干赴海外参加各类培训。

二是对标国际一流，着力打造支撑民机自主品牌的大型客机项目研发平台和核心能力。公司按照"一个总部、六大中心"的整体建设布局，重点打造研发设计、总装制造、服务支援三大平台；着力推进总部基地和设计研发中心、总装制造中心、客户服务中心、北京民用飞机技术研究中心、试飞中心、基础能力中心建设；加快提升研发设计、总装制造、客户服务、市场营销、适航取证、供应商管理六大核心能力，努力为客户提供一流的民机产品和服务。

三是实施精品工程，打造民机自主品牌。遵循"精湛设计、精细制造、精诚服务、精益求精"的质量方针，为客户提供更加安全、经济、舒适、环保的民机产品。通过集成国内外先进技术进行突破性设计，赋予产品减重、减阻、减排新内涵，引入新技术、新材料、新工艺，形成后发竞争优势。现已累计攻克 100 多项关键技术，解决了 100 多项技术难题，申请了 1125 项件国家专利、18 件《专利合作条约》（PCT）国际专利，获得了 610 项专利的正式授权。

四是激发科研人才创造活力。依靠人才发展项目，依托项目培养人才。大力推进"百人计划""领军人才工程""人才集聚工程"等重大人才工程，使大型客机项目成为民机研制人才高地。培育"长期奋斗、长期攻关、长期吃苦、长期奉献"的大飞机精神。长期以来，中国商飞公司将教育培训规划与发展战略对标，与型号研制任务实际需要对标，做好教育培训规划的顶层设计、科学调研、统筹规划、周密布局、按需实施。始终坚持教育培训工作为公司发展服务、为型号研制服务、为干部职工服务，有力提升了人才队伍的专业素质和业务水平，为我国商用飞机产业的发展提供了坚实的人才保障和智力支持。近年来，引进优秀大学毕业生 3800 多人，长期聘用海外高层次人才 101 人，30 人入选中央"千人计划"，初步形成了一支信念坚定、甘于奉献的民机人才队伍。

目前，大型客机项目已经进入工程发展阶段，开启了我国自主研制民机产品的新征程。C919 产业化发展、ARJ21 系列化发展、新型支线飞机研制和双通道大型干线飞机等项目被纳入国家战略性新兴产业规划和中长期航空工业发展规划。C919 大型客机十年奋战、攻坚克难，完成立项论证、可行性论证、总体方案定义、初步设计、详细设计、全面试制，进入试飞取证，科研工作及研制批飞机生产有序推进，累计订单 815 架。2017 年 5 月 5 日成功首飞，这是我国航空工业的历史性突破，引起了广泛关注和强烈反响。2016 年 6 月 28 日 ARJ21 飞机首航至今，成都航空 ARJ21 飞机机队规模已达 21 架，开通 46 条国内外航线，通航 43 座城市，陆续建立成都、泉州、银川等 6 个示范运营基地，很好地发挥了国产支线飞机的优势，带动了当地航空经济发展。而今，国航、东航、南航、天骄航空、江西航空等也加入了 ARJ21 飞机的运营队伍，各家航司共接收 33 架 ARJ21 飞机，开通覆盖我国华北、东北、华南和西南等地区的航线，通航城市已达 56 座，搭建了连接国内二三线热点城市的空中通道，标志着 ARJ21 飞机初步形成规模化运营，为旅客出行提供更多便利。CR929 远程宽体客机完成三年前期论证，2017 年 5 月 22 日成立合资公司，2017 年 9 月 29 日正式命名为 CR929，转入初步设计阶段，2019 年 8 月 27 日，在第十四届莫斯科国际航空航天展览会上，CR929 远程宽体客机的 1∶1 展示样机首次在海外展出，开辟了公司未来发展的新天地。在新一轮对外开放和国际竞争中，中国商飞公司将抓住契机着力推进我国民机产业体系建设，全面实施发展战略和发展规划，加快建设国际一流航空企业，为建立我国强大的航空工业做出新贡献，让中华民族伟大复兴"中国梦"展翅翱翔！

第十五章
中国中车：以自主创新叫响
"中国制造"

中国中车股份有限公司（中文简称"中国中车"，英文简称缩写"CRRC"）是经国务院同意，国务院国资委批准，由中国北车股份有限公司、中国南车股份有限公司按照对等原则合并组建的 A＋H 股上市公司。经中国证监会核准，2015 年 6 月 8 日，中国中车在上海证券交易所和香港联交所成功上市。现有 46 家全资及控股子公司，员工 17 万余人。总部设在北京。

中国中车的重组成立，改写了世界轨道交通装备行业格局，也被赋予了崭新的历史使命——"上为大国重器，下为产业引擎"。中国中车确立了"连接世界，造福人类"的企业理念和成为"世界一流高端装备产业投资集团""受人尊敬的国际化公司"的愿景。成立以来，中国中车不负众望，在 2015 年以来的五次央企绩效考核中均获得 A 类评级，在 2019 年世界 500 强排行榜中位列第 359 位，并被国务院国资委评为"科技创新优秀企业"和"品牌建设优秀企业"。中国中车自成立以来，习近平总书记、李克强总理多次莅临中国中车考察调研。总书记赞扬中国中车的高铁、动车是中国的一张亮丽的名片，体现了中国装备制造业的水平，是"走出去"和"一带一路"建设的"抢手货"，总理寄望中国中车打造永不褪色的"金名片"。

中国中车承继了中国北车股份有限公司、中国南车股份有限公司的全部业务和资产，是全球规模领先、品种齐全、技术一流的轨道交通装备供应商。主要经营：铁路机车车辆、动车组、城市轨道交通车辆、工程机械、各类机电设备、电子设备及零部件、电子电器及环保设备产品的研发、设计、制造、修理、销售、租赁与技术服务；信息咨询；实业投资与管理；资产管理；进出口业务（见图 15 – 1）。

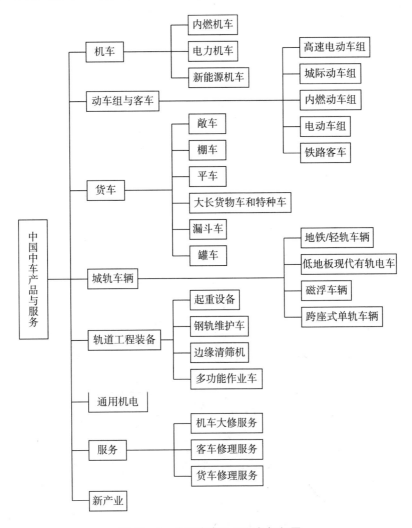

图 15 – 1　中国中车公司业务框架图

资料来源：中国中车官网，http://www.crrcgc.cc/g5090.aspx。

中国中车坚持自主创新、开放创新和协同创新，持续完善技术创新体系，不断提升技术创新能力，建设了世界领先的轨道交通装备产品技术平台和制造基地，以高速动车组、大功率机车、铁路货车、城市轨道车辆为代表的系列产品，已经全面达到世界先进水平，能够适应各种复杂的地理环境，满足多样化的市场需求（见表 15 - 1）。中国中车制造的高速动车组系列产品，已经成为中国向世界展示发展成就的重要名片。产品现已出口全球六大洲近百个国家和地区，并逐步从产品出口向技术输出、资本输出和全球化经营转变。

表 15 - 1　产品结构及主要产品功能

动车组	主要包括时速 200 公里及以下、时速 200～250 公里、时速 300～350 公里及以上各类电动车组，内燃动车组，主要用于干线铁路和城际铁路客运服务。在"引进、消化、吸收、再创新"的基础上，以"复兴号"为代表的动车组产品具有自主知识产权
机车	主要包括最大牵引功率达 12000KW、最高时速达 200 公里的各类直流传动、交流传动电力机车和内燃机车，这些机车作为牵引动力主要用于干线铁路客运和货运服务。公司机车产品具有自主知识产权
客车	主要包括时速 120～160 公里座车、卧车、餐车、行李车、发电车、特种车、高原车及双层铁路客车等，主要用于干线铁路客运服务。公司客车产品具有自主知识产权
城市轨道车辆	主要包括地铁车辆、轻轨车辆、市域（通勤）车辆、单轨车、磁浮车及有轨电车、胶轮车等，主要用于城市内和市郊通勤客运服务。公司城市轨道车辆产品具有自主知识产权
通用机电	主要包括牵引电传动与网络控制系统、柴油机、制动系统、冷却与换热系统、列车运控系统、旅客信息系统、供电系统、齿轮传动装置等，主要与公司干线铁路和城际铁路动车组与机车、城市轨道车辆、轨道工程机械等整机产品配套，部分产品以部件的方式独立向第三方客户提供。公司上述产品具有自主知识产权

一　重研发，从"跟跑"到"领跑"[①]

中国中车技术创新工作服从和服务于中车公司跨国经营、全球领先战略目标，坚持"国家需要至上、行业发展至上"原则，坚持自主创新、开放创新和协同创新，坚持正向设计方向，建立与完善适应国际化发展需要的技术创新体系，建设具有国际竞争力的系列化产品体系、国际先进的轨道

---

① 中国中车官网，http://www.crrcgc.cc/g4878.aspx。

交通装备知识体系、完善的国际化轨道交通装备技术支撑体系，全面提升技术创新能力，推动中国轨道交通装备产业向产业链、价值链高端攀升，实现"中车创造"与"中国创造"，为中车公司持续快速发展提供强劲动力。

2017年6月25日上午，由中国铁路总公司牵头，中车长春轨道客车股份公司（简称中车长客）和北京四方继保自动化股份公司（简称四方公司）研制的具有完全自主知识产权、达到世界先进水平的中国标准动车组被命名为"复兴号"。

中国铁路总公司总工程师何华武曾公开表示，尽管我们掌握了"和谐号"动车组的技术，许多技术还是我们自主创新研发改进的，但由于始终是使用国外的技术平台、采用国外标准，进一步发展受到制约。而复兴号中国标准动车组，在高速动车组254项重要标准中，中国标准占84%。具有完全自主知识产权的中国标准动车组终于从梦想照进现实。

该车有"CR400AF"和"CR400BF"两种型号，"CR"是中国铁路总公司的英文缩写，也是指覆盖不同速度等级的中国标准动车组系列化的产品平台。型号中的"400"为速度等级代码，代表该型动车组试验速度可达400km/h及以上，持续运行速度为350km/h；"A"和"B"为企业标识代码，代表生产厂家；"F"为技术类型代码，代表动力分散电动车组，其他还有"J"代表动力集中电动车组，"N"代表动力集中内燃动车组。

2017年6月26日，复兴号率先在京沪高铁两端的北京南站和上海虹桥站双向首发，分别担当G123次和G124次高速列车。此后，中国国家铁路集团有限公司持续推进复兴号技术创新工作，深入实施复兴号品牌战略，不断扩大复兴号的覆盖范围和开行数量，努力建成品类齐全、结构合理、涵盖不同速度等级、适应多元化运输需求和不同应用环境的复兴号系列产品体系。目前，复兴号家族成员不断壮大，"绿巨人""超长陆地航班"等不同车型奔驰在祖国广袤的大地上，满足了更多地区旅客的出行需求。[①]

2018年6~9月，中国铁路总公司组织了京沈综合试验段CTCS3+ATO列控系统试验，CR400复兴号在世界上首次实现时速350公里自动驾驶功

---

① 《和复兴号一起奔跑追梦——张波》，腾讯网，https://xw.qq.com/amphtml/20200802A0LZ5W/20200802A0LZ5W00。

能。2018 年 12 月 9 日，复兴号中国标准动车组项目获第五届中国工业大奖。2018 年 12 月 24 日，时速 350 公里 17 辆长编组、时速 250 公里 8 辆编组、时速 160 公里动力集中等多款复兴号新型动车组首次公开亮相。2019 年 1 月 5 日零时起，全国铁路将实行新列车运行图，时速 160 公里动力集中型电动车组——复兴号 CR200J 型电力动车组，也将开始逐步替代传统普速列车在京沪线上线运营。2019 年 6 月，CRH6F 型海口市域动车组亮相海口，兼具高速动车组和城轨地铁技术优势，速度快、载客量大，能实现快起快停和快速乘降，特别适应城际市域铁路"快速、大运量、快起快停、快上快下"的运营需求。2019 年 9 月，"中车造"北京大兴机场线地铁列车正式运营，设计时速 160 公里，是国内速度最快的地铁。大兴机场线地铁列车拥有全世界最高等级的全自动驾驶系统，能够实现列车自动唤醒、自检、运行、休眠等全过程。列车车身振动小，车辆气密性高，隔音降噪能力强，座椅空间舒展，还在座椅间专门设置了 USB 充电接口，乘坐舒适便捷。2019 年 5 月，中车株洲电力机车有限公司（以下简称中车株机）协同建设的全球首列 5G 车地无线通信的深圳地铁 11 号线列车试运行。中车株机公司结合承担的智慧运维平台，对研制的地铁列车进行 5G 和智能化升级。5G 车地通信技术部署简洁，工程难度低，改造花费少，可维护性强。深圳地铁 11 号线通过 5G 车地无线通信技术，可将车厢内高清摄像头采集的 25GB 车载数据在短短 150 秒内完成自动传输。

自动驾驶这个概念多年前就被提倡，中国高铁通过技术研发，努力攻克高铁的自动驾驶技术。自 2016 年 3 月开通以来，珠三角城际铁路莞惠线、佛肇线陆续上线 12 列以 C2 + ATO 模式运营的城际动车组，它不仅仅是城际铁路的技术创新，同时也是世界首次将自动驾驶技术运用到时速 200km/h 等级铁路，极具示范意义。2019 年正式通车的京张高速铁路是从北京到河北张家口的城际铁路，是实现时速 350 公里的世界首个自动驾驶高速铁路，自动发车、自动停车、自动驾驶等完全脱离了驾驶员的操作。在人性化服务方面，京张高速铁路智能动车组列车新增了智能环境感知调节技术，能够实现对温度、灯光、车窗颜色等的调节，进一步提高了乘客乘坐舒适度，同时全车覆盖 Wi-Fi，配置多语种旅客信息系统，能够满足国际旅客的需求。

进入新时代，中国中车持续推进科技创新，深入实施科技体制改革，持续加大科技投入力度，进一步激发创新活力。2019 年，中国中车在意大利、奥地利两个海外研发中心揭牌，海外技术研发中心达到 17 个。企业开展重大产品攻关，时速 400 公里高速列车样车、时速 600 公里高速磁浮试验样车下线，产品体系更加丰富，引领能力不断增强；持续推进管理提升，坚持全面预算管理，不断强化战略管控，扎实推进精益管理，深入实施提质增效，提升风险管控能力，推动企业高质量发展；持续推进改革攻坚，入选"双百企业"数量达到 7 家，位居央企首位，综合改革方案陆续落地。公司下属 2 家企业入选第四批混改试点，混合所有制改革加快实施。"压减""处僵治困"取得阶段性成果，内部重组整合稳步实施，三项制度改革持续深化，改革不断向纵深发力。①

2020 年 7 月 29 日，全球最大功率神 24 电力机车在位于湖南株洲的中车株洲电力机车有限公司下线。该电力机车以单机功率 28800 千瓦、牵引力 2280 千牛刷新轨道交通装备的世界纪录（此前为功率 14400 千瓦、牵引力 1140 千牛，也由中车株机制造）。这是我国铁路重载技术创新的重大突破，也是我国装备制造业自主创新的重大成果。神 24 电力机车由中车株机与国家能源集团联合研制，最高运行时速 120 公里，具备在千分之十二的坡道上牵引万吨货物的能力，堪称重载铁路"动力之王"。该机车交付后，将在国家能源集团神朔铁路运行，有效提升了我国能源运输大动脉的运输效率，满足重载运输、智慧引领、绿色环保的战略需求。

中国标准动车组的设计研制，遵循了安全可靠、简统化、系列化、经济性、节能环保等原则，在方便运用、环保、节能、降低全寿命周期成本、进一步提高安全冗余等方面加大了创新力度。研制期间，先后完成总体技术条件制定、方案设计、整车型式试验、科学实验、空载运行、模拟载荷试验等工作，在大西线开展了型式试验，在郑徐线开展了高速交会试验，在哈大、京广高铁进行了载客运行，各项考核指标全部符合标准规范和运

---

① 《2019 中国中车股份有限公司社会责任报告》，http://file. finance. sina. com. cn/211. 154. 219. 97：9494/MRGG/CNSESH_STOCK/2020/2020 – 3/2020 – 03 – 31/5981130. PDF。

用要求，安全性、舒适性及各项性能指标以及运用适应性、稳定性、可靠性、制造质量均达到设计要求，整车性能指标实现较大提升，设计寿命由20年提高到30年。2017年1月3日，取得国家颁发的型号合格证和制造许可证。

中国标准动车组构建了体系完整、结构合理、先进科学的技术标准体系，涵盖了动车组基础通用、车体、走行装置、司机室布置及设备、牵引电气、制动及供风、列车网络标准、运用维修等十多个方面，达到国际先进水平。尤其是复兴号等新型动车组列车，其大量采用中国国家标准、行业标准、中国铁路总公司企业标准等技术标准，同时采用了一批国际标准和国外先进标准，具有良好的兼容性能，其整体设计以及车体、转向架、牵引、制动、网络等关键技术都是我国自主研发，具有完全自主知识产权。具体的技术创新及成果主要体现在：

1. 安全技术更有保障

复兴号中国标准动车组设有智能化感知系统，并建有强大的安全监测系统，全车部署了2500余项监测点，能够对走行部状态、轴承温度、冷却系统温度、制动系统状态、客室环境进行全方位实时监测。复兴号中国标准动车组还增设碰撞吸能装置，以提高动车组被动防护能力。为适应中国地域广阔、环境复杂（－40～＋40℃）、长距离、高强度运行的需求，复兴号中国标准动车组按最高等级（设计寿命30年或1500万公里）考核动车组主要结构部件，整车进行60万公里运用考核（欧洲一般40万公里）。

2. 乘坐体验更人性化

复兴号中国标准动车组车厢内实现了Wi-Fi网络全覆盖，设置不间断的旅客用220V电源插座；空调系统充分考虑减小车外压力波的影响，通过隧道或交会时减小耳部不适感；列车设有多种照明控制模式，可根据旅客需求提供不同的光线环境。复兴号中国标准动车组还采取了多种减振降噪措施，改进了洗漱设施，设置有无障碍设施等，能够为旅客提供更良好的乘坐体验。

3. 感知系统更智能化

复兴号中国标准动车组采集各种车辆状态信息多达1500余项，能够全面监测列车运行状况，实时感知列车状态，包括安全性能、环境信息（如温度）等，并记录各部件运用工况，为全方位、多维度故障诊断、维修提供支持。列车出现异常时，可自动报警或预警，并能根据安全策略自动采取限速或停车措施。此外，复兴号中国标准动车组还采用远程数据传输，可在地面实时获取车辆状态信息，提升地面同步监测、远程维护能力。

4. 车体设计更先进

车体低阻力流线型、平顺化设计，不仅能耗大大降低，车内噪声也明显下降。复兴号动车组列车阻力比既有 CRH380 系列降低 7.5% ~ 12.3%，350km/h 速度级人均百公里能耗下降 17% 左右，有效减少了持续运行能量消耗。在车体断面增加、空间增大的情况下，复兴号中国标准动车组按时速 350 公里试验运行时，列车运行阻力、人均百公里能耗和车内噪声明显下降，表现出良好的节能环保性能。

速度引爆激情，激情点燃梦想。复兴号列车的成功运营，标志着我国成为世界上高铁运营速度最快的国家。复兴号的成功提速运行是中国科技的伟大进步，更是我们成功地从"中国制造"跨越至"中国标准"的里程碑，实现了从"跟跑"到"领跑"的跨越式发展。

二　特色创新体系助推中车辉煌

（一）完善的创新体系支撑高质量研发

以中国中车为基础，中国轨道交通装备制造业建设了相对完善的、具有一定国际竞争力的技术创新体系。中国中车拥有的高速列车系统集成国家工程实验室、动车组和机车牵引与控制国家重点实验室、国家重载快捷铁路货车工程技术研究中心、国家轨道客车系统集成工程技术研究中心等11 个国家级研发机构和覆盖主机制造企业的 19 家国家级企业技术中心为主体的产品与技术研发体系，奠定了轨道交通装备行业国家技术与产品创新体系的基础，形成了强劲的国际竞争力。截至 2019 年，中国中车拥有 9 家国家级研发机构，23 个国家级企业技术中心，81 个省部级研发机构，17 个海外研发中心，在轨道交通装备核心技术突破，产品技术开发等方面取得了丰硕成果。① 中国中车产品技术研发体系基本涵盖了从嵌入式底层软件技术到应用级控制软件技术，从基础技术、行业共性技术到产品关键技术，从系统集成技术到产品工程化实现技术的全技术链，从芯片到板卡，从零件到模块、部件，从系统到整机整车的全产品链，基本形成了能够满足中国轨道交通装备制造行业技术产品发展需要的，包括设计分析、计算仿真、试验验证、检验测试、信息情报、创新管理等技术创新保障能力。

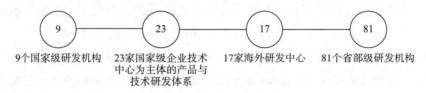

图 15 – 2   中国中车技术创新体系

资料来源：《2019 中国中车股份有限公司社会责任报告》，http：//file. finance. sina. com. cn/
211. 154. 219. 97：9494/MRGG/CNSESH_STOCK/2020/2020 – 3/2020 – 03 – 31/5981130. PDF。

完善的创新体系为中国中车开展高质量研发活动提供了基础与保障。近年来，中国中车在轨道交通装备技术标准体系建设中突飞猛进，形成了国际先进的轨道交通装备产品技术标准体系。中国中车围绕重要系统、关键部件产品，在高端轨道交通移动装备系统集成技术、牵引传动技术、网络控制技术、转向架关键技术、车体关键技术、制动关键技术、柴油机关键技术、齿轮传动系统关键技术、弓网受流技术、振动噪声控制技术、工程机械电气传动与控制技术、永磁电机、电力电子器件等方面取得重大突破，达到国际先进水平。在基础材料应用研究，轮轨关系研究、高寒高速动车组关键技术研究、车体疲劳试验研究、服役性能研究、谱系化头型、重载快捷货车核心技术基础理论研究、仿真验证技术及可靠性技术研究等取得了一批基础性应用研究成果。基于互联网的轨道交通旅客信息服务系统、电力电子变压器、永磁牵引传动系统等一批前瞻性技术研究取得了阶段性研究成果。中国轨道交通装备国际竞争力极大提升。

中国中车同步建设了相对完善、覆盖技术创新工作全过程的技术创新

① 《2019 中国中车股份有限公司社会责任报告》，http：//file. finance. sina. com. cn/211. 154. 219.
97：9494/MRGG/CNSESH_STOCK/2020/2020 – 3/2020 – 03 – 31/5981130. PDF。

管理体系，保障充足的资金、物质投入和满足要求的创新人才。近年来，中车公司年度研发经费保持 8% 左右的快速增长，技术投入比例保持 5.6% 以上；2019 年中国中车研发投入高达 122.65 亿元，保证了中国中车技术创新能力的持续快速提升。① 此外，中国中车长期坚持建设与完善高效实用的规则制度与理念文化体系，保证技术创新工作的良好秩序；坚持建设和完善科技项目、科技成果、产品技术、知识管理、科技信息等管理体系，保证技术创新工作高效开展，保证技术创新储备与发展潜力。

同时，中国中车建立了先进的轨道交通装备、重要系统和核心部件三级产品技术平台。形成了拥有自主知识产权、具有国际先进水平、融合世界不同标准体系的高速动车组和交流传动大功率电力、内燃机车产品技术平台，具有国际先进水平部分达到领先水平的、拥有完全自主知识产权的铁路重载及快捷货运产品技术平台，可以满足不同业主需要的城市轨道交通及地铁车辆产品技术平台。形成了牵引与控制系统、网络控制系统、制动系统、走行系统、连接系统、旅客信息系统等重要系统产品技术平台。形成 IGBT、电机、柴油机、功率模块、网关等产品技术平台。基于平台，中国中车快速开发了列车化轨道交通装备产品。中国中车新产品产值率 59.85%，很好地满足了中国轨道交通发展需求和全球不同业主需要。

中国中车加强以专利为重点的知识产权工作，拥有专利量以每年 26% 的速度快速增长，专利质量持续提升。2018 年 12 月 25 日，我国专利界的"奥斯卡"——由国家知识产权局和世界知识产权组织共同主办的第二十届中国专利奖颁奖大会在北京举行，中国中车凭借一金四银十个优秀奖的卓越业绩创下了"中国专利奖"获奖数量之最。其中，"一种轨道车辆前端吸能装置"捧得中国专利金奖，这是我国专利领域的最高奖项。中国中车 2018 年全年专利授权总数为 2497 项，其中发明专利授权数量为 1145 项，海外专利授权数量为 60 项。中国专利奖获奖数量再创历史新高。获得专利金奖 1 项，银奖 4 项，优秀奖 10 项，累计获奖量全国排名第二。截至 2018 年末，中国中车共年拥有专利 18000 余项，其中发明专利 6000 余项，累计

---

① 《2019 中国中车股份有限公司社会责任报告》，http://file.finance.sina.com.cn/211.154.219.97：9494/MRGG/CNSESH_STOCK/2020/2020 – 3/2020 – 03 – 31/5981130.PDF。

申请专利超过 30000 项；同时，中国中车已申请国外专利 2000 余项。2019年，中国中车科技创新取得了更加突出的成就，公司获得国家技术发明奖二等奖 3 项，国家科学技术进步奖二等奖 1 项；铁道科技奖 21 项，其中特等奖 2 项、一等奖 3 项；"复兴号"系列动车组科技创新团队获得国务院国资委 10 个中央企业优秀科技团队之一；《超级铜》和《AI 行为分析系统》项目分获"2018 中央企业熠星创新创意大赛"一等奖和二等奖，公司科技创新能力稳步提升。2019 年中国中车共申请专利 5189 项；荣获 21 届中国专利奖金奖 2 项、银奖 1 项、优秀奖 7 项，金奖获奖总数排名央企首位。

随着国家"一带一路"倡议的深入推进，中国中车已在沿线的俄罗斯、哈萨克斯坦、印度、马来西亚、印度尼西亚、蒙古国、泰国、波兰、立陶宛等 30 多个国家，累计申请专利 100 多件。专利覆盖美国、欧洲主要国家、日本、澳大利亚、新西兰、南非、俄罗斯等国家，中国中车以专利为重点的知识产权保护体系正在形成。同时，中国中车主持或参与起草或制订、修订 70余项国际标准，主持或参与起草国家标准 200 余项、行业标准近 1000 项。中国中车积极参加建设有国际公信力的中国轨道交通行业认证认可体系，加强与欧、美等先进地区轨道交通行业互认互信工作，保证中国轨道交通行业企业国际竞争力。截至 2017 年 6 月，中国中车已申请国外专利 1213 件，专利覆盖美国、欧洲主要国家、日本、澳大利亚、新西兰、南非、俄罗斯等国家。

通过持续的技术改造和技术升级，中国中车建设了全球领先的高速动车组、大功率电力及内燃机车、先进铁路客车产品、先进铁路货车产品、先进城轨交通及地铁产品等轨道交通装备制造基地，形成了国际领先的轨道交通装备产品制造能力，并在此基础上建设了完善的质量保证、安全保障、全球供应商等体系，形成了先进的轨道交通装备生产制造系统，有能力满足世界任何轨道交通装备市场需要。

（二）"一体四翼"模式稳定创新框架

中国中车研发水平得以迅速提升，与其以体系、聚智、研发和协同创新平台为翼的"一体四翼"创新模式是分不开的[1]。

---

[1] 中国中车：《五年科技投入达 584 亿，挺进高速列车技术无人区》，《中国机电工业》2018年第 2 期，第 60~61 页。

"一体"，即着力深化科技体制改革，以承担国家科技体制改革试点任务为主线，积极探索可借鉴、可复制、可推广的新途径。科技部将中国中车作为国家科技体制改革定向企业实施的首个试点单位，将先进轨道交通重点专项 10 项任务中的 7 项委托给中国中车组织实施，这是重要的创新路径，是国家战略与企业担当的大胆探索。

中国中车按照"面向世界前沿、面向经济主战场、面向国家重大需求"的总体思路和"全链条创新设计，一体化组织实施"的指导路线实施重点专项。以承担科技体制改革试点任务为主线，突出企业的实施主体责任，建立了重点专项组织领导架构。当前，中国中车形成了法人负责制、项目负责制、双总师负责制、课题负责制"四个主体"相结合的矩阵式管理模式，逐步健全完善制度体系、激励体系和评价体系，初步形成了科学化、制度化、信息化、精准化、一体化的管理平台，为承担国家科技体制改革先行先试任务奠定了坚实基础。

"四翼"，即着力打造"四大平台"，打通技术链、管理链、企业链、产业链、供应链、价值链，实现优势互补，资源协同，确保国家重大研发任务有序推进。

1. 着力打造体系创新平台

在推进先进轨道交通重点专项实施中，中国中车坚持政府推动、市场拉动、企业主动，形成了以企业为主体，市场为导向，"政、产、学、研、用"深度融合，协同化、开放化、一体化、全球化的技术创新体系。

2. 着力打造聚智创新平台

顺应全球产业变革趋势，2016 年 9 月 5 日经科技部批复同意，中国中车联合青岛市共同建设国家高速列车技术创新中心，通过新型的创新载体，实现"聚智、协同、转移、辐射、合作"功能，成为"立足中国、面向世界"的创新高地。2017 年初，创新中心建设全面启动，9 月注册成立新型非营利事业法人，编制完成创新中心总体规划，第一批入驻创新中心重点项目落地实施，正朝着探索高速列车技术无人区、建设行业关键技术供给源头的目标，奋力迈进。借助中国创新创业大赛平台，2020 年 7 月国家高速列车青岛技术创新中心承办了第九届中国创新创业大赛大中小企业融通专业赛（中国中车专场），这是首次围绕我国轨道交通技术创新创业的国家级赛事。吸引优秀科技力量融入中车产业生态，优化轨道交通全产业链，进而实现价值链、生态链的升级，是中车搭台的目标。为充分发挥产业龙头作用，持续推进建设产业协同创新平台，促进大中小企业融通发展，中车借助中国创新创业大赛众创众扶机制和资源集聚能力，将为轨道交通产业迈向智慧化提供平台支撑。

3. 着力打造研发创新平台

中国中车重视研发创新平台建设，成功研制出以复兴号动车组为代表的先进轨道交通装备全系列谱系化产品，能够满足高速、高寒、高温、高原、高风沙等各种复杂的环境条件。2017年9月21日，复兴号动车组率先在京沪高铁实现时速350公里运营，标志着我国轨道交通装备技术创新达到了全面自主化、标准化的新阶段，我国成为世界上高铁商业运营速度最高的国家。[①]

4. 着力打造协同创新平台

近年来，中国中车在北京打造了创新合作发展的四大平台：一是以中车长客股份公司、唐山股份公司和二七机车股份公司为基础，瞄准高、精、尖方向，打造高端装备制造平台；二是以中车研究院为核心，瞄准前沿技术、核心技术，打造高端装备的技术研发平台；三是以中车信息公司为牵引，瞄准智能化、数字化、信息化，打造以"中车购""数字中车"等为主体的"互联网＋"平台；四是以中车云链为代表，瞄准产融结合、协同共享，打造产业互联网创新金融平台。[②] 中国中车积极倡导共建共享共赢理念，突破科研院所、参研企业、专业学科等界限，在先进轨道交通重点专项已经启动的6个任务中，参与单位除中国中车外，包括大专院校与科研院所38家，产业链单位65家；参与项目的国家级平台达到60个，聚集70多位院士、近千名教授、2万多名工程技术人员，政府资源、社会资源、企业资源和全球资源效应充分释放，凝聚起推动国家重大研发任务和引领全球

---

① 中国中车：《五年科技投入达584亿，挺进高速列车技术无人区》，《中国机电工业》2018年第2期，第60~61页。

② 《中国中车在京打造四大创新合作发展平台》，https://www.sohu.com/a/116120939_507706。

行业技术创新的强大引擎。

三　"走出去"，打造中国制造"金名片"

中国中车成立以来，带给中国铁路乃至世界的，不只是速度上的突飞猛进，更有数量上的飞跃和品质上的升级。不但不断刷新着国内行业标准，同时一次又一次冲击占领新的国际标准。多年以来的创新发展，中国中车在扮演着我国轨道交通装备行业领军企业角色的同时，以最短的时间，推动中国铁路进步至少三十年，跨入世界一流轨道交通装备行列。相关统计数据表明，近年来的持续快速发展，使中国中车在轨道装备行业实现了创新能力最强、占有市场最大、运营速度最高、城轨品种最全、产品出口最多、发展速度最快。2019 年 9 月，在国务院总理李克强与德国总理默克尔的共同见证下，中国中车与德国福伊特集团签署战略合作协议，进一步开拓轨道及工业市场业务。中车株洲所下属时代新材博戈公司通过开发、生产并销售中高端车型的底盘、动力总成悬挂部件以及其他高分子轻量化部件，满足中高端乘用车在减振、降噪以及轻量化等方面的需求。2019 年，中国中车下属的博戈公司获得奥迪、保时捷、宝马等高端车企多个订单，累计金额超 6 亿欧元。在未来的国际化进程中，中国中车前景广阔，优势明显。

（一）研发技术优势

中国中车目前已具备完备的研发体系以及强大的技术转化能力，通过积极地自主创新，其产品技术和制造质量方面的水准已跻身国际前列。据国家知识产权部门相关数据统计得知，目前中国中车在国外提交的专利申请已超过 2000 件，早已突破知识产权问题给中国中车"走出去"带来的制约。截止到 2020 年 1 月 31 日，机械设备行业共有 354 家公司，这 354 家公司的专利申请总量为 209279 件，而中国中车专利申请总量排名机械设备行业所有公司中第一位，专利总量为 12122 件。[①] 在高速动车组板块，从第一

---

① 《机械设备行业专利申请总量排行榜：中国中车第一》，新浪财经，http://stock.10jqka.com.cn/hks/20200512/c620060704.shtml。

批 200 公里/小时的动车组成功下线，到测试时速达 486.1 公里的 CRH380AL 型高速动车组的研发创造，中国中车用最短的时间走完了发达国家大企业几十年的路程。同时，中国中车在动车组的流线型头型、气密强度与气密性、振动模态、转向架、减振降噪、牵引系统、弓网受流、制动系统、旅客界面、智能化十大关键技术上取得了重要突破，实现了对其他国家高铁技术的超越。在电力机车板块，最新研制的油电混合动力机车和双燃料内燃机车，在节能减排指标测度下表现优良，符合了现代社会对环境保护的倡导。此外，出口澳大利亚的窄轨漏斗铁路货车被科技部评为国家重点新产品，SRS 公铁两用高空作业车顺利完成 CE 认证，获得欧盟准入资格，中国中车的核心技术优势在不断增强。

在对外合作过程中，中国中车不仅做到产品出口，还努力实现技术输出和知识输出，注重培养本土高铁产业人才。例如，中国中车服务于肯尼亚蒙内铁路，提供其所用的 69 台内燃机车、40 辆客车、2020 辆货车及工程用车，并承担机车车辆的维保服务。为帮助当地员工承担并胜任机车维保工作职责和要求，中国中车开展了系列化的培养项目。当肯尼亚员工进入蒙内铁路运营公司后，中车戚墅堰公司首先为其安排专业基础知识及安全事项培训；当新员工通过见习期考评后，根据双向选择，以"师带徒"方式开展专业方向培养。2019 年，中车戚墅堰公司还在当地开展了 356 次岗位大练兵，有效提升了当地员工的工作技能。

产品质量和研发优势是中国中车能够持续向国外输出产品和技术的重要前提。表 15-2 显示了世界各个国家高速动车组实验速度和运营速度的排名情况，从表中可以看出，无论是从动车的运营速度还是试验速度的角度来看，中国中车研发制造的高速动车系列产品均领先于其他国家，超越了多数发达国家的自主研发产品，并广泛应用于我国各条铁路干线。CRH380A 型电力动车组是中车四方公司在 CRH2C 型电力动车组基础上自主研发的 CRH 系列高速电力动车组，成为目前全球范围内商业运营速度最快、科技含量最高、系统匹配最优的动车组，CRH380AM、CRH380AL、CRH380BL 系列等都是在其基础上研制而来，这些产品在国际市场上也都具有较强的竞争优势。

表 15 - 2　各国高速动车组实验速度与运行速度

国家	型号	速度（公里/小时）
试验速度		
中国	CIT500（CRH380AM）	605
中国	CRH380BL	487.3
中国	CRH380AL	486.1
中国	CRH380A	416.6
日本	955 型实验电车（300X）	443
日本	E952/953 型（STAR21）	425
日本	N700 系	365
德国	ICE	406
韩国	KTX	352.4
意大利	TAV	319
法国	TGV - V150	574.8
运营速度		
中国	大部分新建高速客运专线	350
法国	TGV - LGV 东欧线	320
德国	ICE - LGV 东欧线	320
日本	N700 系、E5 系	300

资料来源：《中国高铁技术发展路径回顾及技术现状分析》，http://www.chyxx.com/industry/201411/293130.html.

图 15 - 3 对比了我国与国外高铁技术的差异，对高铁技术而言，我国有 70% 的技术原理与其他国家是相通的，有 10% 的技术是我国独有而其他国家所不具备的。中国中车经过不懈地研发，攻克了应对雾霾、高寒等条件的技术难题，形成了我国特有的具有自主知识产权的高铁产品。

中国中车的产品种类齐全，覆盖了机车、动车组、货车、客车和城轨地铁车辆等各个板块，目前拥有的研发机构数量众多，不仅包含数十家国家级、省级的研发机构，还包含了企业技术中心，以及海外研发中心。此外，中国中车还拥有多个世界领先的轨道交通装备研发平台，研发实力雄厚，全技术链的涵盖面广泛。

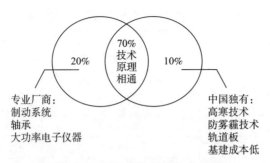

图 15 – 3　我国与国外高铁技术的差异

资料来源：《中国高铁技术远超日本》，酷网资讯，http：//www. tianya999. com/news/
2015/0813/92681. html。

（二）　生产制造优势

中国中车在生产基地、产品种类和产品覆盖范围上都具有较强的优势，不仅拥有在世界范围内技术领先的高速动车组研发生产基地、全球一流的电力机车研发生产基地，还拥有轨道交通装备行业领先的大功率内燃机车研发生产基地、中国仅有的货车整车疲劳振动实验台以及国内最大的城轨地铁车辆国产化定点企业，生产基地数量众多，能够快速响应全球轨道交通装备的市场需求。中国中车的生产产品包含了机车车辆、动车组、城市轨道交通车辆、工程机械、各类机电设备、电子设备及零部件、电子电器及环保设备产品等众多模块，产品覆盖面十分广阔。此外，中国中车在生产和制造能力上也具有突出的表现，能够应对产品的多样化需求。

目前我国高铁已经具有时速从 140 公里至 380 公里范围内的不同时速等级的各类产品，在很大程度上能够满足不同需求者在环境与速度上的个性化要求。此外，中国中车还建立了先进的质量控制体系和具有先进制造技术的全产业链生产保障体系，产品制造技术、主要工艺装备和计量检测手段均达到了国际领先水平，产品质量稳步提升。

（三）　产业集群优势

中国中车不仅注重自身的研发和制造能力，对周边产业配套的建设也极其重视。一般而言，一列动车组上包含上万个零部件，研制工序复杂程度可想而知，这往往就造成了动车组的生产周期冗长，交货速度因此受到影响。然而在国际市场竞争中，中国中车多次凭借迅速响应的交货期，获得了多个国外项目的中标。这其中的奥秘就在于，中国中车拥有完善的产业集群。中车株机公司位于株洲田心高科技工业园，周边集聚了中国乃至世界最为完善的轨道交通装备制造集群，能够满足各种核心零部件的产业配套，方圆五公里范围就可以解决动车组九成以上的装备配件，省去了大量的时间及物流运送成本。此外，在项目研制过程中若出现了问题，能够在半小时内请到相关专家进行诊断答疑，保证了产品的完成速度与质量，使产品的交货时间得以缩短。

（四）"本地化"服务模式

中国中车注重分享在全球范围内的创新模式和成功经验，让轨道交通更好地改善人们生活，造福人类。在实施"走出去"战略过程中，中国中车深入实施本土化制造、本土化采购、本土化用工、本土化维保、本土化管理"五本模式"，在国际化战略中主动担当文化"传译者"、人才"孵化器"、产业"推进器"、社区"好邻居"四种角色。中国中车的产品已销售至一百多个国家和地区，在更多领域与各利益相关方实现共商、共建、共享、共赢。

在售后服务方面，基于本地化战略的实施理念，中国中车在对外经营的过程中开创了"产品输出＋服务＋技术＋建设基地"的特色模式，一方面在产品出口国外的同时签订维护保养合同，由中国中车方面进行员工培训与技术指导，聘用本地员工进行维保工作；另一方面是建立轨道交通装备制造基地，主要聘请本地人员，进行技术输出。这种特殊的战略举措，不仅为当地提供了本地化就业机会，还积极推动了当地轨道交通装备的产业发展，促进了其技术进步，同时也为中国中车的海外经营带来了新的市场机遇。在国际轨道交通装备行业，中国中车最早提出了此类模式，开辟了新的海外贸易模式。目前，中国中车已在马来西亚建立了动车维保基地，并赢得了市场认同。

当前轨道交通装备制造业与国家重大发展战略表现出高度的契合，在国家"一带一路""京津冀一体化"和"长江经济带"等重大战略中，轨道交通都扮演着极其重要的角色。与此同时，党中央、国务院以及国务院国资委对发展我国高端装备制造业寄予了强烈厚望，积极推介并大力支持高铁等具有竞争优势的产业加快"走出去"。而由于近年来我国高速铁路的成功运营，在全球范围内形成了强烈的示范效应，这也给我国轨道交通装备制造业加快"走出去"创造了更为有利的条件。此外，国家为引导和鼓励轨道交通装备制造业的发展，陆续出台了《高端装备制造业"十二五"发展规划》《高速列车科技发展"十二五"专项规划》等系列规划方案，立足于国家战略层面对我国轨道交通装备行业未来的发展方向和发展目标提出了期许和要求，并确定了在金融财税、技术创新、市场等方面的相关支持政策，这些利好对于中国中车的全面发展无疑是具有重大推动意义的。目前，国家正在深入部署"一带一路"倡议的实施，大力推进国际产能和装备制造合作，积极推动与周边国家基础设施的互联互通以及非洲地区"三网一化"的建设项目，此举涉及了众多新兴经济体，将对轨道交通装备释放更大的需求，使得轨道交通装备行业的发展潜力巨大。

与此同时，世界各国都在着力于推动经济从周期性复苏向可持续发展形态转变，逐渐开始重视基础设施建设对经济发展的拉动效应。英国、美国、俄罗斯、巴西、加拿大、印度、伊朗、越南、沙特等国家也都陆续提出了本国在轨道交通方面的建设发展规划以及对轨道交通装备进行更新换代的计划。随着中国高铁在世界范围内的崛起，我国的动车组产品已得到了越来越多国家的广泛认可，有不少国家表示要与中国高铁进行合作的意愿，未来也将会有更多的国家将愿意与中国企业进行合作，中国中车在"走出去"过程中将拥有极佳的市场前景和极大的发展机遇。此外，国际金融危机对很多海外轨道交通装备企业形成的冲击仍未恢复完全，这也为中国中车开展海外并购，加快国际化产业布局和国际化经营创造了条件。

面向未来，中国中车将以融合全球，超越期待为己任，紧紧抓住"一带一路"和全球轨道交通装备产业大发展等战略机遇，大力实施国际化、多元化、协同化发展战略，全面推进以"转型升级、跨国经营"为主要特征的全球化战略，努力做"中国制造2025"和"互联网+"的创新排头兵，努力把中国中车建设成为以轨道交通装备为核心，跨国经营、全球领先的高端装备系统解决方案供应商。

中国高铁的产品和品牌已经享誉世界，而中国标准动车组将为高铁

"走出去"的征程再添一件利器。正如习近平同志在视察中国中车长春轨道客车股份有限公司时所说，高铁是我国装备制造的一张亮丽的名片，成为我国对外经济技术合作的"抢手货"，要抓住机遇、乘势而上。未来，中国中车将在深化改革中奋力进取，锐意创新，以高质量创新推动高质量发展，持续开创高铁产业发展新局面。

第十六章
中国一重：创新浇筑国之重器

近年来，中国第一重型机械集团（简称中国一重）坚持以习近平新时代中国特色社会主义思想为指导，深入学习贯彻习近平总书记视察东北三省的重要讲话及视察中国一重时的重要指示精神，坚决贯彻落实党中央各项决策部署，牢记"发展壮大民族装备工业，维护国家经济和国防安全，代表国家参与全球竞争"的初心和使命，持续解放思想、改革创新，担当作为、振兴发展，经过广大党员干部职工艰苦奋战，一举扭转了连续亏损的不利局面，进入了全面振兴和高质量发展新阶段。

一 装备中国的大国重器

（一）国宝级国家工程

中国一重始建于1954年，是毛主席提议建设，周总理誉为"国宝"的国家重点工程项目。党的十八大以来，习近平总书记分别于2013年8月、2018年9月，五年两次视察中国一重，并强调指出，看看一重，这是我一直的心愿。中国一重在共和国历史上是立过功的，是中国制造业的第一重地。国家要发展，制造业要发展，装备制造业是重中之重，是现代化大国必不可少的。中国一重要知道所肩负的历史重任，把我们的事业越办越好。

建厂之初，中国一重建设者克服重重困难，实行"边建设、边准备、边生产"的"三边"方针，在较短的时间内，完成工程项目114个，建筑面积58.5万平方米，安装大小设备5046台套。从1957年下半年开始，工厂冷、热加工分别投产。建厂伊始先后完成了我国第一台1150初轧机，第一台12500吨水压机等。依靠自己的技术力量，独立设计制造完成了2800

铝板冷、热轧机和 30000 吨模锻水压机等一大批"国宝级"设备，结束了我国不能生产成套机器产品的历史。

进入 20 世纪 80 年代，中国一重积极走引进、消化、吸收国际先进技术之路，通过引进技术、合作生产并积极创新，使企业具备了与发达国家合作制造和自行研制高科技产品的能力。先后开发研制出 $23m^3$ 电铲、3000T 立式弯板机、2050mm 热连轧机、1900mm 板坯连铸机、小松系列机械压力机、热壁加氢反应器等具有当代国际先进水平的新产品，并荣获国务院重大技术装备研制特别奖。尤其是独立研制出口巴基斯坦的 300MW 核电压力容器，使中国跻身世界少数几个能独立制造核压力容器的国家之列。

90 年代以来，随着市场经济的推进，中国一重也加快了内部改革和建立现代企业制度的步伐。1991 年 4 月，中国一重开始着手组建集团，1993 年 7 月，作为全国首批试点的 57 家大型企业集团之一的中国第一重型机械集团成立。至此，第一重型机器厂作为核心企业，正式更名为中国第一重型机械集团公司。1999 年，中国一重被确定为由中央管理的涉及国家安全和国民经济命脉的 39 户国有重要骨干企业之一。2003 年国务院国资委成立后，中国一重由国资委管理。2008 年 12 月，中国一重联合华融资产管理公司、宝钢集团有限公司和中国长城资产管理公司发起设立中国第一重型机械股份公司。2010 年 2 月，中国第一重型机械股份公司在上海证券交易所成功挂牌上市。2017 年底，中国一重完成公司制改制，由全民所有制企业改制为国有独资公司，名称变更为中国一重集团有限公司。

中国一重主要为钢铁、有色、电力、能源、汽车、矿山、石油、化工、交通运输等行业及国防军工提供重大成套技术装备、高新技术产品和服务，并开展相关的国际贸易。主要产品有核岛设备、重型容器、大型铸锻件、专项产品、冶金设备、重型锻压设备、矿山设备和工矿配件等产品，具备核岛一回路核电设备全覆盖制造能力，是中国核岛装备的领导者、国际先进的核岛设备供应商和服务商，是当今世界炼油用加氢反应器的最大供货商，是冶金企业全流程设备供应商。60 多年来，为国民经济建设提供机械产品近 500 万吨，开发研制新产品 400 多项，填补国内工业产品技术空白 400 多项，设计制造的产品先后装备了中国各大核电石化企业、钢铁企业、汽车企业、有色金属企业、煤炭生产基地等，不仅带动了我国重型机械制造水平的整体提升，而且有力地支撑了国民经济和国防建设。目前，顺应新一轮科技革命和产业变革发展趋势，中国一重正全力推进改革创新、提质增效，加快推进新产业发展，在新材料、军民融合、"一带一路"、地企融合等方面形成新的经济增长点，加快培育壮大新动能。

（二）改革发展的经验启示

在党的坚强领导下，中国一重几代人艰苦创业、锐意进取、顽强拼搏，实现了企业不断发展进步，同时也留下了宝贵经验和启示。

必须旗帜鲜明讲政治，坚持党对国有企业的领导不动摇。坚持党的领导、加强党的建设，是国有企业的"根"和"魂"。作为中央企业，在改革发展中必须旗帜鲜明讲政治，始终做政治上的明白人，坚决贯彻党中央重大决策部署，牢固树立"四个意识"，坚定"四个自信"，坚决维护习近平总书记党中央的核心、全党的核心地位，坚决维护党中央权威和集中统一领导，从根本上保证企业改革发展始终沿着正确方向前进。

必须持之以恒解放思想，努力突破发展瓶颈束缚限制。实践发展永无止境，解放思想永无止境。中国一重改革发展的生动实践，是不断冲破观念束缚，持续解放思想的过程；是以解放思想引领实践探索，不断开创企业发展新局面的过程。必须坚持从思想观念上破题，开展从干部到职工多维度的系列大讨论，抓住主要矛盾，坚持实事求是，全面贯彻落实新发展理念，从而实现行动的超越，企业面貌和干部职工精神状态为之一新、为之一振、为之一变。

必须坚定不移改革创新，持续增强企业发展活力动力。我们以壮士断腕的决心和勇气，全面推进企业改革创新，做出一系列重要决策，推出一系列改革举措，广大党员干部职工理解改革、支持改革、投身改革，汇聚起改革脱困、创新发展强大正能量。实践证明，正是因为深化改革、持续创新，实现以改促变、以变促通、以通促活，充分激发了创新活力，增强了发展动力，变不可能为可能、变可能为现实，使"老国企"焕发出"新青春"。

必须一以贯之推进市场化，让市场在资源配置中起决定性作用。市场化是有效解决企业改革发展中各种问题的基础。推进市场化是我们实现全面振兴和高质量发展的必然要求。近几年来，我们始终坚持市场导向、培养市场意识、把握市场需求、构建市场机制，并取得显著成绩。我们还要以供给侧结构性改革为主线，进一步推进人、财、物产、供销全要素市场化，真正让市场在资源配置中起决定性作用。

必须不断深化全面从严治党，营造风清气正良好氛围。全面从严治党是一场自我革命。近几年来，我们坚持党要管党、全面从严治党，严肃监督执纪问责，严肃查处"两个责任"落实不力、工作失职、侵害职工利益等问题，广大党员干部党员意识和党的观念显著增强，"四风"问题有效遏制，为企业改革发展提供了坚强保障。全面从严治党永远在路上，务必坚持问题导向，保持战略定力，推进全面从严治党向纵深发展。

必须始终坚持以人民为中心，全心全意依靠职工办企业。职工是推动企业发展的根本力量和决定性因素。坚持全心全意依靠职工办企业，是国有企业的鲜明特色，是深化改革、转型发展的内在要求。必须始终坚持发展依靠职工、发展为了职工、发展成果与职工共享，切实保障职工合法权益，积极解决职工最关心最直接最现实的困难和问题，努力创造美好生活，不断增强广大职工的获得感和幸福感。

（三）　"以一为重，永争第一"的企业精神

回顾 60 多年企业发展历程，中国一重几代人秉承"以一为重，永争第一"的企业精神，在建设、发展、改革不同历史时期，培育和形成了独具特色的企业精神和文化底蕴。敢为人先的首创精神、革故鼎新的变革精神、手胼足胝的奋斗精神、爱企如家的奉献精神绽放时代光彩。

从建厂之初的"两颗卫星"上天，三大产品问世，56 项创新成果纷至沓来的创新成果，填补 400 多项工业技术空白的光辉业绩铸就了敢为人先的首创精神。从率先发市场化之先声到 20 世纪 90 年代经济体制改革，从建立现代企业制度到完善公司治理，系统化推进公司各项改革，每次的变革都是顺应时势，力挽狂澜，让中国一重顺利度过危机，在中国一重的血液中一直存蓄活跃着革故鼎新的变革精神。从生产产值从几千万元到几亿元到几百亿元，从独守北疆到三地布局，从平淡走向辉煌，从巨额亏损到涅槃重生，中国一重人足迹昭示着手胼足胝的奋斗精神。60 多年来，先后涌现了

一大批先进典型，建厂之初以刘策生为代表的创业者一代、60年代以十大标兵为代表的建设者一代、70年代的铁人李有富一代、80年代的李舜杰改革者一代，90年代的栗昭梅奉献者一代，如今以刘伯鸣和闫彩凤为代表的奋进者一代，无一不是把自己的命运与中国一重联系在一起，深刻诠释着爱企如家的奉献精神。

中国一重作为我国工业体系"母机"企业，在重大技术装备领域啃最硬的骨头，为国家实施一系列重大工程建设，提供了关键成套设备和基础材料保障。我们在建厂初期发出了"战天斗地、艰苦创业"的时代强音，建设时期汇聚了"不讲条件、创造第一"的报国意志，关键时期锻炼了"听党指挥、勇于胜利"的强军胆魄，困难时期坚定了"攻坚克难、苦干实干"的必胜信念，改革开放时期形成了"敢涉深水区、能啃硬骨头"的自我革命气概，长期以来凝聚成了"国之重器、舍我其谁"的政治担当。我们的初心和使命就是发展壮大民族装备工业，维护国家经济和国防安全，代表国家参与全球竞争。新时代，中国一重将进一步认清形势、明确任务、紧盯目标，坚定不移推动中国一重实现全面振兴和高质量发展，努力建设具有全球竞争力的世界一流企业。

二 强化平台建设，助力科技创新

（一）打造高端科研平台

中国一重拥有国家级企业技术中心、重型技术装备国家工程研究中心、能源重大装备材料研发中心。其中，国家级企业技术中心是国家首批技术中心，是中国一重技术系统归口管理部门。重型技术装备国家工程研究中心是重型机械行业唯一的国家工程研究中心。该中心由中国一重牵头组建，坐落于天津滨海新区，开展大型铸锻件材料及工艺、焊接材料、先进机械加工工艺、液压系统等领域前沿技术的研发和工程化。国家能源重大装备材料研发中心是国家能源局授予的首批研发中心。该中心配备了用于材料研发的高端检测、分析仪器，以基础研究人才为主，专业从事材料基础科学研究。

（二）优化"四位一体"技术创新体系

按照"构思一代、研发一代、试制一代、生产一代"的技术创新思路，逐步构建了研发驱动型科技创新体系，即"基础科学研究、工程化研究、产业化研究、批量化研究"。

基础科学研究，主要负责中国一重新产品、新材料、新工艺所涉及的前瞻性、基础性、共性和难点技术的研究和开发，为产品研发中的工艺、设计等问题提供基础理论保障；对未来产品的研究形成3～5年的技术储备。

工程化研究，承接基础科学研究成果，根据生产需要以及相关的资源基础，把承接的研发成果转化为制造技术，形成产品设计图纸、制造工艺、技术规范、技术标准等，并向制造事业部输出。

产业化研究，承接工程化研究成果，形成作业指导书、制造工艺，指导生产制造厂的生产技术。

批量化生产，严格执行作业指导书及制造工艺，进行产品的制造工作，制造出合格的产品。

四层相互关联，承上启下，按"四层既分又合""既各司其职又相互配合"的原则，基础科学研究层将成果转给工程化研究层，工程化研究层形成技术标准和工艺指导书转给事业部，事业部结合自身资源，编制操作要领说明书，将技术成果转化为批量化的生产技术。

建立四位一体的技术创新体系，有利于增强自主创新能力，拥有核心技术，有效解决关键技术难题，实现中国一重的先进制造。设置基础科学研究层，有利于新产品和新材料的原创性开发，并掌握核心技术；设置工程化研究层，有利于转型升级，有利于实现高端装备制造，并给用户提供工程总包服务；设置产业化层和批量化层，有利于生产流程优化、工艺固化，有利于提高生产效率，有利于实现产品质量稳定和批量化生产，有利于实现公司效益最大化。

建立并完善"基础科学研究、工程化研究、产业化研究、批量化研究"四位一体的技术创新体系，有利于公司生产流程向"五化"转变，质量稳定，效率提高，成本降低，劳动强度降低；有利于人才梯队建设和结构合理，有利于人才培养；有利于实现高端装备设计、制造，为国家发展战略性新兴产业提供优良装备、基础材料和工程服务，为中国一重实现转型升级、实现公司发展战略目标，提供强有力的技术保障。

经过近几年的持续探索，着力构建的"四位一体"科技创新体系不断完善，各层功能定位已基本理顺，机构设置和职责分工已逐渐清晰。

（三） 建立健全研发及管理机构

近年来，中国一重强化研发与管理体系建设，建立健全了研发及管理机构。企业成立了科技部、天津重型装备工程研究有限公司、中国一重集团大连工程技术有限公司、核电石化公司技术中心、专项装备研究所、信息中心等诸多研发与管理部门。其中，科技部代表公司负责协调、管理技术创新工作，并对技术创新体系内的机构进行考核评价。

三 坚持自主创新，力克核心技术

近年来，受外部市场需求及企业自身转型滞后等主客观因素影响，企业经济效益持续下滑，2014 年至 2016 年连续亏损运行。自 2016 年 5 月份以来，公司持续深化内部改革，积极转方式调结构，公司生产经营形势全面向好。2017 年，实现新增订货 122.5 亿元，同比增长 50.9%；回款 120.7 亿元，同比增长 50.4%；利润总额 1.08 亿元，实现了扭亏为盈。中国一重股份也于 2018 年 5 月成功实现 *ST 摘帽。

2018 年，经过全体党员干部职工不懈奋斗，公司实现营业收入 139.3 亿元，创历史最好水平；利润总额 3.08 亿元，同比增长 184.1%；新增订货 130.3 亿元；回款 109.9 亿元。2019 年以来，公司先后实现了"元月开门红""首季满堂红""半年双过半""三季度双过 3/4"目标。截至 10 月末，实现营业收入 214.36 亿元，同比增长 126.2%；利润总额 4.88 亿元，同比增长 195.4%。继续保持了良好发展态势。

（一） 突出思想引领，深入学习贯彻习近平新时代中国特色社会主义思想和党的十九大精神

中国一重坚持不懈加强政治建设，认真学习贯彻习近平新时代中国特色社会主义思想和党的十九大精神，通过召开党委常委会、党委扩大会、

党委中心组学习会，在公司中层以上干部中传达宣传贯彻；公司领导班子成员分赴 16 个子公司、事业部、中心宣传贯彻，二级单位领导班子成员分别赴所属制造厂等基层一线宣讲。通过逐级逐层全面、系统、深入学习宣传贯彻，实现了对 258 个党组织、424 个班组、3858 名党员、8214 名职工无死角全覆盖，有效推动十九大精神进支部、进班组、进头脑。

2018 年 9 月 26 日，习近平总书记再次视察中国一重集团后，公司党委召开了十三届二次全会，审议通过了《中共中国一重集团有限公司委员会关于贯彻落实习近平总书记视察东北三省重要讲话及视察中国一重重要指示精神加快推进全面振兴和高质量发展的决定》，确立了 8 个方面行动目标、42 项重点任务，明确了未来一个时期企业改革发展党建工作的路线图。今年 3 月，公司党委又将该决定细化分解成 10 个方面、80 条具体措施，进一步明确了任务书、时间表、优先序，压实工作责任，并就重点任务进行"挂表督战"，公司重点工作监督检查小组坚持周检查落实、月总结"回头看"，公司党委每季度对贯彻落实情况进行一次全覆盖检查，全面听取各二级子公司、事业部、中心落实总书记重要指示精神情况汇报，持续跟踪问效，确保各项任务落实落地。截至目前，"挂表督战图"确定的 456 个具体节点，已完成 347 个，到期节点完成率 100%。近期，公司党委召开 2019 年习近平新时代中国特色社会主义思想实践课题研究结题评审会。同时召开了深入学习贯彻落实习近平总书记对中国一重重要指示精神一周年座谈会，全面掀起学习贯彻落实新热潮。

（二）抓住三项制度改革"牛鼻子"，激"活"内生动力

中国一重紧紧抓住改革中三项制度改革这一"牛鼻子"，针对顽疾真下猛药、动真碰硬，真刀真枪地"改"，全面落实"市场化选聘、契约化管理、差异化薪酬、市场化退出"机制，实现"一子落，满盘活"，使企业发展活力动力得到了有效激发。一是精简机构和压缩定员。管理部门由 19 个精简至 11 个；撤销全部总部职能部门业务科室 69 个，取消二级单位所属制造厂全部生产工段、行政办及生产管控中心 109 个；压缩编制定员 2355 人，占当时在岗职工总数的 21%，并确定了包括提前退休、内部退养、解除劳动关系等 6 条富余人员安置通道。二是开展市场化选聘。实行"全体起立"

公开竞聘，中层以上干部由 320 人减至 192 人，其中直管干部减至 91 人，有 40%因为竞聘失败没能"坐下来"，并从制度体系入手，明确干部"下"的八种情形，进一步强化了用人导向。同时，打通营销、技术、技能、经营管理、党务"五个通道"，实现人才分类发展。三是推行契约化管理。根据《业绩考核办法》《薪酬管理办法》，签订《聘用合同书》和《年度经营业绩考核责任书》，抓住了"身份市场化""管理契约化"两个关键，实现"干部能上能下、薪酬能高能低、人员能进能出""强激励、硬约束"。比如，根据利润确定总薪酬，年度利润指标完成 70%以下，只能拿基本生活费并且解聘，完成 70%~80%只能拿基本薪酬。四是建立差异化薪酬。首次将职工收入增长目标纳入公司"十三五"战略规划和年度发展目标中，建立了与企业确保、力争、创优工作目标相适应的 7%、9%，11%增长的薪酬分配体系，并坚持薪酬分配"五个倾斜"，即向营销、高科技研发、苦险脏累差、高级管理、高技能五类人员倾斜，有效发挥了薪酬分配的导向和激励作用。五是完善市场化退出机制。全面推行"两个合同"制度，以劳动合同解决身份问题，以岗位合同解决进出问题，领导人员完不成目标收入 60%、目标利润 70%的自动解职，一般员工岗位职责不达标经两次培训上岗仍不合格的，解除岗位合同，同时解除劳动合同，形成"岗位靠竞争、收入凭贡献"的市场化选人用人机制。

（三）打好供给侧结构性改革攻坚战，盘"活"发展动能

习近平总书记强调，要着力加强供给侧结构性改革，着力提高供给体系质量和效率，增强经济持续增长动力，推动我国社会生产力水平实现整体跃升。我们牢牢把握供给侧结构性改革主攻方向，按照高质量发展要求，积极转方式调结构，加快传统产业改造升级，发展壮大新兴产业，盘活企业的发展动能。一是加快传统产业优化升级，在高强度、轻量化、智能化上下功夫，同时推动从单纯设备制造向制造服务型企业转变，加快形成工艺、技术、装备系统总集成和工程总承包能力。积极探索发展新材料、军民融合、"一带一路"、地企融合等新业务板块。截至 10 月末，新产业实现营业收入占比达到 56.97%。二是加快推进企业瘦身健体。按计划压减了 3 户子企业，完成全部特困企业 1 户和"僵尸企业"5 户处置工作；深入推进

"三去一降一补"，从 2016 年初到 2018 年底，应收账款净额由 130.19 亿元降至 98.93 亿元，存货净额由 65.13 亿元降至 50.45 亿元，带息负债由 137.28 亿元降至 131.07 亿元，资产负债率下降 0.84 个百分点。三是实施开放协同发展战略。与齐齐哈尔市政府签署战略合作协议，建立了"一重产业园"，积极与龙江本地配套企业建立长期共赢合作关系，目前已与近 20 家加工企业签署战略合作协议，并引荐省外 10 余家配套企业来龙江投资，不断提高省内协作配套比例，本地配套比例已由 20% 提升至 52%，开拓了地企融合新局面。四是妥善解决历史遗留问题。2016 年 6 月，全面启动厂办大集体改革，去年 3 月底完成全部 82 户厂办大集体企业 12408 名集体职工安置工作。职工家属区物业管理于 2017 年 4 月与地方政府签订移交协议。卓有成效开展江苏德龙印尼镍铁项目等风险管控工作，并成功实现项目再造，成为收入利润增长点。

（四）创新管理体制机制，全面提升企业基础管理水平

习近平总书记强调，要进一步深化改革、扩大开放，加快体制、机制创新，形成科学合理的管理体制以及多元化的投入机制和市场化的运作机制。近两年来，我们突出市场导向，集思广益、取长补短，创新管理方式和方法，管"活"发展的体制机制，实现了集团化管控、市场化导向、精细化管理的体制机制，企业精细化管理水平完成了由量变向质变的飞跃。一是完成公司体制改制工作，2017 年底改为国有独资公司，结束了运行几十年全民所有制工业企业的历史。二是有效实施分权授权，制定下发了《集分权手册（试行）》及《总部职能部门职能说明书》，实现责、权、利统一对等。三是推进集团管控，对各独立子公司逐步由操作型管控，向战略型管控模式转变，实现"分家过日子""亲兄弟明算账"，自主经营、自负盈亏，取消内部价格保护，打通了内外部市场和国际国内市场。四是完善法人治理结构，在所属二级、三级法人单位全面建立董事会或设立执行董事，形成各司其职、各负其责、协调运转、有效制衡的公司治理运行机制。五是引入"225"管理创新体系，实行"内部模拟法人运行机制"和"研产供销运用快速联动反应机制"，层层建立成本中心、利润中心；创建"255"员工管理创新体系，全员签订"两个合同"，实施薪酬"五个倾斜"，打通

人才"五个通道"。同时，构建了"1＋10"预算激励保障体系，形成了"双达标"生产作业体系等。

（五）加快推进自主创新，关键核心技术不断取得突破

习近平总书记指出，装备制造业是一个国家制造业的脊梁。同时，总书记在视察中国一重时强调：国际上，先进技术、关键技术越来越难以获得，单边主义、贸易保护主义上升，逼着我们走自力更生的道路，这不是坏事，中国最终还是要靠自己。中国一重不忘初心、牢记重托，近年来进一步加大投入、不断强化核心竞争力，提高企业的创新能力和研发效率。实现了我国三代核电核岛一回路主设备及常规岛主要大型锻件全部国产化，承担了全部"华龙一号"核反应堆压力容器制造任务；成功完成了世界最大715吨特大钢锭的浇注制造；超大厚壁加氢反应器等核心产品达到国际先进水平，正在承制迄今世界单台重量最大的3000吨级浆态床锻焊加氢反应器；国内首支调相机转子研制成功，打破了国外企业一家独大局面。近三年，累计承担国家重点科研任务28项，国家科技支撑计划、04和06科技重大专项、863和973计划项目、军品配套项目等15项顺利通过验收。获省部级以上科技进步奖11项，其中1项获国家科技进步特等奖、1项获国家科技进步一等奖，2项获国家科技进步二等奖。高度重视"双创"工作，先后设立党员创新活动室、劳模创新工作室、青年创新工作室110个，与哈电共同组建了省内首个跨企业劳模创新工作室联盟。在提高产品质量、缩短加工周期、降低成本等方面取得显著成效。完成基层创新课题520项。

（六）坚持战略目标引领，着力推动企业做强做优做大

中国一重近年来改革发展的实践充分说明，有清晰的目标，有强烈的危机感和底线思维，有时不我待、只争朝夕的奋斗精神，就会有不竭的前进动力，就能把看似"不可能"变成可能。2016年以来，中国一重通过强化目标引领，狠抓一个"快"字，战天斗地，与时间赛跑，实现了一年半时间扭亏、两年时间创历史新高、三年主要经济指标翻番，从而进入全面振兴和高质量发展新阶段。按照新时代的新要求，在全面准确分析企业面临的机遇和挑战基础上，就实现中国一重全面振兴和高质量发展，努力培育具有全球竞争力的世界一流企业，我们进行了"两个阶段"安排，实施

"三步走"战略，明确了企业快速（加快）发展的基本方向。"两个阶段"安排：近期目标即实现中国一重全面振兴和高质量发展；远期目标即建设具有全球竞争力的世界一流企业。"三步走"战略：第一步，到"十三五"末，即 2020 年，实现营业收入达到 350 亿元以上规模，利润总额 9 亿元以上，力争进入中国企业 500 强，实现本质脱困和可持续发展。第二步，到 2022 年，实现营业收入达到 500 亿元以上规模，利润总额 13 亿元以上，企业主导产品及工艺技术水平整体达到国际领先水平，实现全面振兴和高质量发展。第三步，到"十四五"末，即 2025 年，营业收入跨入千亿元级平台，利润总额 30 亿元以上，实现关键核心技术领跑，进入全球产业链、价值链中高端，初步建设成为具有全球竞争力的世界一流企业。在具体的实践中，我们"快"字当头，每年确定当年发展的确保、力争、创优指标，并将力争目标作为第二年的确保指标，从而实现经济指标逐年台阶式稳定增长，以快速发展来稳定和夯实企业发展成果，避免被打回"原形"，将"创先争优"写到中国一重高质量发展的旗帜上。

（七）坚持"以人民为中心"，推进改革发展成果共创共享

中国一重党委坚决贯彻习近平总书记"以人民为中心"的发展思想，按照习近平总书记 2013 年 8 月视察中国一重强调的"随着企业经济效益不断提高，工人待遇也要相应提高"重要指示精神，坚持全心全意依靠职工办企业，并要求各级党组织要在政治上制度上落实，素质上提高、权益上维护，把企业建设成为利益共同体、事业共同体、命运共同体。一方面，积极为职工群众办好"实事"，建立"四帮扶、五清楚、六必谈"党群联系机制，坚持将职工收入增长指标，明确写入各级年度计划及"十三五"发展规划，职工收入大幅度增长。同时，自 2017 年起每年为全体职工办理免费体检、补充医疗保险，为全体职工提供就餐补助 10 元/天，并对夜班餐补标准进行调整等，不断解决职工待遇生活上的担忧；同时，坚持每年为职工群众办 1~2 件好事实事，在资金状况紧张的情况下，累计支出 1 亿多资金，新建大型职工食堂，翻建职工电影院、文化宫、体育场"三大场馆"，修缮离退休人员活动中心、中国一重人才公寓"两大场所"，职工洗浴中心正式投入运营，职工"惠民之家"'开工建设。推进落实职工带薪年休假制度，

休疗养人员范围扩大至六类人员。不断暖人心、聚人心。另一方面，为职工群众业余文化生活夯实保障，构建"五大文化"体系，利用旧厂房改建展区面积 4000 余平方米、涵盖企业 60 年发展历程的中国一重展览馆，坚持举办职工田径运动会、"迈进新时代"迎新春主题游园会、"振兴之光"文艺晚会、"国宝之春"元宵灯展赏烟花会、"五一"劳动杯环城长跑等活动，丰富职工业余精神文化生活，不断提升职工满意度幸福感、主人翁责任感。

参考文献

林琳：《2019 年通信运营商路在何方》，《计算机与网络》，2019 年第 45 卷第 1 期。

《陈肇雄副部长在中国企业发展高层论坛上表示中国加快 5G 商用已具备现实基础》，《中国无线电》2019 年第 1 期。

黄海峰：《4K＋VR／AR 5G 春晚首秀》，《通信世界》2019 年第 4 期。

王熙：《业界首部〈混合云白皮书〉发布，揭秘行业技术趋势》，《通信世界》2017 年第 32 期。

杨峰义：《2019 年 5G 新应用或将潮涌而来，产业链成熟是关键》，《通信世界》，2019 年第 3 期。

施恋林、朱春艳、王翠霞：《创新成就 3G 时代领先者》，《通信企业管理》2012 年第 1 期。

苗圩：《世界制造业发展趋势和我国装备制造业状况》，《时事报告（党委中心组学习）》2016 年第 1 期。

孙柏林：《中国装备制造业及其高质量发展的对策建议》，《电气时代》，2019 年第 2 期。

谭元发、殷英：《经济转型时期装备制造产业 3DCE－NPD 协同应用与实践》，《再生资源与循环经济》，2019 年第 2 期。

惠利：《新时代背景下我国装备制造业发展对策研究》，《西部论坛》2018 年第 5 期。

韩晓宏：《我国石油化工产业发展现状及应对策略》，《现代企业》2019 年第 1 期。

甘海龙：《中国煤化工发展现状及对石油化工的影响》，《化工管理》2018 年第 14 期。

《石油和化学工业"十三五"发展指南》，《硫酸工业》2016年第2期。

马跃、许佳伟：《浅析我国石油化工技术创新发展趋势》，《化工管理》2018
　　年第34期。

《两部委布局现代煤化工创新发展》，《中国石油和化工》2017年第4期。

代红才、魏玢、周原冰：《苹果商业模式创新对电力企业的启示》，《中国电
　　力报》2011年8月24日，第8版。

王思磊：《大飞机C919有哪些高科技》，《北京日报》2016年11月16日，
　　第17版。

俞彬彬：《中国商飞的创新文化体系建设》，《企业管理》2016年第10期。

中国商飞：《中国商飞努力打造低碳循环绿色商飞》，《上海节能》2018年
　　第6期。

中国商飞：《创新驱动、创业引领、创造品牌：我国大型客机项目五年实践
　　与探索》，《大飞机》2013年第2期。

中国中车：《这就是"中车力量"!》，《中国机电工业》2018年第2期。

潘慧、黄美庆：《广州无线电集团：技术创新驱动创新方法应用》，《广东科
　　技》，2017年第1期。

肖广岭等：《企业创新发展研究》，清华大学出版社，2015。

雷家骕：《中国的自主创新：理论与案例》，清华大学出版社，2013。

张永凯：《企业技术创新模式演化分析：以苹果、三星和华为为例》，《广东
　　财经大学学报》2018年第2期。

黎群：《IBM公司战略转型与文化变革的经验与启示》，《企业文明》2016年
　　第5期。

后 记

本报告是继《中央企业技术创新报告（2011）》《中央企业自主创新报告（2012）》《中央企业自主创新报告（2013）》《中央企业自主创新报告（2014）》之后的第五部中央企业创新报告。本报告基本沿袭上述报告的框架体系，对中央企业党的十八大以来自主创新进行了动态追踪和总结。

本报告由李政主编拟定提纲，并对全书进行审定和修改；副主编孙哲、杨思莹负责分工、协调各小组编写工作。具体参加编写的人员及分工如下。

第一篇：田柠、祝媛菁、王沥沁

第二篇：李文婷、贾凡、徐熠、陈茜

第三篇：杨庆虹、刘丰硕、周希禛

此外，博士研究生王一钦、硕士研究生马舜禹、蒋国梁、贾雅倩、梁家硕、潘亚凡、周可心、刘梦园、王雪亚等同学在数据检索、校对等方面做了大量工作。

由于书中所涉及的中央企业我们没能一一实地考察，部分资料和数据尚未完全得到核实，因此报告内容或许会有不确切之处，敬请读者及相关企业批评指正！本书在编写过程中参考、引用了大量文献，由于各种原因，未能完全一一列出、标注，在此谨致感谢和歉意！

编　者

2020 年 7 月于长春

图书在版编目（CIP）数据

中央企业自主创新报告 . 2020 / 李政主编. -- 北京：
社会科学文献出版社，2020. 11
ISBN 978 - 7 - 5201 - 7270 - 7

Ⅰ. ①中… Ⅱ. ①李… Ⅲ. ①国有企业 - 企业创新 -
研究报告 - 中国 - 2020 Ⅳ. ①F279. 241

中国版本图书馆 CIP 数据核字（2020）第 176019 号

中央企业自主创新报告（2020）

主　　编 / 李　政
副 主 编 / 孙　哲　杨思莹

出 版 人 / 谢寿光
责任编辑 / 陈凤玲　宋淑洁　田　康

出　　版 / 社会科学文献出版社·经济与管理分社（010）59367226
　　　　　 地址：北京市北三环中路甲 29 号院华龙大厦　邮编：100029
　　　　　 网址：www. ssap. com. cn
发　　行 / 市场营销中心（010）59367081　59367083
印　　装 / 三河市尚艺印装有限公司

规　　格 / 开　本：787mm × 1092mm　1/16
　　　　　 印　张：17.25　字　数：264 千字
版　　次 / 2020 年 11 月第 1 版　2020 年 11 月第 1 次印刷
书　　号 / ISBN 978 - 7 - 5201 - 7270 - 7
定　　价 / 99.00 元

本书如有印装质量问题，请与读者服务中心（010 - 59367028）联系